Seadove

Seadove

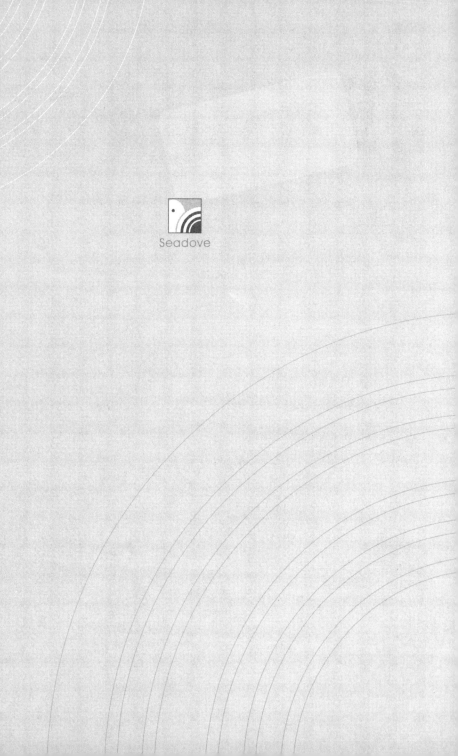

【鬼谷子的心理學詭計】

我不是教你玩陰的

章岩 著

一本將千年潛規則一語道破的書！

出來混的人都要讀！

中國史上最厲害的心理學強人

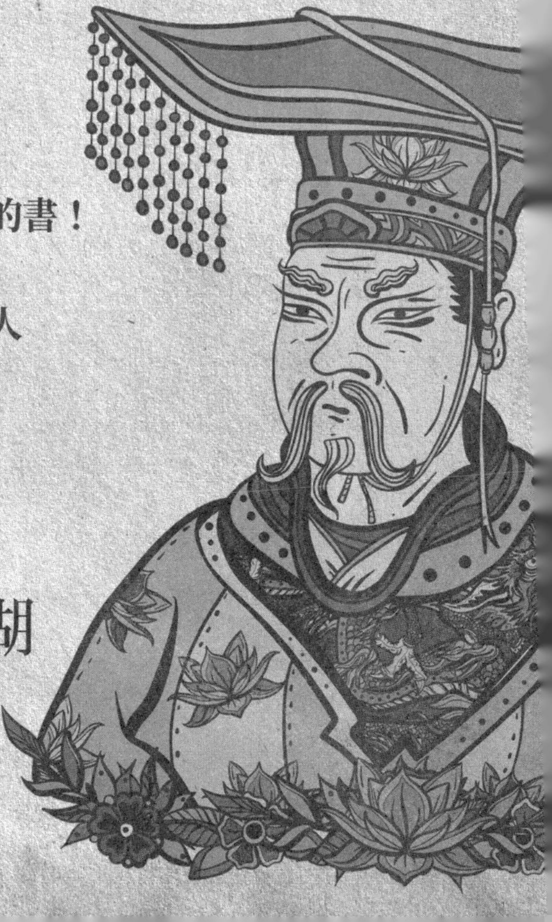

史上最強的
厚黑鼻祖重出江湖

無論官場或職場都是一場借力遊戲。
你借我力，我借你力，互惠互利。
但是切記，不會有100%的朋友。
依附可以，但不可攀附；
做盟友可以，卻不要做死黨。

序：出來混的人都要讀

生猛的達爾文進化論告訴我們——物競天擇，適者生存！人類在地球上玩了幾萬年，說白了就是一部由貪慾主宰、殘酷無情的競爭史、淘汰史！

作為史上最強的心理學鼻祖，鬼谷子深刻洞悉人類的劣根性。**他認為，只要是人，就會充滿強烈慾望，吃穿住行、錢色名利，這些慾望催生競爭力，讓人去瘋狂搶奪，但同時也暴露了致命的弱點，就像孔雀開屏的時候絢麗奪目，但難看的屁股卻暴露在眾人面前！**

一個人若被死死掐住七寸，任他多麼強壯，還能怎麼蹦躂？

所以出來混，一定要懂鬼谷子，為自己的腦袋裝點「大智慧」。一個人只要悟透了鬼谷，就能輕易看透人心，為自己穿一件刀槍不入的「黃金甲」。為人處世，不指望陰別人，可是至少不能被人陰。學了鬼谷，就如同士兵有了面盾牌，還有了把匕首。不懂鬼谷，等同蒙著眼睛、赤身裸體上戰場，死都不知道怎麼死的，死了都沒人收屍。歷史上這種情況屢見不鮮，而我們一定不能讓自己成為後繼者！

《鬼谷子》既是盾牌，又是匕首，既可護身，又能進攻。出來混，如果不懂這一祕密的核心武器，豈不可惜？世界上的很多人，他們直到人老珠黃、白髮蒼蒼，被人鬥得遍體鱗傷，到晚年才拿起這本書一窺究竟，這時一定會後悔得直拍大腿，發出應該早讀五十年的感嘆。沒錯，鬼谷子就是這麼神！

鬼谷子到底是誰？為什麼這麼厲害？事實上，鬼谷子是中國史上最厲害的老師！問大家一下，誰是培養奇才最多的老師呢？是孔子嗎？不是！孔子雖有弟子三千，但姓名可考者只七十二位，而且除了子貢有點出息外，大部分只是賢德文士，知識淵博而已，在歷史上並無大的作為。

史上培養奇才最多的神人，他就是鬼谷先生！鬼谷子門下的人有——蘇秦、張儀、孫臏、龐涓……個個都是驚天動地！這樣的人才，一生能培養出一個來，這個老師就足以驕傲一輩子！但這樣的奇才，鬼谷子卻培養了一大堆！

歷史上正是由於他的出現，才有了縱橫家的深謀，兵家的銳利，法家的霸道，儒家的剛柔並濟，道家的待機而動。所以，稱他為中國歷史上最早的心理學家毫不過分，同時他也是中國式談判學的實際奠基人，說客的開山鼻祖。簡而言之，中國人無論說話辦事、理家治國，一言一行都離不開鬼谷子的影子。而這一切，都裝在《鬼谷子》這部奇正祕詭的書中！

說它奇，因它步步用奇，奇招迭出，招招見血，防不勝防；說它正，又因它奇奇得正，緊扣事物發展規律，可用來治國安邦，匡行大道；說它祕，是由於兩千多年來，它是我們最熟悉的「陌生人」，我們時常靠它解決問題，而又對它知之甚少；說它詭，則是由於它像極了一柄雙刃神劍，用於正道可成一代宗師，光炳史冊，用於邪道則為奸詐小人，排擠忠良，陷害同事，百發百中。這便是鬼谷思想，充滿陰謀詭計，無所不出，無處不入，全看你拿來做什麼！

從他的謀略和遊說原理中，我們可以學到高深莫測的詭計，也可以發現威力無窮的陽謀。陽謀可行於大道，詭計亦可使於正端。計謀本無正邪之分，全看諸君拿來何用。學了鬼谷，害人能成大奸大惡，救人則可造七級浮屠，拿去做人做事更是不敗的生存寶典！

正如鬼谷子在書中所言：「捭闔者，天地之道。」「變化無窮，各有所歸，或陰或陽，或柔或剛，或開或閉，或弛或張。」他把握住了天地人三才的運行發展規律，因此招招直指人心，教你洞察他人心理，占據搏弈制高點。就像遊戲，你精通規則，便可步步搶先，有恃無恐。權謀之術要符合「科學發展觀」，才是攻無不克的權謀，刮起一股戰無不勝的頭腦風暴。

《鬼谷子》全文十四篇，第十三和第十四篇據已失傳，在這裡我們便未做收取，只為大家介紹確已留傳的十二篇，即：捭闔、反應、內揵、抵巇、飛箝、忤合、揣、摩、權、謀、決、符言篇，我們針對每篇的側重點，結合一些心理學的實用知識，總結出鬼谷子的詭計十二章。如前所述，我們從不同的方面，運用詳實的案例和分析，為讀者闡述鬼谷子在做人做事方面的思想，尤其是那些讓人意想不到的辯詭之策、揣摩心理之術和長贏之道，以供不同領域出來混的人士參考。

沿著這個思路，翻開本書，讓我們一起展開暢想，看看時隔兩千餘年之後，散發著古老氣息的鬼谷思想，是如何在今天的生活中展現驚人力量的！

這是一本真正實用的權術教科書！

這是一本敢於說真話的書，一本將千年潛規則一語道破的書！

每一個出來混的人都要讀！

序二：老祖宗們用鮮血和腦漿寫下來的忠告

人與人之間的區別不在於肚子裡有多少墨水，拿到多高的學歷，擁有多高的職稱——最本質的區別就在於是否能夠「達人心之理，見變化之眹」。

每個人都有可以利用的弱點，就像孔雀開屏的時候，難看的屁股就暴露在眾人面前了！

在這個世界上，每個人都有趨利避害的本性！即使是那些經常做高尚善事的人，也具有其「自私」的理由。

重賞之下必有勇夫，無賞之時勇夫也變成逃兵！這就是利的巨大價值！每件事都有利有害，只有當利大過害時，才會有人來替你跑腿！道義的鼓動只是輔助手段，利益的誘惑永遠都是第一位的！

一隻小鳥正在飛往南方過冬的途中。天氣太冷了，小鳥凍僵了，從天上掉下來，跌在一大片農田裡。牠躺在田裡的時候，一隻母牛走了過來，而且拉了一泡屎在牠身上。凍僵的小鳥躺在牛屎堆裡，牛糞真是太溫暖了。牛糞讓牠慢慢甦醒來了！牠躺在那兒，又暖和又開心，不久就開始高興地唱起歌來了。一隻路過的貓聽到了小鳥的歌聲，走過來查個究竟。順著聲音，貓發現了躲在牛糞中的小鳥，非常敏捷地將牠刨了出來，並將牠給吃了！

有人對此評價說：不是每個在你身上拉屎的都是你的敵人；不是每個把你從屎堆中拉出來的都是你的朋友。

別人想陰你，首要一步就先對你「料其情」，不知道你的底細，不清楚你的真實目的，就沒人敢輕易對你下手。你把魔鬼看成天使，將敵人當成朋友，自己把門打開了，就別怪對方心狠手辣。

你要陰別人，也得先弄清他多輕多重、有什麼背景、喜歡什麼、討厭什麼、平時做事的風格，以及你的實力是否搞得定他、需不需要聯合一些盟友，等等。這些資訊若不清楚，對方就是一堵厚厚的城牆，堅不可摧，你無門而入，自然就達不到目的。

凡是生長、安樂、富貴、尊榮、顯名、愛好、財利、得意、喜慾這些美好光明的事物，代表著「始」，都可以公開說，放在前面講。凡是死亡、憂患、貧賤、苦辱、棄損、亡利、失意、有害、刑戮、誅罰這些不吉之事，代表著「終」，應該後說，私下講，換個方式講最好。我們如果想讓對方做一件事，就可以對他大談這件事的利處；如果想讓對方終止一件事，可以對他大談這件事的壞處，這是辯論或遊說中需要遵循的原則。

對積極進取的人，應該談論崇高奮進之事；對消極保守的人，應該講述求全保身的生存之道。

在君子面前你要像個君子，在小人面前你也要表現出小人的一面。君子討厭小人，而小人最喜歡算計君子！所以對君子可以展現出一種同樣正直高遠的情懷，甚至暢談理想，但在小人面前，就要小心再小心，將嘴巴多上幾把鎖，稍有不慎，就不知哪個地方惹他不高興，然後找機會陰你！

除了灌醉、催眠和嚴刑拷打，讓人說出真話還有許多溫柔的方法。

君臣上下之間，有時距離雖遠卻很親近，有的距離近了卻很疏遠；有的過來投靠卻不錄用，有的遠走了反而去拜求；天天在身邊不被信任，只聞其聲的卻思慕不已。這都是因為言詞與計謀，從根本上將人與人結合在一起，構成種種微妙關係。或憑道德結合，或憑朋友結合，或以財利相合，或靠封土結合。臣下若善揣君意，就能取得主動，欲來則來，欲走則走；欲親則親，欲疏則疏；想效命就效命，想離開就離開；想得到什麼總能如願，想讓君主思念也能做到。

戰亂之世，莫輕易出來，一定要選擇明主。太平之世，做番作為之後，一定要懂得適時而退。

官場其實是一場借力遊戲。你借我力，我借你力，互惠互利，互相借力。但是切記的是，不會有百分之百的朋友，依附可以，但不可攀附；做盟友行，卻不要做死黨。盟友，有利則盟，無利則散，利反則成仇敵；死黨，死了還是朋黨。人在官場，尋找的應該是盟友，而不是朋黨。再親近的人，也要保持一定的距離，否則死會一起死，還隨時可能就把你拉進河裡！

為炮彈包上一層糖紙，槍尖塗上一層甜油，給人的感覺就圓滑通潤了許多，便不會充滿使人不爽的「殺氣」，同樣一句話，當你換用不同的方式表達時，效果一定會有強烈的反差。

人明我暗的形態，是人際詭道的最佳位置，努力使自己居於暗處，不引人注意，其實才是最聰明的做法。

有個事實要記住：背後算計你的小人永遠不會消失，所以為了對付這樣的小人，你也要學會他們的處事之道，以彼之道，還治彼身。

越富的人越裝窮，拚命地掩飾自己的財富，而越窮的人則越顯擺，生怕全天下的人不知道自己是「有錢人」。之所以廣泛存在這種現象，就是因為有本事的人都知道不張揚是有好處的，悄悄做事，謹言慎行，反而更有利，到處炫耀財富和本事，搞不好會惹來殺身之禍；而一事無成的人，最怕別人瞧不起，才到處嚷嚷，擺出一副很有能耐的架勢。

與智者談話，要以淵博為原則，與拙者說話，要以強辯為原則；與善辯的人談話，要以簡要為原則；與高貴的人談話，要以鼓吹氣勢為原則；與富人談話，要以高雅瀟灑為原則；與窮人談話，要以利害為原則；與卑賤者談話，要以謙恭為原則；與勇敢的人談話，要以果敢為原則；與上進者談話，要以銳意進取為原則，這些都是與人談話的原則。

一個人被最親近的人背叛，是最失敗最痛苦的事。凡是聰明人，做事之前，都會先把後院穩定好，將盟友團結好，並去破壞對方的陣營，挑撥離間，讓對方陣腳自亂。鬼谷子說，保密不如結黨。

一旦結成了利益朋黨，彼此離不開對方，關係就好了，但如果在利益方面出了問題，或被人收買，或因分配不公而鬧情緒，或因策略問題產生爭執，朋黨就有變成仇黨的可能，此時，便是對手趁虛而入的好時機。

有時前面是一個火坑，但它偽裝成了一池溫泉水。一個夢想洗個溫水澡的人，可能不經思考就會跳進去。有些陷阱，其實我們只要告訴自己再冷靜十秒，它一定會現出原形，但超過八成的人不會等到五秒，腳步就會邁進去。

在高明的管理者那裡，任何人都能派上用場，只要他的眼睛能看，耳朵能聽，腦袋能思考。愚蠢的獨裁者只相信自己，他們閉塞資訊，專橫決斷，結果就是孤家寡人！

管理可以不強勢，但一定要周密！

目錄

記得前人曾經說過「世事洞明皆學問，人情練達即文章」這麼一句話。意思就是說，把世間的事弄懂了處處都有學問，把人情世故摸透了處處都是文章。明世故，通人情，熟悉江湖，善於應對，瞭解社會，你就總有辦法。

第二章：跟對人，做對事

有句話，叫做「站錯隊伍，後果很嚴重」。一旦站錯了隊伍，亮明了招牌，勢必得罪另一方。所向與所背，就像圓環一樣旋轉而無中斷，形勢瞬間萬變。因此，對各方情況，我們應反覆研究，然後決定自己的態度和立場。

第三章：五分鐘看穿人心的心理詭計

用巧妙而不易看透的方法引誘對方，就像用網捕獸，多置些網並密切關注，便可多捕獲一些野獸。持網與人周旋，可讓對方向你推心置腹。不管對方是愚人還是智者，你都能用這個辦法誘使他說出實情。

第四章：真人不露相，露相不真人

有句話說：「真人不露相，露相不真人。」真正做事的人往往不聲張，大智若愚，看起來沒什麼本事，但一出手就懾服四方，贏得滿堂彩；那些整天跳來叫去的卻大多是

第六章：看人下菜單——大人物是這樣煉成的

與智者談話，要以淵博為原則，與拙者說話，要以強辯為原則；與善辯的人談話，要以簡要為原則；與高貴的人談話，要以鼓吹氣勢為原則；與富人談話，要以高雅瀟灑為原則；與窮人談話，要以利害為原則；與卑賤者談話，要以謙恭為原則；與勇敢的人談話，要以果敢為原則；與上進者談話，要以銳意進取為原則，這些都是與人談話的原則。

第七章：人脈決定命脈——大人物的成功秘訣

關於人脈合作，鬼谷子這樣總結：凡立場相同而又互相親密，大家都可成功；凡是慾望相同而關係疏遠的，事後只能有部分人得利；凡是惡習相同而關係又密切的，必然

第八章：想要釣到魚，就要像魚一樣思考

想要釣到魚，你就得像魚一樣思考，而不能像漁夫一樣思考！只有像魚一樣思考，才能知道魚在想什麼，牠喜歡吃什麼，需要什麼。魚喜歡吃的是又肥又嫩的蚯蚓，而不是你喜歡吃的酥香炸雞。在生活中，人就是魚。想要釣到人，你就得知道他喜歡什麼，他需要什麼！

第九章：如何說上司最愛聽，怎麼做主管才提拔

上下級之間，有時距離雖遠卻很親近，有的距離近了卻很疏遠；有的過來投靠卻不錄用，有的遠走了反而去拜求；天天在身邊不被信任，只聞其聲的卻思慕不已。下級若善揣上司意圖，就能取得主動，欲來則來，欲走則走；欲親則親，欲疏則疏；想效命就效命，想離開就離開，想得到什麼總能如願。

第十章：讓人才真心為你賣命，讓自己飛黃騰達

劉邦問韓信：「我的能力可以帶多少兵？」韓信說：「陛下最多不過十萬。」劉邦又問：「你能帶多少？」韓信驕傲地說：「對我來說，多多益善！」劉邦笑道：「既然如此，你怎麼還為我服務呢？」韓信這時回答：「我只是會帶兵，而陛下您，善於帶將。」

第十一章：出手不狠，江山不穩

決斷是一種能力，優柔寡斷難成大氣候，正所謂「出手不狠，江山不穩」。一件事，利有多大，害有多少？有沒有還沒看到的潛在風險？這些都需要首先考慮。你看到有些人不假思索就做出了果斷的決定，其實背後他已經經過細緻全面的權衡，從而做到出手狠辣，一擊即中！

第十二章：借用天下人的眼睛、耳朵和智慧

如果一個人能用全天下的眼睛去看，就不會有什麼看不見的；如果用全天下的耳朵去聽，就不會有什麼聽不到的；如果用全天下的心去思考，就不會有什麼想不到的。如果你能將人才像車輻條集輳於轂上一樣，齊心協力，就可明察一切，做事無可阻塞。

附錄：《鬼谷子》原文及譯文

第一章：世事洞明皆學問，人情練達即文章

記得前人曾經說過「世事洞明皆學問，人情練達即文章」這麼一句話。意思就是說，把世間的事弄懂了處處都有學問，把人情世故摸透了處處都是文章。明世故，通人情，熟悉江湖，善於應對，瞭解社會，你就總有辦法。

人心之理，變化之朕——你是聰明人還是傻瓜

粵若稽古，聖人之在天地間也，為眾生之先。觀陰陽之開闔以名命物，知存亡之門戶，籌策萬類之終始，達人心之理，見變化之朕焉，而守司其門戶。

從古至今，聖人總是眾人的先導。他們經由陰陽的變化來判斷事物，瞭解其生死的途徑，發生和結束的過程，並且洞察人心，揭示世間萬物變化的徵兆，從而把握其中的變化規律。

世界上有四種人：聖人、聰明人、一般人和蠢人。

這四種人最根本的區別在哪裡呢？都是兩個肩膀扛著一個腦袋，為什麼人一生的差距竟會如此之大？其中究竟藏有什麼奧祕？

事實上，人與人之間的區別不在於肚子裡喝了多少墨水，拿到多高的學歷，擁有多高的職稱——最本質的區別就在於是否能夠「達人心之理，見變化之朕」。換句話說，是否能

洞悉人心所思，是否能順應事物變化規律，這才是決定你人生境界的最核心條件。這兩點決定了你是聰明人還是一個不諳世事的傻蛋！

所以，鬼谷子開篇就告訴我們，你想成為聖人嗎？那就**先掌握規律，再去做事；先看到全局，再考慮局部；先搞清為什麼，再去想怎麼做。**一言以蔽之，就是洞察人性本質，順應時代發展潮流，這樣才能掌控天下興亡之道。

聖人之所以稀少，是因為做到這一點很不容易。

蠢人之所以成群，正因大多目光短淺，習慣於只盯一時得失。

我曾認真翻閱《二十四史》，縱觀幾千年人類歷史，發現那些能做大事的大人物無不是識大勢，知進退，分輕重。何時該做何事，應該遵循哪些原則，他們心中都有數，這樣的人物胸有韜略、眼光高遠，因此行事不慌，最終一舉成功。

鬼谷子對我們強調，無論何事，順勢而為、順從規律都最重要，因為這是「陰陽之開闔，存亡之門戶」。順勢，如同順水行舟，以最小成本取得最大回報。反之若逆勢，就像逆水划船，頂風作案，縱然萬般努力，效果也要大打折扣。落個滿身傷不說，還可能一無所獲。

中國人很講究「勢」，但到底什麼是勢，許多人卻很模糊。在鬼谷子看來，「勢」是規律，也是趨勢。春天播種，秋天收穫；男大娶妻，女大嫁人；生老病死，物極必反……這是自然的「勢」，我們要遵守，違逆即遭懲罰。天下合久必分，分久必合；世人熙熙攘攘，皆為利往；建功立業講究一個天時地利人和……這又是人事的「勢」，我們要利用和創造，然後事半功倍，成就功業。

把握這個「勢」，一是要「達人心」，看透人心；二是要「見變化」，洞察規律。人心，規律，這是鬼谷思想的兩大要素，也是他留給中國人的兩件致命兵器：

中國人最會看人心，也最重視人心。

中國人最講規律，也最喜歡總結規律。

諸葛孔明文韜武略，為劉備建立蜀漢立下了不世奇功，是中國歷史上少有的名人。《三國演義》中，劉備三顧茅廬才請到他出山，成就一段佳話，許多文人墨客對此不吝讚美之辭。

但我要問：他的選擇是最正確的嗎？

恐怕未必！孔明隱居那麼多年，當然不是因為熱愛田園生活。天下大亂，諸侯並起，作為一個胸有萬策之人，他怎甘心隱居田園？找個地方躲起來，無非是觀察天下大勢，為自己挑選一位好東家。

最後他選擇了劉備而不是曹操或孫權，道德立場上或許是對的，從時勢上看卻非常錯誤。他雖然順了道義之名，卻違逆了天下大勢。因為漢室氣數已盡，正統也不過是頂腐爛的帽子。恢復漢室？聽起來很美，可行性卻幾乎沒有。所以孔明找的這位東家，充其量只能占塊地盤，做個割據皇帝。

誰是當時「時勢」的擁有者呢？答案只有一個：曹魏。地理上，曹操雄踞北方，擁有最廣闊的土地和最豐富的資源；人才上，擁有最多的人口和軍隊，最多的謀士和將領；從軍事角度，他還占據有利地形，以北望南，攻守自如。

歷史的結果我們都看到了，諸葛亮出於「仁義道德」，投靠劉備傾盡一生才華，鞠躬盡瘁，把自己活活累死，也只是幫蜀漢維持了幾十年光景。

所以，出來混的人一定要明白這個道理——逆勢而為，即便你是千年一遇的天才，又能怎樣？諸葛孔明就是例子。

相比之下，司馬懿家族就很聰明，他不但順勢投靠曹魏，還玩了一招借殼生蛋。利用曹魏政權的強勢，慢慢積攢自己的實力，最後取而代之，登上了皇帝寶座。而最後統一全國終結三國混戰，又順應了老百姓厭惡戰爭、渴望和平的普遍願望，這個便宜真是賺大了！

鬼谷子通篇都展現了一種「縱橫捭闔」的權謀之道，而它的思想基礎就是我們開篇所講的順天應人，認清形勢。利用大勢所產生的巨大力量，推動著我們去做事，就會省力省心，名利雙收。這裡所表現的，既有對形勢的判斷，還有對人心的揣摩，對各種事物之間關係的分析，以及得出正確判斷的選擇能力。

為什麼要洞察人心？

因為人心隔肚皮，人心充滿貪慾，有著各種各樣的慾望，這是人性的本質。人類文明在地球上發展了幾千年，說白了就是一部由貪慾主宰的殘酷無情的競爭史、淘汰史。現代社會尤其如此，為名利奔波追逐，為錢財頭破血流，為權慾你死我活。你不懂點鬼谷心理學，還覺得每個人都是小白兔，能活得下去麼？

你不懂得人心是什麼樣的，與人打交道就容易被騙，被別人當成傻瓜，成為他人的墊腳石、犧牲品。知道人心是黑的，你對人就會多份小心，不容易受騙。

為什麼要把握規律？

不明白做事規律，不清楚一些基本常識，做什麼都會是一筆糊塗帳，南轅北轍，總是碰壁。就像你能明白領導者最在意的永遠是他自己的地位，而不是提攜新人，你就能在他突然對你大加扶植時保持警惕，防止被利用。反之你肯定很慘！

在商業領域，商人都要根據市場需求去開發和銷售產品。需求帶動發展，這是商場的「順天應人」。你看到某些產品銷售火爆就急忙跟風生產，結果不一定賺錢，很可能賠個精光！因為大家都跟風，就會造成市場飽和。有些商品無人問津，你就棄如灰塵，於是你可能瞬間便錯過最佳商機！因為市場的需求正在培育。只有具備全局眼光，明白市場規律，才能發現這些危險或利好的信號！

春秋時的宋國有個姓樂的投機商，做生意的眼光特別好，什麼賺錢他就做什麼。有一天他突然找了很多工匠，急命他們在兩天之內做出五千把雨傘。工匠們心想這人腦袋是不是壞掉了，怎麼會這麼傻？

「老闆，天這麼旱，太陽毒得烤死人，半年多沒下雨了，田地乾裂得寸草不生，人們滿街找水喝，你竟然讓我們趕做雨傘？哈哈！」

樂老闆說：「這些你們都別管，拿了我的錢，儘管做就是了。」

工匠按時完工，當雨傘送到他的商鋪時，當天夜裡城中突降暴雨，一直下了半個多月，堪稱「水灌都城」。眾人準備不及，紛紛購傘，這些傘頓時成了搶手貨，一銷而空。他坐地起價，一把傘比平時貴了兩倍，城內其他商家嫉妒又眼紅，氣得乾瞪眼。

這時大家才明白，久旱必有甘霖，樂老闆根據幾年來天氣的變化，判斷出了今年大概的降雨時間，然後及早準備，賺了一筆。

如果你比他還有頭腦，你不找錢，錢來找你！

作為企業，「順勢與借勢」更重要。如果能順應時代發展的需要，找到一條長盛不衰的贏利模式，並有一個卓越的領袖帶領，就很容易迅速成長。反之，不是被淘汰，就是夾縫中求生存，半死不活而已。

我們都知道比爾‧蓋茲很有錢，但比爾‧蓋茲成功的關鍵是什麼？優秀的管理？競爭對手的無能？都不是！

最根本的原因是：世界上第一臺電腦剛發明不久，他就創造了微軟。就這麼簡單的道理！最需要的時候他恰巧走在了那裡，然後把機會抓住了！

在當時還是文本介面的作業系統時，比爾‧蓋茲就推出了第一款圖形介面的windows，順應了市場需要的大勢，而且是搶先占領。當他邁出第一步並且做得相當出色以後，任何一個後來者都很難擊敗他。

可以說，「見變化之朕」，比爾‧蓋茲做得不錯。他成功的根本原因就在於對市場大勢的正確判斷，而不是管理及資金運轉等細節上。

你呢？作為一個出來混的人，你如何看待和具備這些本領？從現在起，你不光要選一個好行業，還要找一家好公司；要跟對一個好老闆，交一群好朋友，你要比他們更具有全局眼光，更擅於借勢和造勢。

如果你做到了「達人心，識變化」，不成功都難！

再厲害的人也有弱點

夫賢、不肖；智、愚；勇、怯仁、義，有差。乃可捭，乃可闔，乃可進，乃可退，乃可賤，乃可貴；無為以牧之。審定有無，與其虛實，隨其嗜欲以見其志意。微排其言而捭反之，以求其實，貴得其指。闔而捭之，以求其利。

人有賢良、不肖、聰明、愚蠢、勇敢、怯懦、仁或義的區別。對待不同的人，我們就要採取不同的辦法。或包容或冷拒，或提升或打壓，或輕視或敬重，根據他們自身的特點進行駕馭。看他有什麼，缺什麼，探察其虛實，分析他的嗜好和慾望，摸清他的志向和需求。適當試探排貶對方的言論，捭開其中的矛盾，詰之以察實情。經由這種捭闔之道，掌控對方的內心，達到我們的目的。

每個人都有弱點，即使那些強人也不例外！

他們之所以看起來很強，這是因為他們善於隱藏自己！

事實上，每個人都有可以利用的弱點，就像孔雀開屏的時候，難看的屁股就暴露在眾人面前了！所以鬼谷子認為，你只要看清對方的弱點，就可以根據這一弱點制定切實有效的策略，從而玩弄對方於股掌之上，順利達到我們的目的。

春秋末年，齊國興兵伐魯。魯弱齊強，形勢危急，子貢跑到齊國遊說，見到田常。他知道野心家田常正蓄謀奪位，欲借這場戰爭剷除異己，於是就說：「憂在外者攻其弱，憂在內者攻其強。」他勸田常不要攻打弱小的魯國，而是應該轉而攻打強大的吳國，這樣才能製造更大的聲勢，達到自己不可告人的目的。

田常覺得很有道理，但齊國已經做好了攻魯的準備，實在找不到藉口轉而攻吳。子貢笑說：「我可以前往吳國，說服吳王夫差救魯攻齊，這樣您就有藉口跟吳國開戰了！」田常痛快地答應了。

子貢到了吳國，對夫差說：「大王，如果齊國攻下魯國，勢力增強，一定過來攻打吳國，到時您可就麻煩了。先下手為強，後下手遭殃，您不如現在聯魯攻齊，借此機會，吳國就能成就一番霸業。」夫差心想這是個好辦法，但他擔心死對頭越國趁機背後下刀，所以有些猶豫。子貢說：「這事您就交給我吧。」

他又趕到越國，說服越王隨吳伐齊，解除了夫差的後顧之憂。他又想，吳國勝齊之後，一定會要脅魯國，魯國還是會有麻煩。於是他又悄悄來到晉國，向晉定公講明利害關係，勸他趕緊備戰，以防吳國進犯。晉定公本來不相信，但聽子貢一講，驚了一身冷汗，心想是啊，我怎麼沒考慮到呢，吳國若勝，國力大漲，夫差又是個有野心的君主，到時說不定就會來攻打晉國，便下令進入戰時狀態，準備打仗。

後來，齊國動兵，夫差果然率十萬大軍攻齊救魯，越魯兩國也派兵參戰，齊國大敗，只得求和。夫差借勝利之勢，移兵攻晉，被早有防範的晉國打退。魯國不但得救，前來救魯的這些國家，也沒能從魯國得到什麼便宜。

子貢在這個遊說的過程中，充分抓住了各國不同的需求和心理，利用他們之間的矛盾，區別對待，講不同的利害關係，巧妙周旋，實現了自己的預先目的，解除了魯國面臨的亡國之危，顯示他高超的縱橫捭闔之術。

做國與國之間的說客，需要因國而宜；在人與人之間周旋捭闔，亦需因人制宜。鬼谷子告訴我們，人有賢，有不肖，有智，有愚，還有勇和怯的區分，根據這些特點，在不同的場景中，我們就能找到對方的優勢和弱點，見縫插針，實現利益最大化。

美國有家公司，接待到訪的中國客戶，為了讓這幫有錢的中國人下訂單，美國人絞盡腦汁，在接待上下足了大功夫。清一色的勞斯萊斯接送，住豪華大酒店，吃最高級的西餐，到公司總部參觀時，在門外大道上鳴放禮炮，給足排場。在談判桌上，上到總裁，下至談判代表和服務人員，低聲下氣，委曲求全。

這些中國客戶，虛榮心得到極大的滿足，結果對美方提交的資料未做詳細考察，當場簽約訂了幾億美元的訂單。後來他們才發現，自己訂購的這些產品，其實國內早就有賣了，不但品質好，價格還便宜一大半。

中國人有個說法叫「打人不打臉」，愛面子是中國人的普遍弱點，「好面子」就是容易被抓住的軟肋。不但打人不能打臉，做生意和談判也很在意面子，尤其某些官派十足的領導人物，個人的虛榮心永遠比國家或公司的實際利益重要。美方看透了這些來自中國的企業主，抓住這個弱點大做文章，給足面子，撈得了巨大的實惠，實在值得中方一些人好好反思。

有些人不停地感慨：客戶你的心思好難猜，我怎麼做你才能把門打開？他們卻不知道，不是所有的客戶都喜歡產品獨一無二，不是所有的客戶都喜歡產品物超所值，不是所有的客戶都喜歡產品實用、價錢合理。客戶的心理需求，不一定會以產品和價格為基礎，因為客戶的身分和背景有區別，他們的要求也一定會有差異。

銷售員推銷產品，事先要分析判斷客戶的類型。不同的人，對應策略是不一樣的，量身打造行銷策略，才能賣出產品，這已是銷售界的共識，這裡所應用的，便是鬼谷子此節所講到的「因人制宜」的捭闔之術。

客戶出手大方，花多少錢並不在乎，但卻是個要面子的人。你就要給足他的面子，在他面前多奉迎讚美，突顯他的實力、身分和地位。

客戶向來摳門，一分錢恨不得掰成兩半花，非常務實。你要推銷產品，就必須多在技術層面下功夫，放大產品的優點，讓他看到產品的實用性和購買該產品的必要性。

鬼谷子的遊說辯論之術，一個很重要的原則就是「看人下菜單」，這個原則遍布《鬼谷子》的全文，表現在每一章的策略之中。**對不同的人，使不同的招數，根據對方的實際需求，制定合理的遊說策略，成功率才最高。**作為一種高明的談判和行銷策略，鬼谷子的這個智慧早已在全世界的行銷行業普及開來！

有一位小飯店老闆，店裡來了一位工人，點了一碗燴麵，老闆給他做了滿滿一大碗，麵條多到鼓了起來。

過一會，又來一位精瘦的生意人，精明幹練，老闆也給他端上來一碗燴麵，量不大但料多味美，生意人滿意地吃完走人了。

有人問：「同樣的價錢，怎麼端上來的是不同的麵？」

老闆笑眯眯地說：「工人食量大，量足吃飽最重要，生意人心思精細則最關心味道鮮美，量多也吃不完。」

我們跟朋友打交道，與同事、上司或下屬在工作中合作，想打動對方的心，真正說服對方，使事情達到你的期望，也要「看人上菜」。先看對方是什麼樣的人，有什麼樣的性格，然後再採取不同的溝通方法，這樣才能得償所願！

對管理者來說，下屬有的需要金錢，有的需要歸屬感，有的希望得到認可和讚賞，而有的則是追求自我價值的實現，需要一個優秀的發展平臺。不同人有不同的需求，同一個人也許有很多種需求。如果總是用同一種方法籠統對待，就總會有一些人對你不滿。

我們跟長官相處，有的長官脾氣暴躁，雷厲風行，在他面前做事就得又快又好，表現出速度和效率，嘴皮子功夫是次要的；有的長官性格溫吞，不急不忙，喜歡按部就班，你就得講究做事的流程和每一個步驟的完美，不能讓他挑出毛病；有的長官不怎麼插手具體工作，重視下屬的彙報和解釋，你就要鍛練一副上好口才，說話要有說服力，讓他放手信任你。

不過，這並非讓我們依照人的三六九等去阿諛奉承別人，而是秉承「隨其嗜欲以見其志」的思路，多大的腳穿多大的鞋子，抓住對方的弱點進行「攻擊」，無論是遊說、公關還是做事，就會沒攻不下的堡壘！

開而示之，闔而閉之——嘴巴決定你的吉凶禍福

或開而示之，或闔而閉之。開而示之者，同其情也。闔而閉之者，異其誠也。可與不可，明審其計謀，以原其同異。離合有守，先從其志。

我們在實際行動中有兩種選擇：或敞開內心直言，或選擇沉默。雙方情感、利益一致，可直言，否則最好沉默，保留餘地。在做的過程中，可與不可，都要看自己是否查清了對方的底線、計謀和真正的需求，瞭解雙方的同與不同。不管選擇哪一種，我們都必須有主見有原則。

每個出來混的人，都要懂得何時開口，何時沉默。

你一定要記住，嘴巴一開一閉之間，就決定了你的吉凶禍福！

鬼谷子在這裡告訴我們，出來混的人必須管好自己的嘴巴，歷史上很多才華橫溢的人，都栽在這上面，從而鮮血橫濺、腦漿塗地。所以，說話要謹慎。當你難於決斷之際，

寧可沉默不語，也不要亂說話！

說話是捭闔的基本方法，是一個人辨事能力最直接的表現！但是，我們一定要明白一點，即喜歡說話並不等於會說話。平時叫得兇的事到臨頭往往最虛弱；說起話來滔滔不絕的，可能只是個流於空談的笨蛋！如果考慮不周便急於表達，那麼一定會言多必失！而如果該果斷表達時你卻還在沉默，也一定會錯失良機，被人輕視！

所以，直言和沉默都是必不可少的智慧，「開而示之，闔而閉之」，它們的作用不同，「同其情」時，我們可直言；「開而示之」、「異其誠」時，該閉嘴時就要閉嘴，以便讓自己待在安全地帶，不與對方利益發生衝突。

劉邦死後，呂后獨攬大權，想立呂姓的人為王，問王陵是否可以。王陵昂著脖子說：「當然不行，高祖與我們殺馬盟誓，非劉姓不得為王，您怎麼忘了？」

呂后很生氣，又問陳平。陳平說：「如今是太后您執掌朝政，這些事您可以自決，不需要問我們。」

於是，王陵被貶，倒了大楣，呂后封了很多呂氏家族的人做王。事後王陵氣憤地去找陳平算帳：「當年殺馬盟誓時，你陳平也在場的，還信誓旦旦要守護與高祖的誓約，如今卻違背誓言，你這不是拍馬屁謀取高位嗎？操你奶奶，你真是個卑鄙小人！」

陳平也不生氣，嘿嘿笑道：「您說得對，但是觸犯太后惹她生氣，我不如你，我也很佩服你，可是將來輔漢安劉，收拾殘局，你就不如我了。」

果不其然，呂后一死，天下大亂，諸呂謀反，正是陳平和周勃等人適機而出，剷除諸呂，擁立漢文帝即位，保全了劉姓的漢室江山。

兩個人的處事態度截然而同，王陵敢於說話，直言上諫，一身硬骨，值得敬佩，但他開口不分時機，不但於事無補，還讓自己受到損失，差點丟了腦袋。陳平則冷靜審察，看清事態，知道當時多說無益，再反對也無法改變呂后的主意，於是就妥協沉默，順應事態，保存實力，等將來事有變化，果斷出擊，最終還是實現了殺馬盟誓的承諾。

《墨子》中記載了一則故事，子禽去問墨子：「多說話有好處嗎？」墨子說：「青蛙、蛤蟆和蒼蠅天天在叫，時時在叫，口乾舌累，卻沒人去注意牠們。公雞一天到晚不吭一聲，但黎明時打鳴，一叫即能驚動天下。所以，多說話有什麼用呢？只有在恰當的時機說話才有用。」

話不在多，切中要害才最關鍵！時機不對，話越多越讓人討厭。只有在恰當時機講恰當的話，才是鬼谷子教我們追求的處世境界。

明朝有一次著名的「大禮議」之爭，嘉靖皇帝登基以後，為把自己的親生父母冠以皇帝與皇后的名號，與大臣展開了一場激烈鬥爭。為了捍衛祖宗定下的規矩，許多大臣爭先恐後直言死諫，幾百人跪在皇宮門口慷慨激昂，結果又怎麼樣？被錦衣衛的板子打得皮開肉綻，也沒爭得過皇帝。

這段史實反映出的有兩個道理，其一，話不投機半句多，與皇帝的根本利益不一致，你說再多也無用，說多了只能找打，甚至找死，明知改變不了結果，還不如閉嘴；其二，爭與不爭，直言或沉默，還要看是什麼事，若是關乎國家命運、百姓禍福，即便犧牲生命去直言不諱，死了也讓人尊敬！若為一件無關小事，為一個本身便被證明迂腐不堪的舊制，卻拿出百分之二百的鬥志，即便爭過了皇帝，也只是徒勞無功的內耗而已。

事實上，明朝之亡，過多這種虛華不實的內耗，也有推波助瀾的作用。那些不怕死的官員們，每天都為一些雞飛狗跳的內耗之事去爭去鬥，整天都在「開而示之」，嘴皮子很厲害，不知罵死了多少前線打仗的大將，比如袁崇煥。豈不知，如果他們能適時「闔而閉之」，對自己不懂或不該干涉的事情學會閉緊嘴巴，明朝還不會亡得這麼快！

某公司舉辦了一次慈善晚宴，各界名流齊聚。公司女經理穿了一件十分吸睛的晚禮服，成了當場的交際明星，許多客戶圍著她轉。

小王跟她打完招呼，發現她這件晚禮服後面拉鏈不知什麼時候開了，腰部以下的敏感部位有所暴露。他剛要提醒，看看周圍全是人，想了想，閉上嘴巴走了。

小齊路過這裡，也看到了，他急忙過來拍了她的肩一下，輕聲說：「經理，您的衣服拉鏈開了。」

聲音雖小，卻仍有不少人注意，眾人的目光頓時聚焦在女經理的後腰部位。女經理回過頭，怒目圓睜，狠狠地瞪了小齊一眼，忿忿地進了洗手間。

類似的情況我們經常會遇到，閉嘴走開者平安無事，好言提醒卻得到了「狗咬呂洞賓，不識好人心」結果，其中表現出的就是開口時機的問題。鬼谷子說「同其情」才可「開而示之」，其實從這個角度講，有時即便「同其情」，不考慮場合和時機就開口，會帶來相反的效果。

所以，直言也好，沉默也罷，都要分清時機和場合。一個說話不多的人，未必沒有大智慧；一個口才很棒的人，說不定在人生中處處栽跟頭！

這個世界上，能說善道的人很多，誇誇其談、洋洋灑灑，口才著實是好，但能說到點子上，懂得「可與不可」這個道理的人，又有多少呢？該閉嘴時還在饒舌，該勇於表達時卻忘了臺詞，很多人經常做這樣的蠢事。時機不明亂講話，良機到了偏偏悶葫蘆，都是我們做人做事的障礙！

捭之貴周，闔之貴密——強者和智者才能吃香喝辣

捭之貴周，闔之貴密。周密之貴微，而與道相追。捭之者，料其情也。闔之者，結其誠也，皆見其權衡輕重，乃為之度數，聖人因而為之慮。其不中權衡度數，聖人因而自為之慮。

要查清對方虛實，打開對方門戶，重要的是考慮周詳；要守護自己的門戶，重要的是處事縝密。而要達到周密，則需我們做得微妙，重視細節，按實際情況和規律做事。打開對方門戶，為的是查清實情。守護門戶，是為了展示結交的誠意。這些都是為了徹底摸清對方的底細，探測其在各方面的表現。如果能夠按照這個道理做人做事，就能據此做出正確的分析，如果不能，則只能另行謀劃。

在生存這場遊戲中，只有強者和智者才能吃香喝辣！

你想做贏家嗎？那就應該擅於為對手精心布置大網，使其防不勝防。「同其情」可結

為盟友，「異其誠」要堅決搬開攔路石。無論進攻和防守，不管察其內心還是展示自己的誠意，都要謀劃清晰，堅決果斷！

而輸家，往往只會悶頭直闖，以為抱著理想、懷揣勇氣就能成就一番事業，覺得有了一份計畫書就能搞定一切！豈不知路上遍布陷阱，棋差一招，就會步步受挫，事事撞牆，落入別人挖好的捕獸坑，成為他人的案上魚肉，盤中美餐！

許多人崇拜力拔山兮氣蓋世的項羽，但我提倡做人不學楚霸王，要做就做劉邦！項羽堪稱幾千年來罕見的勇夫，英勇善戰，力大蓋世，是亡秦第一人，但在楚漢爭霸中，他卻敗給了手無縛雞之力的劉邦。

一個鴻門宴，徹底暴露了項羽的所有弱點，空有勇力，卻腦大無物，充滿婦人之仁。本可以藉機一舉剷除劉邦，在劉邦謀士的精心謀劃和本方內奸的策應之下，還是讓他從容逃脫，並最終反敗為勝，將項羽逼死在烏江邊。

項羽輸在本該下手斬草除根之際，卻忽然大發善心想給劉邦一條活路。要知道兩人的根本利益是全面衝突的，百分百的「異其誠」，不是你死就是我活！劉邦對此很清楚，每一步每一招都在給項羽挖坑，項羽卻對此認識不清，且謀劃不周。

《鬼谷子》在這裡告訴我們，一個人只有膽子大是不行的，空有膽大就是魯莽無腦！

除了勇氣和激情，我們還要有很深的城府，無論是開而示之，還是闔而閉之，最重要的便是考慮周詳，策劃縝密。

巨人集團老闆史玉柱發家之初，豪氣沖天，不顧手下的勸說和專業人士的建議，將全部資金都投進了巨人大廈的建設，結果成了今天中國最大的一座爛尾樓。巨人集團因此破產，買了預售屋的人紛紛上門逼債，下屬離心，員工跳槽，史玉柱陷入空前的困境，從此走上了籌錢還債的道路，直到幾年以後，才重新翻身。

如今的史玉柱，已經變得十分理性，明白了細緻謀劃、理性判斷的重要性。差之毫釐，謬以千里。即便有一個環節的可行性考慮不周全，再美妙的設想到最後也可能只是水中月亮，一刺就破的大泡沫。

做事貴在考慮周詳，貴在心思縝密。道理很簡單，明白的人卻不多，即便貴如帝王，有時也會在這方面犯下致命錯誤，成就敵手的偉業。

朱元璋的孫子建文帝，鑑於叔叔朱棣勢力太大，威脅君權，便想削藩。設想是好的，行事卻缺乏謀劃，做事缺乏狠勁，對他這個叔叔的秉性本事缺乏足夠的瞭解，也對雙方根本利益的不同缺乏清醒的認識！

削藩的消息傳到燕京，朱棣玩了一招假病之計，在家裝瘋，以麻痺皇帝。建文帝派人前去察看，時值酷夏，使者發現朱棣正抱著爐子取暖，還不停地喊冷，全身發抖，活像一個街頭瘋子。回報南京，建文帝一下信以為真，放鬆了對朱棣的警惕，給了燕王充裕準備的時間。最後，一場南北大戰，燕王朱棣成了獲勝者，登上了帝位。

如果建文帝對燕王的能耐多些瞭解，勢必就不會輕信他的裝瘋之舉。當時只要下一道聖旨，接他來南京治病，就可試探出他是真瘋還是假瘋。若來南京，藉機扣之；若不來，也可抓住他欺君抗旨的罪名，占據道義制高點。可惜的是，建文帝對燕王與自己的根本矛盾意識不清，和楚霸王性格中的弱點是相同的，沒有順藤摸瓜，利用這些稍縱即逝的機會。放了死對頭一條生路，頓時使得強弱形勢瞬間發生了轉化，等對方磨好了刀，備好了兵，戰事一起，再想扭轉，已經為時已晚。

「捭之者，料其情也。闔之者，結其誠也。」這段話又如何理解？人與人的交流碰撞，無非是兩扇門戶。推開對方的門，看清他有多大本事，有什麼目的；打開自己的門，讓對方進來時，只有一個原因：展示自己的誠意。這要建立在雙方利益追求一致時，否則無異於在自己身上綁上一枚炸彈。

打開對方的門戶，你要設計周詳，尋找任何一絲破綻；守護自己的門戶，你要心思縝密，不給對方留下任何漏洞！

所以，人情世故，無非是一來一往，縱橫捭闔，都在這一攻一守之中，守得住自己，攻得下別人，你就是人際場上的王者；攻不下又守不住，你就總是被人利用的棋子！

別人想陰你，首要一步就先對你「料其情」，不知道你的底細，不清楚你的真實目的，就沒人敢輕易對你下手。你看錯了人，把魔鬼看成天使，將敵人當成朋友，自己把門打開了，就別怪對方心狠手辣。

你要陰別人，也得先搞清他多輕多重，有什麼背景，喜歡什麼，討厭什麼，平時做事的風格，他的弱點與優點，以及你的實力是否搞得定他，需不需要聯合一些盟友，等等。這些資訊若不清楚，對方就是一堵厚厚的城牆，堅不可摧，你無門而入，自然就達不到目的。

要做到這兩點，在全盤謀略的基礎上，「貴周與貴微」就非常重要。不但要對一件事情的本質做出判斷，還要對它所有的細節都考慮到位，知己知彼，做到有備無患，並注意每個微小的調整，時刻糾正自己的計畫，你才能立於不敗之地。

闔而取之，闔而去之——趨利避害是人的天性

故捭者，或捭而出之，或捭而納之。闔者，或闔而取之，或闔而去之。

打開門戶，或讓自己出去，或讓對方進來。關閉門戶，或是自我約束，或使人離開。捭闔的目的是什麼？就是趨利避害，讓利進來，讓害離開，每個人都是這樣。

在這個世界上，每個人都有趨利避害的本性！即使是那些經常做高尚善事的人，也具有其「自私」的理由。或許你要搬出雷鋒來反駁我，但是你知道嗎？雷鋒雖然做好事不留名，卻把每件事情清清楚楚地記在日記裡了！

股市上漲，人皆湧入；股市崩盤，人皆奔逃。利和害的區分就是如此鮮明。利在何處，人就往哪兒擠；看見了害，人都會本能地遠離。所以操縱股市的人，手段再怎麼變化，目的都只有一個，逢低買入，然後抬高股價，吸引資金進入，再逢高賣出，賺取巨額差價。人皆奔利而去，見害而逃。戰場上，在十兩銀子與二十兩金子面前，敢死隊所迸發

的勇氣也一定有很大差別！

重賞之下必有勇夫，無賞之時勇夫也變成逃兵！這就是利的巨大價值！每件事都有利有害，只有當利大過害時，才會有人來替你跑腿！道義的鼓動只是輔助手段，利益的誘惑永遠都是第一位的！

鬼谷子的捭闔之術所依據的基本原則，便是利用人趨利避害的天性。何謂捭闔？見利「闔而取之」，見害「捭而出之」！

你是一個自私的人嗎？如果你否認，那麼你就變成一個虛偽的人了！人是趨利避害的高級動物，這點不需懷疑！每個人都希望將予我有利者關於內，將予我有害者關於外。抓住了人萬世不變的這一點，你就能在世間縱橫捭闔，無所不為！

作為我們自己來說，平時也要趨利避害，看見了潛在的害，表面的利再大也不能要；如果有長遠的利，即便暫時有害，也不可輕易地放棄！

聖人常能看到千年的利與害，所以兩千年來只有一個孔子，他倡德以避利害之爭；也只有一個鬼谷子，他主張積極進取，不迴避人趨利避害的本性。

聰明人能看到百年，所以「五百年王者出」，以利取人，以害退人，聚天下之才，成就霸業。

一般人能看到十年，而蠢材利害不分，因此世間多投機取巧之輩，庸碌無能之人。即便名商巨賈，也不過是十幾年風雲，後浪擠前浪，前浪死在沙灘上。這便是短利與長利的截然不同。所以對利與害的「捭而出之，闔而取之」，看似簡單，做起來卻需有一雙火眼金睛，一顆慎思善謀之心！

有一個日本遊客，到湖南湘西某地旅遊，離開時因嫌去銀行兌換外幣太麻煩，就把手中幾百元人民幣從車上扔下來，引得中學生蜂擁而上，一會就將錢搶光了。這一幕恰巧被人用相機拍下，並上傳到網上，許多人看到後憤怒不已，譴責孩子們不愛國，沒有人格。

其實，如果從鬼谷子的思想角度來看，我們就會發現將這件事上升到民族高度根本沒有必要。有問題的不是中學生，而是某些看官的心理，他們接受不了人性本是趨利避害的現實，一廂情願地希望所有的人都按照自己設想的那樣拋利取義，高尚無私。但是換到這些人面對這種選擇時，我相信他們之中的大多數也一定拋開所謂的面子和道德，對掉在地上的金錢伸出貪婪的雙手！

幾年前，英國也曾發生這種事。在一條高速路上，一輛運鈔車出了車禍，幾百萬英鎊飄散的到處都是，路過的人不但不報警，不幫忙，而且餓狼一樣撲上去，很快將錢搶光。在國家法律面前，利益的吸引力都是如此之大，面對不費吹灰之力就可得來的財，沒有誰還顧及法律和道德？

趨利避害是人類的天性，就像餓了吃飯、睏了睡覺、天冷穿衣、感冒吃藥一樣，是人之所以為人的重要原因。一個人如果不具有趨利避害的本性，他將是一個十分恐怖的人，不是大忠則為大奸，在高尚無私的背後，可能隱藏著不可告人的齷齪目的。

有一位政府官員，曾在電視講話中宣誓——誓死捍衛廉政，絕不收受一分錢！就在他發表這番宣言的兩年後，即被檢察機關隔離調查，因為他可能收受房地產商的巨額賄賂！曾經信誓旦旦的清官，為何轉眼間就成了階下囚？當初「高尚無私」的官員，竟也是隻披著狼皮的羊而已！

在法庭上，他無奈地說：「當對方請我洗溫泉時，我沒動心；給我十萬元的消費卡時，我也沒動心；但當那個人塞給我一張存入二千萬元人民幣的銀行卡時，我猶豫了，那是一筆天文數字，足夠我和家人過上天堂般的生活。」

看，這就是利益的誘惑！當它足夠大時，足以摧毀一個人曾經最堅貞的信仰！讓他把潛在的害拋到腦後，不顧一切地奔向眼前的「利」而去，即使鋃鐺入獄也在所不惜！所以，一個貪官的形成，總是遵循這樣的軌跡。他們犯罪的過程有很多種，但墮落的路線都如出一轍，在金錢面前，趨利的本性戰勝了對害的恐懼！

俗話說「夫妻本是同林鳥，大難臨頭各自飛」，一對感情很好的夫妻，平時甜言蜜語，恩愛無比，可是當災難來臨時，比如有一方突患重症，無錢醫治，另一方很可能突然變心，遠走高飛。就像有句經典臺詞所言：「我們時刻都要清醒地認識到，再偉大的愛情，都會臣服於我們人類的天性，那就是趨利避害。」

生活中許多關係不錯的朋友，可以一塊肉山酒海，吃喝玩樂，但當你遇到大麻煩，開口向他借錢或尋求幫助時，可能就立刻冷眼相對，距離頓時拉開，溫度驟然下降，似如從未謀面的陌生人，使你當頭一盆涼水。

你有錢有勢時，所有人都圍著你轉，巴結奉承你，八竿子打不著的親戚提著東西上門，你走到哪兒都是座上賓。但當你一朝落寞，立刻門前冷落雁不歸，似乎一夜間你的這些親朋好友全消失了，連路邊的狗都不睬你。這時，我們不禁感嘆人情冷暖，世態炎涼！

有句諺語說：「沒有背叛是因為誘惑不夠。」這正是人與人之間的關係本質，能夠共患難的畢竟是少數，大多數人都是見害遠遁，生怕把自己牽累了。當利的誘惑足夠大時，再鐵的哥們也會背後給你一刀。所以，你不要以為某某跟你是最貼心的死黨，對他就不用防備。凡是這麼想的人，生活中註定會有被朋友出賣的那天！

在鬼谷子看來，**我們不但要趨利避害，懂得該讓什麼進門，該把什麼關在門外，而且還要利用別人的弱點。**每個人都是趨利避害，很少有人能逃脫這個規律，所以在做事或交際時，我們就要充分把握這個特點，投其所好，示之以利，顯之以害，從而達到自己的目的！

變動陰陽，四時開閉——識時務者為俊傑，不通時務是笨驢

捭闔者，天地之道。捭闔者，以變動陰陽，四時開閉，以化萬物；縱橫、反出，反覆、反忤，必由此矣。

捭闔是對世間萬物發展規律的利用。捭闔使陰陽對立變化，四季交替，促使萬物變化。世間事物的縱橫、反出、反覆和反忤等現象，都是可以經由捭闔來實現的。

一個人扛著長竿子進城，城門太窄，竿太長，他橫執在手，是不可能進去的。這人急得滿頭大汗，半天下來也沒能進城。有個老頭建議他：「喂，為什麼不用鋸子將長竿從中截斷後進入城門呢？」這人於是就將長竿截斷抱著進城了。如此僵化的思維模式，引來眾人嘲笑，從此成為千古的笑料。

常言道：「識時務者為俊傑。」這與鬼谷子「變動陰陽，四時開閉」的道理異曲同工。**時務就是變化的時機。遇事不通，被迫改變，你就晚了一步；預料在前，主動求變才**

能長贏！如果只懂得因循守舊，鑽進死胡同出不來，事情肯定做不成，做人恐怕也是笨驢一頭！

對於「變」的智慧，中國人是理解最深的，我們做事往往有很多備選的方案，這套不行，另一套立刻跟上；這條路走不通，沒關係，再找一條！所以外國人總是說中國人狡猾，心眼多，就是針對這一點，中國人變化太快，有時變得連自己都認不出，何況外國人？

世界上沒有什麼是可以一成不變的，原來的法子行不通了，就得改變！這便是通時務，知四時，從而變動陰陽，以化萬物。

這個思想，就藏在《鬼谷子》中，「縱橫，反出，反覆，反忤。」這都是變的手段，不斷地嘗試，運用捭闔的原理，從多種角度去考察事物，選擇最好最合適的辦法，將事情做好。另一部偉大的著作《易經》中也講：窮則變，變則通，通則久。當事物發展到極點窮盡時，就必須求變化，合理的變化之後，便能夠通達，符合我們的需要。

歷史上有一個很著名的例子：胡服騎射。趙武靈王即位後，為了滿足自己北禦匈奴、南防秦國的目的，對當時軍隊的作戰模式進行了改革。第一是改革服裝，當時中原的人喜歡寬袍大袖，他下令改變服裝樣式，學習胡服的樣子，將袖口改窄，這樣利於使劍。第二是騎射，中原的軍隊多習慣車戰，運動緩慢，機動力差，跟游牧民族打仗時吃虧不少。趙武靈王命令大家都學習騎馬射箭，建立騎兵部隊，不到一年，就訓練出一支強大的騎兵。

經由這種變革，經過幾年的發展，趙國國力強盛，成為當時的戰國七雄之一，連秦國都深為畏懼，與趙國互派使者交好。

這個故事，充分表明了變革的必要性。個人要擅於變化，要通時務；國家也適用這個道理，為了全局需要，改革內部機制，調整發展策略，是必須的一種手段。不懂得做出合理變革的國家、企業或個人，就一定會在激烈的競爭中被淘汰。

關於變通的智慧，儒家有一個詞叫「權變」，講的就是如何堅持原則，又能恰當變通。有一次，淳于髡問孟子：「男女授受不親，禮與？」孟子說：「禮也。」淳于髡再問道：「嫂子掉進水溝，我是否能施以援手呢？」

孟子回答：「嫂溺不援，是豺狼也；男女授受不親，禮也；嫂溺，援之以手者，權也。」就是說，男女間不親手遞接東西，這是正常的禮制，但是嫂子掉在水裡了都不去拉她，這簡直就是豺狼。面對這種緊急的事情，應該馬上拋開禮制用手去拉她，這就是變通的思想，是識時務的一種表現。

另外，「識時務」並非一般人理解的投降主義，而是處理事情時的權變與變通，是一種變革思想，而不是見利忘義、背主求榮的漢奸思維。常有電視劇中的一方元帥用「識時務者為俊傑」這句話對另一方的敗將循循善誘，其實是對原意的曲解。「識時務」也必須以捭闔的根本目的為基礎，變化是為了替自己解決問題，而不是掉轉槍口！

軍事家孫武，他在自己的兵法中提倡「將在外，君命有所不受」。將軍帶兵在外打仗，對君主的命令可以不必理會，而是按照自己的計畫行事。君命不受，這在等級森嚴的古代社會如何得了？可以與謀反的罪名等同了。但是我們站在領兵者的角度來看，大敵當前，陣前千變萬化，一舉一動，自然是自己最清楚，如果這時還要事事都聽君主的，這仗還能打得贏麼？不是不想聽君主的命令，而是距離太遠了，實在沒法聽。

所以此時就需要變通，暫且將平時固定的那套程序放在一邊，先把仗打贏了，最後再一次向君主報告。不管怎麼做，都是為了戰爭勝利這個全局目標，至於具體過程如何，則可以靈活多變。

著名的鋼鐵大王安德魯•卡內基，年輕時曾在賓夕法尼亞鐵路公司做電報員，一次偶然的機會，他處理了一件意外事件，改變了他的人生。當時的鐵路是單線的，管理系統尚處於初期階段，用電報發指令只是一種應急手段，有很大的風險，只有主管才有權力用電報給列車發指令。

這天卡內基到辦公室後，得知東部發生了一起嚴重事故，耽誤了向西開的客車，而向東的客車則是信號員一段一段地引領前進，兩個方向的貨車都停了。

但是人們到處都找不到主管，卡內基終於忍不住了，發出了行車指令。很顯然，在列車停滯的情況下，按規定卡內基是無權調度的。他自己也知道，一旦他指令錯誤，就意味著解雇和恥辱，也許還有刑事處罰。但他的責任感、信心與技能，使他選擇了變通規則的做法，最終解決了問題。

不久，公司總裁來視察，見到卡內基便叫出他的名字，原來總裁已經聽說了他那次指揮列車的冒險事蹟，對他大加讚賞，從此倍加重用。

任何事情都是處於變化之中，有時事情的發展會出乎我們的意料，如果思想僵化、行為保守，顯然對此難以應付。由此可以看到，養成靈活變通的習慣，對我們能否取得成功是多麼關鍵。當我們的原定計劃收效不大、遇到阻力時，這時就不要一味地苦幹蠻幹，而是必須停下來反省一下，想一想是不是有些錯誤的步驟，然後做出修正，直到完美無缺。

我們可以看到，在這個不斷變化的世界，沒有什麼永恆不變的事物。如果永遠拘泥於傳統，不求變革，當鐵杆的守舊派，那麼無論何事，都難以成功。

不管作為管理者還是員工，若不識時務，不懂變通，捭闔之道是肯定應用不好的！只有堅守目標、靈活處事，我們才可守得雲開見月明！

闔之捭闔，制以出入——說話之前，應三緘其口

口者，心之門戶也。心者，神之主也。志意、喜欲、思慮、智謀，此皆由門戶出入。故闔之以捭闔，制之以出入。捭之者，開也，言也，陽也。闔之者，閉也，默也，陰也。

口是心的窗戶，心又是思想的主宰。人的志向，慾望，思想和智謀，都從這個門戶出入。因此，在這裡運用捭闔之道就非常有必要。捭之，開放言論，表達我們的觀點；闔之，關閉門戶，沉默不語，隱藏我們真實的思想。

鬼谷子認為，一個人在說話前，應該三緘其口，應該說的話則說，不應該說的話絕對不能說。**古人常提「慎言」二字，便是告誡我們說話前要對後果多加考慮，切不可信口開河，不知深淺，沒有輕重。**有時多說一句話，或者在不當的場合、不當的時機說了不該說的話，都會給自己造成難以解決的麻煩，甚至是讓自己付出慘重的代價。

說話看時機，更要看場合，還要針對不同的人，說不同的話。

西漢時期，武帝的舅舅田蚡舉辦婚宴，滿朝大臣都去賀喜。宴會上，與田蚡早有嫌隙的灌夫因小事發起了酒瘋，罵起人來，田蚡也正想找他的麻煩呢，立刻下令把他抓起來。

這時有人勸灌夫趕緊向田蚡謝罪，灌夫不但不肯，還直接把矛頭對準了田蚡，對他大罵不止，說他禍國殃民，壞事幹絕。這下就再無挽回餘地，本想勸和的人也不敢出聲了。灌夫就因失言被下入大獄，最後被處死。

灌夫的確罵得痛快，藉酒拍桌而起，豪氣沖天，誰也不服，想必當時很爽，田蚡自然很壞，罵他也沒錯，可是招來殺身之禍，還連累了全家，這筆帳想必灌夫在獄中一定能算得清！小人當道，處處佈滿機關陷阱，若不能審時度勢，管好嘴巴，像灌夫這種下場，就難以避免！

在古代有個皇帝，他認為自己國家生產的東西是全天下最好的，特別是繩子，結實堅固，沒有國家能比。但是有個外國來的商人很不以為然，認為這裡的繩子一點都不結實，自己販賣來的繩子才是最好的，於是他就四處散播言論，貶低這個國家的繩子，為自己謀取利益。

皇帝聽說後，大怒，立刻下令將該商人抓起來，判處他絞刑。行刑的那一天，商人被綁在絞刑架上，他左搖右晃，上踢下蹬，畢竟誰也不想死。在他的不斷掙扎下，用於絞刑的繩子被他弄斷了，猛地摔在了地上。

監斬官趕緊將情況稟告給皇帝，在當時，如果行刑時遭遇到這樣的情況，會被認為是上天在保佑犯人，犯人將得到赦免。皇帝雖無奈，可是也沒辦法違背「上天」，便下令將他釋放。商人確信自己將會得到赦免，得意忘形地向圍觀的人群大聲喊叫：「看到了吧，你們王國的繩子就是這麼差勁，連個人都吊不死！你們什麼都不會製造，甚至是一根小小的繩子！」

這句話很快又被監斬官報告給皇帝，皇帝一聽快氣瘋了，立刻反悔，命人把他重新捆上，裡三層外三層，又推上了絞刑臺。這一次，繩子沒有斷，商人一命歸西，再也沒有死裡逃生的機會。

這個人冒犯了皇帝，遭到意外的赦免之後，不僅沒有見好就收，反而不知深淺地繼續攻擊這個國家的繩子，抓住皇帝的痛處不放手，皇帝還能放過他麼？肯定會想盡一切辦法置他於死地！

事後分析，他豈不正是死在了自己的嘴巴上？！

東西可以亂吃，話卻不可以亂說。做事之時，先管好自己的嘴巴，才是聰明人所為。尤其對於身在複雜的職場或官場的人來說，說話更是一門藝術，時機和場合的選擇都是一門學問。但是怎麼才能管住自己的嘴，而不陷入大麻煩呢？

首先，無論在什麼場合，面對什麼人，說話的措辭要謹慎，精心組織語言，想好之後再說。有些人說話時太急，拚命的向外吐，說完了才發現沒講到正題上。還有些人講話不看人，不該對這個人說的話，一股腦地向外吐。事後雖然很懊惱，可是已經於事無補。

其次，說話要客觀，不要使用貶低或蔑視的辭藻，多說「我們」而不是「你」，拉近距離和關係。也就是說，正確的說話，可以為自己製造盟友，而不是敵人。

最後，注意說話的語氣，永遠不要大喊大叫，無論遇到任何事。冷靜是一個人最基本的涵養，憤怒則只會表現自己內心的怯懦。也不要採用任何譏諷或卑微的口吻，不要當著別人的面開某人玩笑。當你的嘴巴傷害一個人時，其實你已經傷害到了自己所生存的根基。所以，出來混的人不可不重視這一點。

陰陽其和，終始其義——交談中的陰陽操縱術（一）

陰陽其和，終始其義。故言長生、安樂、富貴、尊榮、顯名、愛好、財利、得意、喜欲為陽，曰「始」。故言死亡、憂患、貧賤、苦辱、棄損、亡利、失意、有害、刑戮、誅罰為陰，曰「終」。諸言法陽之類者，皆曰「始」；言善以始其事。諸言法陰之類者，皆曰「終」；言惡以終其謀。

陰陽是互相協調中和的，從始至終需有節度。凡是長生、安樂、富貴、尊榮、顯名、愛好、財利、得意、喜慾這些美好光明的事物，代表著「始」，都可以公開說，放在前面講。凡是死亡、憂患、貧賤、苦辱、棄損、亡利、失意、有害、刑戮、誅罰這些不吉之事，代表著「終」，應該後說，私下講，換個方式講最好。如果我們想讓對方做一件事，就可以對他大談這件事的利處；如果想讓對方終止一件事，可以對他大談這件事的壞處。

我們給臉蛋整容，但是你知道嗎，你的語言更需整容！

明星需要形象包裝，迎合粉絲的口味，追求市場的接納；說話亦如此，考慮對方的口味，也要思量說話方式被別人的接受程度。也就是說，我們要講的話，很有必要進行一下漂亮的包裝，以對方心理受用的方式出現！

鬼谷子告訴我們，說話要看對象，還要注意所談話題。根據話題性質的不同，選擇最正確的方式；根據對方的性格、需求，來精心設計和表達自己的觀點。

八個字來說，就是「投其所好，因勢利導」。別人喜歡聽什麼我們就說什麼，然後根據勢態的變化引導交談的走向，最終向於我有利的方向發展！

常聽有人在與人爭吵時表明自己的立場是「對事不對人」，言外之意只談問題，絕無針對對方之意。但在現實生活中，這其實無法產生好的效果，「對事不對人」的美好出發點，沒多少人會買帳，因為事是人計畫的、人去做的，你批評事的同時也等於批評了人，對方至少是這麼想的。所以，只對事的結果最後一定會發展成「對人」，事情沒解決，你也跟對方結下了梁子！

因此鬼谷子強調，直話也要彎著說。拐個彎，變個方式，穿上好看的衣服，對方才容易接受。這就叫做「陰陽其和，終始其義」，言善為陽，言惡為陰，陰陽操縱，就可說人於無形。但是，**只要緊扣我們的意圖，何必在乎方式是陰是陽，或者是陰陽中和呢？所以**

陰陽操縱之術只是手段，直話彎話都是我們說服別人的工具。只要能達到目標，不必在乎將給嘴巴穿上什麼顏色的衣服！

有位公司經理曾慨嘆說，在管理中要糾正別人實在太難，對部屬的缺陷，稍微提醒一下，他們不是置之不理，就是越變越壞，變本加厲地跟自己對抗。指出缺點並加以批評，這是管理者經常要做的事，顯然這位經理遇到的麻煩，不僅來自於那些部屬，他自身也有問題。

如果他換一種方式，對部屬提出批評，講到對方的缺點時，先表揚一下對方的優點，然後再婉轉提示對方，有些不足之處若再矯正過來會更好，情況會如何呢？或者乾脆更隱晦一些，將批評包裹在另一種意圖中，用對方足以意會到的方式傳遞過去，這種溝通方式會更受歡迎。

有位足球教練，他在糾正球員不符合要求的技術動作時，不說「不對」而說「大致上不錯，但如果再糾正一下，結果會更好」，將批評以委婉的方式傳達過去。先肯定再否定，在肯定的基礎上進行批評和督促，對方接受起來就非常容易。

人們對於別人說過的話，總是對最後的結論印象最深刻，當你在進行批評時，附加讚美的話，對方便認為結論是讚美的，即使前面說過令人不愉快的話，也就不怎麼會計較。

反之，他可能覺得你在針對他，有意跟他做對，那就可慘了！好心好意卻結下了一個仇人！

正確的方法是什麼呢？比如你可以這麼說：「你在整體創意方面很有才華，這正是你打動我的地方，所以在細節執行上的缺點瑕不掩瑜。」對方在高興之餘，馬上意識到，啊，原來我在細節的執行方面，還有不足之處，這是需要改進的。儘管受到了一些批評，但他並不會有不悅的情緒。

說話技巧還表現在如何去公關或遊說。怎樣說服對方？鬼谷子說：「言善以始其事，言惡以終其謀。」以利去說人，以害去制人，沒有辦不成的事！

有個搞網站的朋友得到一個好的專案，但他沒有資金，於是便去尋找風投公司的幫助。他詳細列舉了該專案的可行性，盈利前景，上市目標，等等，最終說服了風投公司，獲得高額的投資，成功地開創了事業。

這就是「言善以始其事」，當你需要說服別人做某件事，就必須讓他看到這件事的好處和他可能得到的回報！

反之，當你需要阻止某件事的發生時，則要將此事的後果放大並用合理的方式傳達給他，讓他感覺如不及時停止，就會招致不可估量的損失。此即「言惡以終其謀」，在戰國時代，那些高明的說客，經常用這種方式阻止強國的進犯，為弱國尋找生存空間。

言善，是因為我們可以提供這方面的利益，並讓雙方共同從中獲益。言惡，我們極力宣傳某種行為的危害，促使對方主動迴避這種風險。

我們在說話時，總能用到鬼谷子的這些智慧。正話反說，硬話軟說，好話先說，壞話後說，讓自己的舌頭打個彎再張嘴，在人與人之間才可遊刃有餘，得所需，棄所惡。這正是成功處世的經驗之談。

陰陽之道，說人之法——交談中的陰陽操縱術（二）

捭闔之道，以陰陽試之。故與陽言者，依崇高。與陰言者，依卑小。以下求小，以高求大。由此言之，無所不出，無所不入，無所不可。可以說人，可以說家，可以說國，可以說天下。為小無內，為大無外。益損、去就、倍反，皆以陰陽御其事。陽動而行，陰止而藏；陽動而出，陰隱而入；陽還終陰，陰極反陽。以陽動者，德相生也。以陰靜者，形相成也。以陽求陰，苞以德也；以陰結陽，施以力也。陰陽相求，由捭闔也。此天地陰陽之道，而說人之法也。為萬事之先，是謂圓方之門戶。

捭闔之道，是從陰陽兩方面試探對方，即是利與害。對積極進取的人，應該談論崇高奮進之事；對消極保守的人，應該講述求全保身的生存之道。這就是「以下求小，以高求大」。如果我們根據這個原則，依照人的這種心理去遊說，則無所不出，無所不入，無所不可，達到無往而不勝的境界。依此，可以遊說人，可以遊說家，可以遊說國，也可以遊說天下。做小事可無限微妙，做大事可無限廣大。這都是因為我們遵循了陰陽之道的基本規律，無論何事，都以陰陽法則來控制駕馭，不管做事還是暫時隱匿，都奉行陰陽對應的道理，做到對事物的深刻瞭解，既站在全局的角度，又能洞悉微妙，這即是天地之道，也是捭闔的真義。

對積極進取的人，應該談論崇高奮進之事；對消極保守的人，應該講述求全保身的生存之道。

如果鬼谷子不是對人際關係細心觀察之人，豈能總結出如此深刻貼切的言辭？在這個慾望至上，人人如狼似虎的時代，不懂這些，實在太危險！

鬼谷子的捭闔之術，其基礎就是陰陽變化之道。每個人都是陰陽對應的，有優點就有弱點，有崇高就有卑鄙，有陽光也有陰暗。**世上沒有完美的人，所以你會發現，不同的人，在不同的階段，他所表現出來的「陰」或「陽」也不一樣。**

針對這些不斷變化的「陰」和「陽」，我們採取的捭闔之策也不同。「與陽言者依崇高，以陰言者依卑小」。做事或交際，先分清事情本質，探察對方的志向，深刻瞭解對方，然後對症下藥，若能做到這些，有什麼事情是做不成的，什麼人是說服不了的？

「與陽言者依崇高。」當我們與內心寬廣、積極上進之人在一起時，應該儘量表現自己同樣擁有高遠的理想和寬闊的氣魄。

「與陰言者依卑小。」當我們站在沉默寡言、心胸狹窄的人面前，則應該拿出謙虛謹慎的態度，以表現我們與他一樣有著相似的性情和觀點！

也就是說，在君子面前你要像個君子，在小人面前你也要表現出小人的一面。君子討厭小人，而小人最喜歡算計君子！所以對君子可以展現出一種同樣正直高遠的情懷，甚至暢談理想，但在小人面前，就要小心再小心，給嘴巴多上幾把鎖，稍有不慎，就不知哪塊地方惹他不高興，然後找機會陰你！

這是在洞察對方的本性之後，我們需要擺出的一種恰當姿態。「物以類聚，人以群分。」一生存就是不斷地尋找盟友，壯大自己陣營，然後一起去爭奪資源。而交際作為生存的一種基本手段，盡可能多取得他人的認可，是我們的目標。

在這個過程中，消除敵意，找到共同話題，從而打造共同利益，是我們所依據的方式和最終目的。所以，最大程度地瞭解對方十分重要。無論他是陰陽，還是剛柔，乃至他是「聖人」，掌握其虛實，察清其志向，最好是如庖丁解牛，把控他的一切優點與弱點。

那時，「陰陽試之」才變得可行，「陰陽操縱」的目標實現起來就易如反掌。

戰國中期，秦國老被東方六國欺負，秦孝公就想找幾個能人幫他治理國家，讓秦國強大起來。衛鞅聽說後便趕到秦國，經由寵臣景監，見到了孝公。他當時尚不知孝公的脾味如何，需求點在哪裡，有什麼具體的目標。於是，他三見孝公，三次試探。一言帝道，孝公冷落；二言王道，孝公打起了瞌睡；三言霸道，孝公大喜，聽得津津有味，甚至飯都忘了吃，坐到他跟前聚精會神。

衛鞅見此情形，立刻把準了秦孝公的脈絡，獻上了自己準備已久的強秦九論，以法家思想來對秦國進行根本性變革。秦孝公很滿意，在他的大力支持下，衛鞅在秦國開展了長達二十餘年的變法改革，為秦國統一天下打下了雄厚的根基。

從這個故事我們可以看到，「陰陽試之」的基礎和目的，都是去瞭解遊說對象的真實內心和最根本的需求，探察真相，以便量體裁衣，售賣我們的方略或目標，從而達到「陰陽操縱」的效果。「瞭解」二字並不容易，許多人在一起幾十年，或許也不知對方五分之二。但若就事論事，經由適當的方法，探知對方某些特定的意圖，也並不算難！

方法就是鬼谷子所言：「陰陽相求，由捭闔也。」捭闔之術，遵陰陽，站全局，重細微，只要牢牢掌控「趨利避害」的人性本質，做人做事就不會太差！

第二章：跟對人，做對事

有句話，叫做「站錯隊伍，後果很嚴重」。一旦站錯了隊伍，亮明了招牌，勢必得罪另一方。所向與所背，就像圓環一樣旋轉而無中斷，形勢瞬間萬變。因此，對各方情況，我們應反覆研究，然後決定自己的態度和立場。

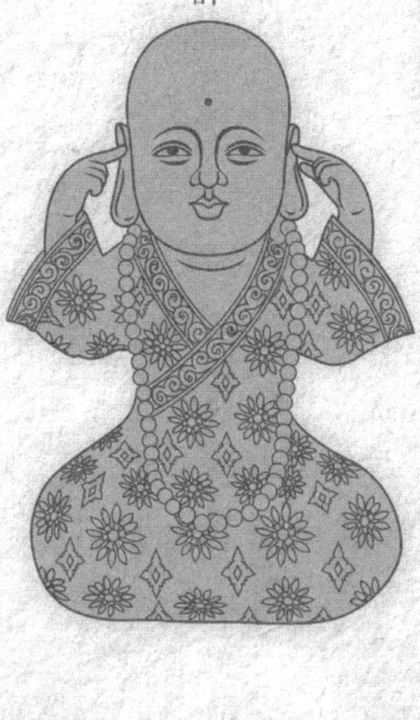

反覆相求，因事為制——站錯隊伍，後果很嚴重

凡趨合倍反，計有適合。化轉環屬，各有形勢。反覆相求，因事為制。

無論聯合還是對抗，都需計謀恰當不能出錯。所向與所背，就像圓環一樣旋轉而無中斷，形勢瞬間萬變，優劣也可逆轉。因此，對各方情況，我們應反覆研究，判斷事態發展，然後決定自己的態度和立場。

有句話叫做「站錯隊伍，後果很嚴重」。人如果分兩派，兩派有爭鬥，夾在中間的人就會面臨這種選擇。我到底站在哪一邊？怎麼做對我才是最有利的？思來忖去，拿捏不定，一旦站錯了隊伍，亮明了招牌，勢必得罪另一方。若選擇錯誤，禍端上身，再想挽回就很難。

在這裡，鬼谷子告訴我們一個原則：「反覆相求，因事為制。」

第一，冷靜而反覆地分析雙方實力對比。

第二，尤其重視形勢的動態發展，對未來情況做出盡可能精確的判斷。

三國時，曹操率百萬大軍南下，欲一舉收拾劉備，拿下西南地區，順勢再向東幹掉東吳。於是，吳蜀組成聯盟，共抗曹操。這兩位盟友並非是一拍即合的，而是各自考量了具體細節，選擇了這個利益最大化的方式。

尤其是東吳，曹操的第一目標是劉備，不是江南。這個孫權很清楚，他完全可以擺低姿態，給曹操寫一封示弱的書信，討對方歡心，擺出一個坐山觀虎鬥的架勢，坐看曹操把劉備吞掉，甚至也可以推波助瀾一把，加入曹魏陣營，出點兵力，把劉備滅了，然後跟曹操達成一紙盟約，維持幾年和平，大概不是什麼難事。

但是孫權沒有選擇曹操，在劉備派諸葛亮求救時，順勢給了劉備一個人情，聯劉抗曹，站到了弱者劉備的陣營。顯然，孫權考慮的是更長遠的利益，也是根本利益。即，若降曹操，他性命無憂，卻從此無稱帝一方的可能性，再說，作為一方之主，父兄打下的基業，一仗不打就全交給別人，孫權心裡也肯定不樂意。而聯劉，雖有戰爭之憂，卻一保面子，二保他的東吳之主的地位，不必看人眼色。加之他對曹操這個人的瞭解，一向翻臉無情，恐怕早晚還是要吃掉東吳的，所以，孫權果斷地選擇與劉備一起拚死抵抗曹操，最終就有了歷史上著名的赤壁之戰，兩弱勝一強，使曹操吃了一個大敗仗，再也沒有能力能進犯江南。

鬼谷子說：「因事制宜。」其意便是根據事態發展，決定站在誰的身邊。**與誰為盟，與誰為敵，並非一成不變。沒有永遠的朋友，只有永遠的利益。**利益相符，即可為盟；利益相抵，朋友也會翻臉成敵人。所以，站隊其實就是選擇那些有共同利益追求的人，而且確保合作過後，他很難對你構成致命傷害。

這需要對對方有清醒的判斷，他的人品，能力，行事風格，此時，又要用上抵巇之術，最好既與他有合作，又能抓住他的一些弱點、把柄，互為牽制，方構成微妙的平衡。

某大型集團的董事會要提拔一名新的副總裁，史經理和金經理都有機會，兩個人都是老闆十幾年的舊部，能力強，業績出眾，背景也差不多，所以競爭激烈。史經理為了在董事會拉到足夠多的票數，就去找技術部負責人陳部長，希望他在董事會能投自己的一票。

作為集團技術研發的總負責人，陳部長是老闆起家時的左膀右臂，說話一向份量很足，老闆經常開玩笑說，如果沒有陳部長，自己現在還喝西北風呢，足見陳部長在公司的地位。史經理還答應陳部長，如果自己能做了副總裁，一定大力支持陳部長的好朋友、集團下屬公司的劉主任來做行銷總監！史經理說：「陳部長，到時候我們互相協助，在集團內部，不管什麼事情，還不是我們說了算？你的一些想法，就能得到更充足的支持了。」

陳部長一想，果然不錯，劉經理是他的小舅子，進公司也好幾年了，不高不低始終就是個經理，妻子對他未能幫上什麼忙，一直有所不滿，現在人家主動幫忙，何樂而不為？陳部長馬上就答應了史經理的條件，決定支持他，而對金經理的到訪，他不冷不熱，態度漠然，金經理吃了閉門羹，失望地走了。董事會一投票，結果出乎陳部長的預料，儘管他竭盡全力幫忙，還跟老闆談過自己的想法，金經理還是以兩票優勢得到了董事會多數成員的支持。更重要的是，老闆經過深思熟慮，覺得史經理這人私慾過重，把副總裁的位置交給他，實在不放心，他也傾向於讓業務能力強、私底下小動作不多的金經理來做。

金經理成為集團副總裁之後，跟陳部長的關係一下就拉了很遠。由於陳部長在這件事中跟史經理走得過近，他們之間的交換條件後來也讓老闆聽說了，從此他在老闆那裡也失去了信任。貪一時小利而站錯了邊，陳部長損失可謂慘重，從此被打入冷宮。

保證自己的基本利益，同時追求利益最大化，是我們運用忤合之術的目的。這就需要冷靜思考，不可頭腦發熱，盲目站隊，應視形勢發展再做決定，真正做到選對人，站對陣營做對事！

世無常貴，事無常師——切記，沒有誰可以永遠依附

世無常貴，事無常師；聖人常為無不為，所聽無不聽。成於事合於計謀，與之為主。合於彼而離於此，計謀不兩忠，必有反忤；反於是，忤於彼；忤於此，反於彼。

世無永恆顯貴之人，做事也無永恆效法的榜樣；聖人總是順乎規律，所以無所不為；聖人以真理為標準，所以無所不聽。做好我們要做的事，重要的是不違背之前訂好的策略。如果計謀合於彼方利益，則一定不合於此方利益。一個人獻計，不可能同時效忠於兩方，必然有合有忤。合於此方意願，就要違背彼方意願。這便是忤合之術。

鬼谷子說：「世無常貴，事無常師。」切記，沒有誰是可以永遠依附的！

無論他是權貴、君主，還是「聖人」，把自己綁在一根繩上，繫一個解不開的死扣，結果就是你和這根繩一起爛掉！因此，鬼谷子的原則是：對貴人不要依附，而是借助。**需要時借力，但給自己留下後路。保持借力而不依附的狀態，但也不當隨風倒的牆頭草，而**

是要有基本立場，維護自己的根本做人原則。

從人的本性而言，人與人之間均是互利關係。鬼谷子的定位是：互相利用，利則趨，害則離。在這樣的關係群體中，一個強者不可能永遠依附於另一個人。鬼谷子說：「計謀不兩忠，必有反忤。」一個人不能腳踏兩隻船，這是單項選擇題。但他又言，忤合之術的目的是達到「常為無不為，所聽無不聽」的目的，而要至於此，就必須遵循前一句：世無常貴，事無常師。

無論怎麼忤合，最後還是要做自己。只有自己才是最可靠的，做人的目標應該是超越強者，而不是做強者身上永遠的寄生蟲。所以，不管有求於誰，都要給自己留後路。因為強弱形勢瞬息萬變，今天的強者，或許就是明天的弱者，甚至會是階下囚，流落街頭的失敗者。你依附過深，全無後路，到時難免跟著一起毀滅。

一個年輕人初入官場，上任前，向一位官場老前輩請教經驗，問自己該如何做，才能在兇險莫測的官場上生存。老前輩給他舉了一個爬樹的例子：

「爬樹看起來簡單，其實是世間最難的事情。一開始，你要有足夠的力氣夾住樹幹，手腳並用向上爬，搆到第一根樹枝。當你能抓住第一根樹枝時，意味著你在這棵樹上有了第一個可以借力的地方。借著樹枝的力量，你向上的速度就增快了。當前面有樹枝擋你的路時，你要用一隻手攀住更大的樹枝，騰出另一隻手來，毫不猶豫地將它折斷。但是對樹上的每一個分枝，你可以借助它，卻不要把全身的力量都放上去，哪怕是最粗最大的枝幹，永遠只放一半的重量。」

年輕人有些不解地問：「為什麼呢？這樣能用上更大的勁，為什麼不全部放上去？」

「因為你不知道它什麼時候會折斷！」

當樹枝折斷時，如果全部的力量都靠在上面，那麼不管你爬了多高，都會一頭栽下來摔個半死。老前輩經由這個比喻告訴年輕人，官場其實是一場借力遊戲。你借我力，我借你力，互惠互利，互相借力。但是切記的是，不會有百分之百的朋友，依附可以，但不可攀附；做盟友行，卻不要做死黨。

盟友，有利則盟，無利則散，利反則成仇敵；死黨，死了還是朋黨。人在官場，尋找的應該是盟友，而不是朋黨。再親近的人，也要保持一定的距離，否則死會一起死，不知道什麼時候就把你拉進河裡！

清朝的皇帝康熙，年幼登基，四大輔臣和太皇太后輔政，其中尤以鰲拜權重，為人飛揚跋扈，要脅皇帝。康熙年紀尚輕時，不但沒有能力跟他對抗，朝政之事還需借助於他，所以只得表面委曲求全，事事依靠，暗下卻慢慢佈局，悄悄準備，等到可以親政之時，突然發力，蓄力許久的拳頭一下打出來，將鰲拜一黨全部剷除。

康熙與鰲拜之間關係的變化過程，正符合了鬼谷子所言的「合於彼而離於此」。隨著年齡的增長，康熙想要的，越發不是鰲拜想給的。兩個人的利益交集逐漸減少，最後直至於無，徹底走向相反的陣營。

從依附，到借助，再到敵對和剷除，陰陽變化，利害轉換，把握得準才能做得贏，哪怕一步走錯，前功都會盡棄。現實中，我們很多人從不運用鬼谷子提供的這種重要思維來分析這個問題，盲目傍附上司，甚至以做馬前卒為榮，鞍前馬後，充當上司做事的忠實打手，絲毫不留後路。結果就是前面講的，一旦形勢有變，第一個倒楣的往往就是小魚小蝦，而不是你的保護傘。

大小進退，其用一也——權衡利弊得失，果斷做出選擇

其術也，用之於天下，必量天下而與之；用之於國，必量國而與之；用之於家，必量家而與之；用之於身，必量身材氣勢而與之；大小進退，其用一也。必先謀慮計定，而後行之以飛箝之術。

若將忤合之術用於天下，一定要把整個天下都放到忤合的平臺上進行考量；用之於國，則需忤合整個國家；用之於家，則需忤合整個家族；用之於個人，則要把此人的全部資訊均拿來忤合，然後做決斷。總之，忤合之術的範圍可大可小，可進可退，但功用和原則是不變的。做事前，定要預先謀劃、分析、設定範圍，再運用忤合之術。

有句話說：「人有多大膽，地有多大產。」鬼谷子在這裡強調的道理與此類似，平臺很重要，而志向更重要。**敢想才敢做，敢做才有收穫。忤合之術，首要在於選擇自己的舞臺，舞臺的大小決定你的成就**。但鬼谷子也說了，「必先謀慮計定，而後行之以忤合之

術。」激情之前是冷靜，應先權衡利弊得失，再做出選擇。

某村有兩個鄰居的小孩，從小就在一起玩，從幼稚園到小學，從小學到高中，他們的能力差不多，同樣的聰明，家庭背景也差不多。不同的是他們從小的志向，一個只想賣豆腐，繼承父親的事業，另一個希望長大了去大城市發展。幾十年後，到城市發展的這位成了資產十幾億的富商，他回家探親，經過熟悉的老街，下車給孩子買甜點，驚訝地發現，賣早點的那位蒼老的男人，正是他兒時的玩伴，小學和初中時最好的朋友。小時候，他只想著賣豆腐，結果長大後他成了一個每天早起晚睡的小商販；另一位，從小就立下了走出小鎮到外面見世面的志向，他的天地豁然寬廣，經過一番努力，真的成為有成就的商人。

判斷一個人，最大的標準，便是看他所擁有的抱負和確立的目標。一個年輕人，只要他具備毅力、恆心和信念，就完全有可能成為一個傑出人物。在他的日常生活中，我們就可以發現某些預示著他未來的東西。一個人做事的風格，對工作的投入程度，他的言行舉止——所有的一切都預示著他會擁有怎樣的未來。

在美國洛杉磯的郊區，有一個年僅十五歲的孩子，他擬了一個題為《一生的志願》的表格，其中包括：「到尼羅河、亞馬遜河和剛果河探險；登上珠穆朗瑪峰、吉力馬札羅山和麥特荷恩山；駕馭大象、駱駝、鴕鳥和野馬；探訪馬可・波羅和亞歷山大一世走過的路；主演一部像《人猿泰山》那樣的電影；駕駛飛行器起飛和降落；讀完莎士比亞、柏拉圖和亞里斯多德的著作；譜一部樂譜；寫一本書；遊覽全世界的每一個國家；結婚生孩子；最後參觀月球……」

他把每一項編了號，發現共有一百二十七個目標。當把夢想莊嚴地寫在紙上之後，他開始循序漸進地實行。他按計劃逐個地實現了自己的目標，四十九歲時，他完成了其中的一百零六個。這個美國人叫約翰・戈達德，他獲得了一個探險家所能享有的一切榮譽。有什麼樣的目標，就有什麼樣的人生！今天站在哪個位置並不重要，但是下一步邁向哪兒卻很關鍵。如果我們每個人都像他一樣，從小就擁有遠大的抱負，終有一天，我們也會發現自己是那個走得最遠的人。

鬼谷子說：「必先謀慮計定，而後行之以忤合之術。」任何一個志向，都必須經過事先客觀理性的謀劃，確定其可行性，然後再去做，成功的可能性才會盡可能大，理想才有更大機率變成現實！

天命之箝，歸之不疑——選對平臺，就不要在乎別人怎麼說

古之善背向者，乃協四海，包諸侯，忤合之地而化轉之，然後求合。故伊尹五就湯、五就桀，而不能有所明，然後合於湯。呂尚三就文王、三入殷，而不能有所明，然後合於文王，此知天命之箝，故歸之不疑也。

善於處理向背關係，就能橫行天下，包容諸侯。用忤合之術考察天時地利的向背，促其轉化，最後選定賢主與之聯合，便可做事。因此，夏朝末年的伊尹曾五次接觸商湯，五次接觸夏桀，最後決定背桀向湯，助湯滅夏而建商。商朝末年，呂尚三次接觸周文王，三次接觸商紂王，其立場仍未顯露，最後才決定臣服於周文王，助其滅商建周。這些人就是看清了天命所歸之後，才做出向誰背誰的決斷，然後做事時便不再猶豫，一直堅持到底。

鬼谷子認為，找到明主，就要毫不猶豫地確立雙方一致的志向，忠誠地輔佐，為之謀，為之策，在天地間做番大事。**一臣不事二主，此「主」即為明主。若平臺合適，志向**

遠大，策略得當，堅持下去必會成功。

從我們現代人的角度來解讀，只要選對了平臺，就下決心走到底，做到底，不要在乎別人怎麼說，絕不徬徨猶豫，不懼怕任何逆境，時刻保持積極的進取精神，就一定有所成就。

諾貝爾獎得主恩斯特到中國訪問時，面對記者關於如何成功的提問，他回答了一句話：「選定了方向就要堅持不懈」。這是他給年輕人的寄語，也是他取得這麼高成就的原因所在。

股神巴菲特，被稱為自從有股票以來，全球唯一的贏家，因為他不但賺到了別人賺不到的錢，而且確立了一種投資理念：價值投資。

別人變來變去，進進出出，隨股價的跌漲，徬徨不定，或買或賣，他卻選定一支股票，握在手中一直堅持。他相信自己的眼光，從不理會股價暫時的跌漲。只要把好股票買到手，就堅持長期持有，因為他相信自己的判斷。所以，他總能成為最後的贏家。

華爾街股市崩盤時，全美國像世界末日一般，無數的人拋掉股票逃出股市，他卻逆市而動，拿著大把鈔票入市。有人嘲諷地問他：「巴菲特先生，您還堅持自己那套想法嗎？難道不怕賠掉你在奧瑪哈的老房子？」巴菲特笑著說：「只有退潮之後，才會看見到底是誰光著屁股。」

走自己的路，任由別人去說。巴菲特始終認為，笑到最後才是贏，當你認為自己的選擇正確時，就不必理會中間的一些小小的波折，因為堅持下去一定會有收穫。

有一位女游泳選手，她發願要成為世界上第一位橫渡英吉利海峽的人。為了達成這目標，她不斷地練習，不斷地為這歷史性的一刻作準備。這一天終於來臨了，女選手充滿自信地昂首闊步，然後在眾多媒體記者的注視下，滿懷信心地躍入大海中，朝對岸英國的方向邁進。

旅程剛開始時，天氣非常好，女選手很愉快地向目標挺進。但是隨著越來越接近英國對岸，海上起了濃霧，而且越來越濃，幾乎已到了伸手不見五指的程度。女選手處在茫茫大海中，完全失去了方向感，她不曉得到底還要多遠才能上岸，越游越心虛，越來越筋疲力盡。最後她終於宣佈放棄了。

當救生艇將她救起時，她發現只要再堅持一百多公尺就到岸邊了。眾人都為她惋惜，因為距離成功已經那麼近。她遺憾地說：「如果我知道距離目標只剩一百多公尺，我一定可以堅持到底。」

在正確的道路上堅持到底，這是最大的智慧。做人，做事，無不如此。管理者最恨的是兩面三刀、唯利是圖的叛徒；做事最怕的是只做一半便找理由放棄，或者目光短淺、只想在短期內收穫回報的投機想法。

鬼谷子說：「知天命之箝，故歸之不疑也。」一旦選定了適合自己的工作或者單位，就要堅持信念，不要被外界的誘惑所累，不要偏離自己的目標，可能暫時會有挫折，但千萬不要輕易動搖，朝三暮四。

材質不惠，不能用兵——增加自己被利用的價值

非至聖達奧，不能禦世；非勞心苦思，不能成事；不悉心見情，不能成名；材質不惠，不能用兵；忠實無真，不能知人；故忤合之道，己必自度材能知睿，量長短、遠近孰不如，乃可以進，乃可以退；乃可以縱，乃可以橫。

如非至聖之人，不具備超人智慧，是不能駕馭天下的；如不勞心苦思，亦不可成事；如不悉心考察，不可功成名就；如無真材實料，不能統兵；如只是愚忠而缺少真知，就不能有知人之明。因此，要想用好忤合之術，首先要評估自己的聰明才智，衡量優劣長短，分析遠近比自己強或弱的人。做到這些，可進取，可退守，可合縱，可連橫。

在鬼谷子看來，想玩轉忤合之術，首先得需要實力保證，不是誰都可以合縱連橫玩弄諸侯於股掌之間。這個我們很容易理解，打鐵尚需自身硬，實力是一國稱霸之本，也是一個人立足於世的基礎，此為永恆不變的道理。

人們都知道黔驢技窮的故事，說的是一頭驢子嚇唬老虎，結果成了老虎的美味午餐。驢子沒那本事，偏要去踢老虎，空有聲勢，卻沒有到效果。即便踹中老虎屁股又如何？開始還嚇得要命的老虎探清了虛實，擦擦口水，一個猛撲就把牠幹掉了。

為人處世，我們的立足之本就是實力夠硬，對別人有利用價值。沒實力就沒價值，一個沒有利用價值的人，在競爭這麼激烈的社會，幾乎找不到朋友。反之，一個有實力的人，他一定是交際場上的明星，每個人都以認識他為榮，希望能在他這裡得到一些幫助。

有實力的人在一起，幫助總是互惠互利，優劣互補，聯合起來就能做很多的事情。

戰國時代，秦軍攻趙，兩軍對壘，趙軍勢弱，援軍又沒趕上來，此時打起來一定吃虧。趙軍陣營中有個謀士對主帥自告奮勇：「請將軍給我一次機會，我孤身闖秦營，去見白起，只要能拖延兩三日，等我援軍一到，勝利可期！」趙軍主將一聽，那就試試吧，於是派他去了。

這謀士到了秦營，見了白起。白起問他來做什麼，謀士先談了一陣秦趙關係，說秦和趙之間應該結盟共奪天下，不該兵戈相見，然後又說秦軍不等趙軍準備好就進攻，實乃不正大光明。

白起一聽笑了，馬上就把他砍了，當天就命秦軍發動進攻，一舉衝垮趙軍大營，圍殲兩萬先鋒趙軍。

這個謀士此舉，不僅無智無能，而且以自己的愚蠢，暴露了趙軍的真實情況，反而加速了本方的失敗。既無蘇秦、張儀之利口，亦無子貢孟、嘗之名氣，卻偏要到陣前逞能，丟了小命不說，還害了兩萬趙兵。

若無實力，就別輕易許諾，超出能力範圍之內的事，既不可做，也不可聲張。一旦實現不了，結果一定會很慘。

有些位置不是你可以坐住的，就不要去奢望，踏踏實實做好力所能及的事，就是一種成功。當你得到一個位置或一份工作時，你是在用你做的工作來詮釋自己的價值，如果工作丟了，你的自我價值也沒了，實力也經受懷疑。因此，不要以為失業一定是好事。失業意味著你要重新開始找一份工作，說明有新的尚未可知的機會，但也代表著你的實力剛被否定了一次。

我們做任何事的前提，都是基於自己的實力。或口才，或實幹，或思考及整體謀劃，你總要在某一個方面表現出價值。

鬼谷子說：「己必自度材能知睿，量長短、遠近孰不知。」你要分析自己的各個方面，找到優勢，彌補劣勢，把自我的獨特價值、在自己身上發現並已得到別人承認的技能或能力羅列出來，然後採取正確的措施進一步提高，並對自己深一步瞭解，清醒地判斷和理智地改進每一個環節，不管做什麼事，機會才能大增。

第三章：五分鐘看穿人心的心理詭計

用巧妙而不易看透的方法引誘對方，就像用網捕獸，多置些網並密切關注，便可多捕獲一些野獸。持網與人周旋，可讓對方向你推心置腹。不管對方是愚人還是智者，你都能用這個辦法誘使他說出實情。

孰安孰危，孰好孰憎——周圍環境決定你的價值觀

古之善用天下者，必量天下之權，而揣諸侯之情。量權不審，不知強弱輕重之稱；揣情不審，不知隱匿變化之動靜。何謂量權？曰：度於大小，謀於眾寡；稱貨財有無之數，料人民多少、饒乏，有餘不足幾何？辨地形之險易，孰利孰害？謀慮孰長孰短？揆君臣之親疏，孰賢孰不肖？與賓客之智睿，孰少孰多？觀天時之禍福，孰吉孰凶？諸侯之交，孰用孰不用？百姓之心去就變化，孰安孰危？孰好孰憎？反側孰辨孰知？如此者，是謂量權。

善於治理天下的人，必會衡量天下發展大勢，揣度諸侯國的各自情況。若對局勢衡量不準，就得不到強弱輕重的比較；若對諸侯情況揣度不準，就掌握不到暗地的變化。何為量權？一般有十個方面：一是度國土大小，兵力多少，財貨有無，人口多少，富裕還是貧乏，富者與窮者各有多少；二辨各國地利，哪處與己有利，哪處與己有害；三析各國策略

謀劃，誰更勝一籌；四量君臣親疏關係，賢德者是誰，不肖者是誰；五看各諸侯賓客，良才與庸才各有多少；六察各諸候的命運福禍，誰吉利，誰兇險；七察諸侯友誼，誰可以利用，誰不可利用；八斷各國百姓人心向背，哪國安定，哪國危機潛伏；九察百姓擁護誰，厭惡誰；十度不順從的勢力，哪些要提防，哪些可聯合。若能將上述瞭解清楚，便達到了量權的要求，就是揣的最高境界了。在鬼谷子看來，治國要考察一國之社會環境，然後去創造一個好環境，量體裁衣制定策略。基礎環境不好，前景便不樂觀；若有改良餘地，可盡心去提升，為之謀略改進；若無調整可能性，則需棄暗投明，尋找最好的那個環境。

金子扔在沙漠，永遠都是沙子，只有擺到金店，做成首飾，才能表現它的價值。歷史上，孟母三遷的教子故事，深刻地表現了「環境」對於一個人成長的重要性。

孟子小的時候，父親早早地死去了，母親守節沒有改嫁。一開始，他們居住在墓地的旁邊。孟子就和鄰居的小孩一起學著大人跪拜哭嚎的樣子，經常玩辦理喪事的遊戲。孟母看到了，皺起眉頭：「不行！我不能讓我的孩子住在這裡了！」

她帶著孟子搬到了市集附近，靠近殺豬宰羊的地方去住。孟子又和鄰居的小孩，學起商人做生意和屠宰豬羊的事。孟母知道了，又皺起眉頭：「這個地方也不適合我的孩子居住！」

於是，他們又搬家了。這一次，他們搬到了學校附近。每月初一，官員都會到文廟，行禮跪拜，互相禮貌相待，孟子見了一一都學習記住。這次，孟母很滿意地點著頭說：「這才是我兒子應該住的地方！」

正如同這個故事，孟母清醒地認知到，兒子住在什麼地方，就可能成為什麼樣的人，只有給他創造最好的成長空間，他才能有出息。近墨者黑，近朱者赤。環境可以造就一個人，改變一個人，也可以毀滅一個人。同等智力的兩個小孩，一個放在窮困愚昧的山村，另一個放到現代化的都市，去接受最好的教育，跟最好的人一塊成長，二十年後，他們的差距一定很大。環境不但決定人的作為，而且還決定著一個人的格調、視野，影響到一個人的自信和追求。

有一天，一位禪師為了啟發他的門徒，給他的徒弟一塊石頭，叫他去菜市場，並且試著賣掉它。這塊石頭很大，很美麗。但是師父說：「不要真的賣掉它，你只是試著賣掉它。注意觀察，多問一些人，然後回來告訴我，它在菜市場可以賣多少。」

這個人去了菜市場，許多人看著石頭想：它可作很好的小擺件，我們的孩子可以玩，或者我們可以把它當作秤菜用的秤砣。於是他們出了價，但只不過幾個小硬幣。徒弟回來，對禪師說：「它最多只能賣幾個硬幣。」

師父說：「現在你去黃金市場，問問那兒的人。但是不要賣掉它，光問問價。」從黃金市場回來，這個門徒很高興，說：「這些人太棒了，他們樂意出到一千塊錢。」

師父又說：「現在你去珠寶商那兒，但還是不要真的賣掉它。」

他去了珠寶商那兒。他簡直不敢相信，他們竟然樂意出五萬塊錢，他不願意賣，他們繼續抬高價格——他們出到十萬。但是這個人說：「我的確不打算賣掉它。」珠寶商們繼續抬價：「我們出二十萬、三十萬，或者你要多少就多少，只要你賣！」這個人說：「我不能賣，我只是來問問價。」他簡直不能相信：「這些人瘋了！」

徒弟回到師傅身邊，師父拿回石頭說：「現在你明白了吧，如果你是生活在菜市場，那麼你只有那個市場的理解力，你就永遠不會認識更高的價值。」

鬼谷子說：「善用天下者，必量天下之權。」確實如此，環境決定了一個人、一家公司的成敗。行事之前，必須對面前的形勢和環境進行考量分析。你既要度人，也要量己，對對手的一切細節，都要考慮到位，然後再制定應對的策略，勝算無疑就高出幾分。

情變於內，形見於外——身體語言觀察術

揣情者，必以其甚喜之時，往而極其欲也；其有欲也，不能隱其情。必以其甚懼之時，往而極其惡也；其有惡也，不能隱其情。情欲必出其變。感動而不知其變者，乃且錯其人勿與語，而更問其所親，知其所安。夫情變於內者，形見於外；故常必以其見者，而知其隱者，此所謂測深探情。

揣情，就是在對方最高興時加大他們的慾望。他們既然有慾望，就無法掩飾實情；又必須在對方最恐懼時去加重他們的恐懼，他們既然有害怕心理，就不可能隱瞞住，情緒必然隨事態的發展變化流露出來。對那些已經受到感動，仍不見有異常變化之人，就要改變遊說對象，不要再對他說什麼了，而應改向他所親近的人去遊說，這樣就可以從側面知道他安然不為所動的原因。那些感情從內部發生變化的人，必會經由形態顯現於外表。因此，我們常經由外象，來瞭解那些隱藏於內的實情，此即「測深揣情」。

察言觀色是鬼谷子的遊說之術的重要手段，在遊說過程中，不停地觀察對方，聽他說什麼，分析他的潛臺詞，辨別他的真意，洞察他的弱點，然後尋找突破口，並且趁機而入，達到目的，這才是一名合格的說客。

孔子去見齊景公，想尋一個立業之地。景公並不喜歡孔子，但是不便直接說，一會說我這裡沒有適合於您的位子，一會又說自己老了，不太適合在齊國實行新政。孔子當然是個明白人，一聽就知道景公在找藉口，很快他就主動離開了齊國。

由此，孔子感慨道：「不知言，無以知人也。」你連對方的潛臺詞都聽不懂，也就做不到「知人」了。這便是最基本的察言觀色。**這裡所說的「知言」，不僅僅指對方說了什麼，還包括肢體語言、身分背景、說話的語境，等等**。也就是說，在現代社會，作為一個合格的官場中人、職場中人，一定要學會察言觀色，看透對方那張外皮，直指內心，對方打什麼算盤等，你要有能力經由外在的蛛絲馬跡判斷到。

小蔡到職三個月，就某個問題去請示經理。經理聽了開口就訓斥：「你都來了這麼久？怎麼連這個都不懂呢，平時都在做什麼？」小蔡心裡說：「我雖然來了三個月，可是這個問題沒人跟我講過，我怎麼知道怎麼做？」然後，他帶著一肚子的困惑和委屈，離開了經理辦公室。顯然，這是一次無效的溝通，互相都不爽。

其實，經理的潛臺詞是：「你平時的表現太懶了！我對你很不滿意。」而小蔡接收到的潛臺詞卻是：「我沒有獲得想要的指點，還被批了一頓，看來這個經理真不好溝通，他真不是一個好主管。」

如果小蔡懂得揣摩主管心意，這件事完全可以有另外的轉機。小蔡大可直接說出自己的委屈：「之前沒有人和我說過這個問題，我也是第一次遇到，所以會不知道怎麼辦。」如果他能立刻這樣回應，真誠向經理討教，經理也大可心平氣和地說出對他的期望：「這個問題很好解決。不過，我希望你以後的工作節奏能快一點。」這樣，大家才算弄明白了對方真正的需要，對彼此的工作才會有幫助。

「故常必以其見者，而知其隱者，此所謂測深探情。」因此，當你與人遇到溝通困難的情況，一定要嘗試從另外的角度去推敲對方的情緒和反應，而不是輕易地打退堂鼓：我怎麼這麼倒楣，遇到這麼難溝通的人，以後我不和這號人打交道了。

小張和某公司約好去談一項合作，他和小劉一道前往。兩人去了之後，談判對象對他們非常客氣，但轉入核心話題不久，小張發現小劉好幾次對自己悄悄使眼色，於是便找了個藉口說下次再談，和小劉一起起身離開。

告辭出來，小張向小劉詢問給自己遞眼色的緣由，小劉神祕一笑，接著壓低了聲音：「他說話總是在用否定的辭彙，這說明缺乏承擔的勇氣，和這樣的人合作，將來我們的壓力會非常之大，我看我們還是慎重為好。」

後來的事實，果然證明了小劉的判斷，那家公司換了另一個合作對象，可是一年的時間過去，本來預期前景很好的專案卻成了一個「爛攤子」，而對所有的責任，對方公司全部推給合作方獨自承擔，為此，合作方被弄得苦不堪言。

小張聽說之後，心中不禁暗自慶幸：當初如果沒有小劉的及時提醒，收拾爛攤子的就該是我們公司了。

這個例子很好地表明，揣摩之術要求我們經由其形，察人之心。無論人際交流，還是商業談判，都需把握一個根本原則：打蛇打七寸。

每個人都有弱點，並且一定會經由他的外在表現有所暴露，這個稍縱即逝的時機要抓住，就需你善於發現，擁有一雙火眼金睛，經由對方的字面意思，讀懂他的內心；觀察對方情緒的變化，尋找漏洞和機會，再抓住其弱點，施以有效手段，猛烈攻擊。

釣語合事，持網驅之——套取別人真話的心理詭計

以無形求有聲，其釣語合事，得人實也。其猶張罝網而取獸也。多張其會而司之，道合其事，彼自出之，此釣人之網也。常持其網驅之，其言無比，乃為之變，以象動之，以報其心，見其情，隨而牧之。己反往，彼覆來，言有象比，因而定基。重之、襲之、反之、覆之，萬事不失其辭。聖人所誘愚智，事皆不疑。

要用巧妙而不易看透的方法引誘對方說話，合理的釣語之術，不難察知其內心實情。就像用網捕獸，多置些網並密切關注，便可多捕獲一些野獸。這個方法用於人事，便是釣人之網。持其網與人周旋，可讓對方向你推心置腹。如果你的比喻對方不明白，就要改變方法，用更形象的方式打動對方，加以控制。若你和他可順暢交流，且都說話形象，動了真情實感，便有了溝通的基礎。只要雙方投機，沒有什麼事是說不清楚的。不管對方是愚人還是智者，聖人都能用這個辦法誘使他說出實情。

除了灌醉、催眠和嚴刑拷打，讓人說出真話還有許多溫柔的方法。釣言術即套取真話的溫柔一刀。「重襲反覆」，多挖幾個坑，多設幾張網，中目標的可能性就越大。他就無處可躲，只能面對問題！

日本的心理學家內藤誼人曾在他的書中說：「生活就像一場場說服競賽，只要你與別人的意見有分歧，不管對方是你的家人、朋友、同事，還是你的部下、上司、客戶，或者你說服對方，或者對方說服你。」

一個不得不面對的現實是，越來越多的人說假話。出於防衛心理，每個人都戴著面具，對外界充滿警惕。在這種情況下，讓人說真話的難度越來越大。

但是鬼谷子有辦法，「重之，襲之，反之，覆之，萬事不失其辭。」**只要擁有高超的講話技巧，從不同角度反覆試探，如同封住一座房子的所有出口，並抓住人趨利避害的本性，或示之以利，或說之以害，沒有套不出的真實想法！**

「釣語合事，得人實也。」具體說來便是兩個原則：

一，站在對方立場，分析利害關係，一針見血，刺其七寸。

二，旁敲側擊，多角度反覆試探，窮追猛打，從而讓其走進死胡同，而將真話坦誠相告。

韓非子說：「凡說之難，在知所說之心。」知所說之心，當然就是了解對方的心理、意慾、情感。這是我們對別人進行說服和宣傳的首要前提。不管是誰，一旦違背了這一點，其他方面做得再好，也會一敗塗地。

知其心，再以利害說之，宗旨便是千方百計讓對方感到這也是他自己的利益所在。也就是說，一定要善於找到你與對方的利益交會點。找到了利益交會點，往往一句話就能一拍即合，打動對方！

成功把握利害關係，勝過磨破嘴皮子說上幾天幾夜！

一個人去找銀行貸款，說服銀行經理，靠的是一顆赤誠之心嗎？是讓銀行感覺你的項目可以盈利，對方的利息可以收回。

戰國時代的蘇秦、張儀等等縱橫家，為什麼能夠使帝王都聽命於他們？就是因為他們以對方的利害關係為著眼點，以利益為自己的終極核武器，因而大獲成功。帝王眼中只有利，只有天下。天子一怒，流血千里，其實皆為利故。

曉之以利害，把別人的利害與自己的利害綁在一起，然後才能推心置腹，這是遊說的根本奧祕！

若無利可講，或者利不相容，要讓對方吐實言，就需要前面講到的，多角度，多層次，多放幾張網，重之襲之，反覆試之。要抓住一隻野兔，需要在牠可能經過的幾條道路上分別挖坑設網；要在言辭上征服一個人，也需全方位出擊，攻克對方心理防線。

二戰期間，法國反間諜機關抓了一名比利時農夫，認定他是德國情報人員，但手中沒有充足的證據。審訊開始後，主審軍官用法語提問：「會數數嗎？」農夫用法語流利地數數，沒有露出一點破綻。軍官只好把他關到小屋內。

過了一會，哨兵在外面用德語大喊：「著火啦！」農夫無動於衷，照樣睡他的覺。

第二天，軍官又找來了一個當地農民，跟他談論種地的事，他也是對答如流，顯得對種地很內行，就像個種了十幾年地的老農夫了，看起來根本不可能從事間諜活動。於是軍官說：「好了，先生，你可以走了，因為你自由了！」

農夫嘆出了一口氣，露出了愉快的笑容。然而，軍官這時微笑著一揮手，命令士兵將他帶回牢房，因為軍官剛才這句話用的正是德語，而面對突如其來的「驚喜」，農夫沒有心理準備，一下就露餡了，暴露了自己的真實身分。

反覆試之的重點即在此，經由頻繁的試探，壓縮對方的回應時間，總能找到破綻，從而察看對方真實的內心或企圖。審訊罪犯是這樣，人際交流、商業談判也是如此。

以對方的利益、慾望、需要為支點，同時運用靈活的釣言之術，這是天底下最佳的說服方式。如果能夠做到這一點，我們就可以「說人、說家、說國、說天下」，可以使任何人去做任何事，而且是心甘情願、高高興興地為我們去做！

計國事者，當審權量——事前多揣度，事後少受罪

計國事者，則當審權量；說人主，則當審揣情；謀慮情欲，必出於此。乃可貴，乃可賤；乃可重，乃可輕；乃可利，乃可害；乃可成，乃可敗；其數一也。故雖有先王之道；聖智之謀，非揣情，隱匿無可索之。此謀之大本也，而說之法也。

謀劃國家大事的人，應當詳細衡量本國的各方力量；遊說他國君主的人，則當全面揣測該君主之想法，避其所短，從其所長。所有的謀劃、想法、情緒及慾望都必須以此為出發點。只有如此，才能得心應手處理各種問題，對付各色人物。可以尊敬，也可以輕視；可以施利，也可以行害；可以成全，也可以破壞，使用的辦法都是一致的。所以，雖有古代先王的德行，有聖人高超的智謀，若不揣透所有隱蔽及深藏於內的實情，將什麼也索求不到。這是權謀的基礎，遊說與辯論的通用法則。

再聰明的人，如不先做揣情，也很難真實地瞭解一件事，經手起來往往稀裡糊塗，不

甚明瞭，自然就容易做錯事，也容易做錯人。

我們經常可以看到一些人在困難面前束手無策，然後發牢騷：主管把這麼難的事交給我，純心整我；同事不跟我合作，導致了我的失敗；反正我努力了，就是運氣不好。

他們從不反思自己，只是將責任推到運氣身上。事實上，九九％以上的失敗者，都不是敗在事情太難，而是輸給了自己揣度不全面。

當年周瑜和諸葛亮設計火攻曹操，就是「萬事俱備，只欠東風」。東風是一個自然因素，具有不確定性，但是東風一到，火攻就能獲得成功。假如除了欠東風，還缺乏很多人為因素，那火攻的結果就是個未知數了。所以，火燒赤壁之所以能夠實現，事前對整個行動過程的揣度和謀劃，包括苦肉計的實施，才是最重要的因素。

我們做事亦然，先把做事需要的各種人為因素準備好了，時機一來，就可獲得成功。從軍事角度言之，這就叫「不打無把握之仗」。事前將功夫下足，制定最佳策略，並備好預案，再採取行動。當事情開始後，你將會發現，原來之前看起來很困難的事，其實一點都不難。

要成為一個卓越的人，你就必須明確自己要做什麼，對需要執行的每一步都做好準備。一項工作可能需要許多的步驟來完成，同樣，為這項工作所做的準備也需要按每個設定好的流程來做。

人畢竟不是神，再有才華之人，也不可能未經思考，便提前預知任何事。所以，在鬼谷子看來，凡事都要三思而行，科學預測，重視經驗和推理，才可對局面的控制做到最好。

遇事三思，一思可行性，二思有無良策，三思如何控制過程。就如同蓋一座房子，先測地基，再因地制宜，畫出設計圖、施工圖，牆怎麼建，用幾根樑，一座堅固的房子才能矗立起來。

對一個人的判斷，也需要經過認真揣摩，長期判斷得出真實結論。在華容道，諸葛亮料定關羽會放走曹操，因為他經由這麼長時間的相處，早看透關羽的性格，知道他重信義，知恩圖報；空城計嚇退了魏兵，是因為他已經由幾次交戰，熟悉了司馬懿生性狡詐多疑、老謀深算的性格。揣情之威力，可至於此。

有些事如果不深思熟慮，就會像賭徒將最後一塊錢壓上了賭桌，結果可能輸得連本錢都沒有。在鬼谷子看來，揣情之術的本質就是「深謀」，深度思考，判斷，研究，考慮到哪怕最微不足道的細節。

曾經有一個股市老手說：「我們如果要做成一件事，在專注目標的時候就不應該過於熱情，而是要學會冷靜地審視。儘量地尋找不能做的理由，而不是盲目地給自己鼓勵。」

這是他在風險莫測的股市摔打多年才總結出的經驗。許多人做事時總習慣於不假思索地一步邁出去，缺乏敏銳的洞察力，只看到當前，看不到未來的走勢。不思考的行為就是冒險，雖有可能成功，但更多的時候是失敗。

飾言文章，而後論之——善於包裝是基本功

言必時其謀慮。故觀蜎飛蠕動，無不有利害，可以生事變。生事者，幾之勢也。此揣情飾言成文章，而後論之也。

說話必須深謀遠慮。因此，我們看到昆蟲蠕動，都與自己的利益相關，所以才發生了變化。而任何事情在剛剛產生之時，都會呈現一種微小的態勢。這種揣情，需要借助漂亮的言辭或文章，然後才能發揮作用。

在遊說或辯論時，鬼谷子很強調「包裝」的作用，話說得漂亮，說得巧妙，效果自然比直來直去、不經掩飾要好。**將炮彈包上一層糖紙，槍尖塗上一層甜油，給人的感覺就圓潤了許多，便不會充滿使人不爽的「殺氣」，同樣一句話，當你換用不同的方式表達時，效果一定會有強烈的反差。**

如果說話時喜歡裝模作樣、驕縱蠻橫，甚至心裡怎麼想就肆無忌憚地吐露出來，別人

一定認為你自命不凡、優越感太強，乃至覺得你這個人缺心眼。如果話中帶刺，具有強烈的攻擊性，那麼你一定會招致別人的厭惡，本可以辦成的事辦不成，本能夠把關係搞好的人，也會因此搞壞彼此的印象。這個道理人們都知道，但生活中仍有不少人犯這類低級錯誤，因為喜怒形於色，導致事敗名壞。

一個能與人和睦相處的人，自然是十分優秀的。因為懂得將自己的想法適當包裝，他們總能在不同的群體中遊刃有餘，與他們融洽相處，並得到自己想要的東西。

有一位老太太體弱多病，心臟不好。有個小兒子是她最寵的，但是過年時，小兒子在回來的路上出車禍死了，這個消息應該如何告訴她呢？

如果直言相告，怕老太太的心臟病一下就犯了，那就是兩條人命，可是不說吧，又瞞不住，老太太提前經由電話，她已經知道小兒子會在第二天到家的。

因此，他的大兒子採取了一種巧妙暗示的方法，把同樣一個結果拆分成不同的階段，由輕及重慢慢揭開面紗。

他誠實地告訴老太太車禍的事情，但又她對說，弟弟受了傷，正在醫院搶救。到了第二天，給她的資訊是：「還在搶救，但情況不好。」再隔了一天，則告訴老太太：「您要做好最壞的準備了！」就這樣，經過兩三天的過渡和心理暗示，老太太已經做好了心理準備，最後再將實情吐露給她，此時她已經相對鎮定了，因為她經過很長時間的緩衝，終於承受住了這種殘酷的心理刺激。

之所以要講究說話的技巧，對內心真言做適當包裝，是因為許多人常常不假思索就信口開河，因而導致種種不良的後果。人人需要揣情，而人人又需要被揣情。揣情術是一種雙向的智慧，有時候我們必須學會讓對方猜測我們的弦外之音，以達到預期的效果，這就是我們對話語進行包裝的目的。

在社交場合，語言包裝更加重要。為了達到目的，我們說話時要力求簡單明瞭且具有說服力，但最重要的是，我們還應知道該說則說，不該說則不說，不瞭解的事儘量少說，突然想起的話題，也應該儘量避免提及。

美國總統柯立芝有一次批評他的女祕書：「你這件衣服很漂亮，你真是一位迷人的女士。只是我希望你準備文件時，注意一下標點符號，讓你準備的文件像你一樣可愛。」女祕書對這次批評印象非常深刻，從此便很少出錯。

身為美國總統，柯立芝說話如此委婉、客氣，這正是他好修養好氣度的表現，也是他深知一個人喜歡聽好話的表現。假如他換一種盛氣凌人的口吻：「怎麼搞的！連標點符號都搞不清楚，這份工作你還想不想幹了？」這只能讓對方反感甚至仇恨，達不到糾正對方錯誤的目的。

「良言一句三冬暖，惡語傷人六月寒」，說的正是這個道理。有很多人，說話的立足點和出發點本來是不錯的，但由於不注意包裝，往往導致無謂的誤解和爭端。

很多事情，我們不能只看外表，還要看到實質。因為很多真實意圖，是被包裝起來的，需要進行揣測判斷。當我們自己說話時，也要有這樣的智慧，在話語中隱藏自己的真實目的，避免給對方過於明顯的資訊。有人說：「善於包裝是在工作上混的基本功。」說話要包裝，做事方法也要包裝，個人形象更要包裝。事實也的確如此，價值一元的產品經過一番精心的包裝，其身價就會變成幾元、幾十元，甚至上百元。

在工作場合，不會包裝是一種十分嚴重的缺點。不會包裝，別人就會看不起你，不會包裝就沒有競爭力，有可能一輩子碌碌無為，沒有出頭之日。如果把自己包裝好了，你就引人注目，讓人重視。

鬼谷子說：「揣情飾言成文章。」這的確是一種硬功夫！真本事！

第四章：真人不露相，露相不真人

有句話說：「真人不露相，露相不真人。」真正做事的人往往不聲張，大智若愚，看起來沒什麼本事，但一出手就懾服四方，贏得滿堂彩；那些整天跳來叫去的卻大多是在演戲，一旦遇到真正的問題，立刻原形畢露，從山頂跌到谷底。

用之有道，其道必隱——躲在暗處的幕後操縱者

摩者，揣之術也。內符者，揣之主也。用之有道，其道必隱。微摩之以其所欲，測而探之，內符必應；其所應也，必有為之。故微而去之，是謂塞窌、匿端、隱貌、逃情，而人不知，故能成其事而無患。摩之在此，符之在彼。從而用之，事無不可。

摩意是與「揣情」相類似的方法。「內符」是揣的對象。進行揣情時需要掌握揣的規律，而這些規律都是隱而不現的。這就需適當地去「摩」，投其所好進行測探，其內情就會經由外符反映出來。內心的感情要表現於外，就必然要做出一些行動。這就是我們進行摩意的作用。所以，在適當的時候離開對方，把動機隱藏起來，消除痕跡，偽裝外表，迴避實情，假裝不知。因此，達到了目的，辦成了事，我們又不留禍患。我們來「摩」對方在這裡，對方的表現則是在那裡。只要有辦法讓其順應你的安排行事，就沒有什麼事情是辦不成的。

揣摩對方，應儘量使自己躲在暗處，讓別人身在明處。這樣就能做好隱蔽工作，隱藏自己的內心，不暴露自己，掌握絕對的主動權。

你一定要記住，人在明處從來都是危險的，在暗處才安全。暗處可以從容觀察、揣摩，可以選擇合適時機，主動出擊。作為競爭對手，如果能暗中發力，表面擺出軟姿態，坐看他人爭鬥，最後我收漁利，這就將揣摩之術運用到了極致。

某科技集團跟客戶談一樁價值超過五千萬元的大合約，俞總是負責人，他決定選一個副總給自己當助手，挑來挑去，選中了曹副總。因為曹副總這個人，平時就沒主見，在公司十幾年來，貪小利，不敢惹事，像條哈巴狗，大家都不把他放在眼裡，這樣的人，只要許以小利，一定鐵心做事。

所以，俞總對他很放心，跟客戶談回扣的事，他也讓曹副總參與，並許諾給他三成。客戶給的回扣高達五百萬，三成就是一百五十萬，曹副總聽了之後兩眼直放光，受寵若驚連聲道謝，俞總看了，對他更放心了。

但到了關鍵時刻，就在雙方既將達成協定時，集團董事長把俞總叫過去，一下將他收回扣的醜事揭穿了，還把證據拿了出來，對他厲聲訓斥。這事就是曹副總做的，他暗暗搜集了俞總與客戶談話的錄音，報告給了老闆，把俞總從總經理的位置上擠掉了，而他則取而代之，成了這個項目的總負責人。

曹副總為了等個好機會，竟可隱忍十幾年，誰也不注意他，都拿他當傻瓜，但最精的恰恰是他。老闆並不討厭貪小利的人，無貪不官，最怕的是貪心不足，比如俞總，想吞掉這麼一筆錢，才是老闆不能容忍的，他栽在曹副總手上，也只能感慨一聲「明槍易躲，暗箭難防」。

人明我暗的形態，是人際詭道的最佳位置，努力使自己居於暗處，不引人注意，其實才是最聰明的做法。有個事實要記住：背後算計你的小人永遠不會消失，所以為了對付這樣的小人，你也要學會他們的處事之道，以彼之道，還治彼身。

軍事上敵強我弱，正面相抗勝算不大，但我可以打伏擊戰、遊擊戰，打一槍就走，總在暗處突然殺出來打擊對手，出奇制勝，給敵人以重創。

有人將鬼谷子的智慧總結為「奇謀祕術」，從這裡來說，頗有幾分道理。出奇即可以弱勝強，人明我暗，「塞窖、匿端、隱貌、逃情，而人不知，故能成其事而無患」，便可扭轉強弱差距，事半功倍。

餌而投之，必得魚焉——強大而不使人懼，富有而不惹人嫉

古之善摩者，如操鉤而臨深淵，餌而投之，必得魚焉。故曰：主事日成而人不知，主兵日勝而人不畏也。

古代善於摩意的人，就像拿著魚鉤在水邊釣魚一樣，只要把帶著餌食的鉤投入水中，不必聲張，悄悄等待，就可以釣到魚了。因此說，做的事情一天天成功，卻無人察覺；帶兵打仗勝利不斷，卻沒人對你感到恐懼，這個境界才是最高明的。

一個國家日益強大，周邊小國感受不到你的威脅，對你依然不恐，這是最高明的治國之術。事情做完了，別人還不知道，或者說覺得這是理所當然的，對你的成功並不感到驚奇，這也是最頂級的成功之術。就像釣魚一樣，你投下了合適的魚餌，儘管你是在要牠們的命，魚兒照舊會上你的當，爭先恐後地游過來上鉤！

從這裡我們可以看到，鬼谷子的謀略中有與儒家的中庸之道類似的思想，**做事做人，**

須使自己合理而居中，用最恰當的方法達到水到渠成的境界，強大而不使人懼，富有而不惹人嫉，盛氣而不凌人。鬼谷子說，如果一個人達到了這個境界，對人情世故的揣摩之術就算學到家了。

有兩則收禮的故事，我們可以看看什麼樣的處事方法才是最恰當的。

第一則：孔子的學生子路，有一次遇見一個孩子溺水，便急忙投水相救。被救的孩子家長送了一頭牛給子路，子路毫不推辭地收了下來。有人說，子路救人還收禮，似乎不符合「仁」的道理。孔子聽到了卻很高興，說子路你做得對，從此魯人必樂於拯救溺水之人了。得救的人有謝金，救人的人有回報，兩全其美的事，大家不會對此感到有什麼不滿。

第二則：魯國的法例規定，如果有人肯出錢去贖回被鄰國捉去做奴隸的百姓，政府都依例付給一筆獎金，作為獎勵。孔子的學生子貢很富有，他不缺錢，所以贖了人卻不願接受國家的獎金。孔子知道後就訓他說：「你錯了，君子做事可以移風易俗，成為大眾的規範，怎麼可以只為了自己高興，為了博得虛榮，就隨意去做呢？現在魯國人少，大都是窮人。你這樣無形中創下了惡例，使大家都認為贖人接受賞金是一件丟臉的事，以後還有誰贖得起人，從此以後贖人回國的好風氣，將慢慢消失了。」子貢大概很委屈，不過仔細想想就是這個理。

從這兩則故事可以看到，收禮並非就一定是壞事，關鍵看你做了什麼事，面對的是什麼情況。若你居於高位，收禮為人辦事，就是不恰當的；若你做了有功之事，收受謝禮則是理所當然，即便孔子也認為這很合理，而且不會有人對此說三道四。

明代萬曆年間，山東東平府兩個在外地發了財的暴發戶，帶著金銀財寶，風風光光榮歸故里。第一個富人到了家，大門一關，誰也不見，有好友就來給他出主意，說：「老兄，你現在發了財，應該適當請請客啊，不然你會有危險的。」富人把眼一斜：「錢都是我自己賺的，為什麼要拿出來給別人免費吃喝？再說了，有官府在誰敢對我有不軌之舉？」好友嘆口氣，沒再說什麼，掉頭走了。沒幾天，這位富人家裡就被搶了，竄進來一夥強盜，把富人全家綁起來殺掉滅口，捲走所有的錢財，走時一把火把房子給燒了，村民沒有一個前來相救。

另一位富人回到家後，二話沒說，馬上請全村幾百口人吃飯，並每人贈一兩禮銀。過了一陣子，他家也來了盜賊，但是周圍的鄰居很警覺，聽到動靜之後，立即有人敲起鑼來，村民一起來幫忙，把欲行不軌的盜賊趕走了。

主動請客的這位富商，聰明之處就在於，他能深刻地體察世風民情，知道村民多嫉富仇官，對暴富之人尤其痛恨，所以他才掏腰包請客，讓大家盡情吃喝一頓，還在酒席上擺出一副謙恭大方的樣子，使村民對他的印象大為改觀，他的安全當然就得到保證了。

可以說，這位富商的揣摩之術，做得就很到家。而另一個暴發戶，就顯得愚而無智，有了錢便高高在上，不考慮周圍的人是怎麼想的，自然就會有內應引來盜賊，結果就導致了滅門之災。

洞悉人心，對他人的心理做到準確把握，這才知最需要做的是什麼，以及不同的事情應該採取什麼方法。「主事日成而人不知，主兵日勝而人不畏也。」使自己的成功變得合乎情理，人皆歎服，這是我們應該追求的做人和做事的境界。

謀之於陰，成之於陽——真人不露相，露相不真人

聖人謀之於陰，故曰神；成之於陽，故曰明，所謂主事日成者，積德也，而民安之，不知其所以利。積善也，而民道之，不知其所以然；而天下比之神明也。主兵日勝者，常戰於不爭、不費，而民不知所以服，不知所以畏，而天下比之神明。

聖人謀劃什麼行動總是在暗中進行的，所以被稱為「神」，而這些行動的成功都顯現在光天化日之下，所以被稱為「明」。所謂「主事日成」的人，他們暗中累積德行，老百姓安居樂業，卻不知道為什麼會享受到這些利益；暗中累積善行，老百姓生活在善政中卻不知道為什麼會有這樣的局面。人們都把這樣的「謀之於陰、成之於陽」的政治策略稱為「神明」。取得勝利的軍隊統帥，堅持不懈地與敵軍對抗，卻不去爭城奪地，不消耗人力物力，因此老百姓不知道為邦國臣服，不知道什麼是恐懼。天下將這種軍事策略稱為「神明」。

有句話叫：「真人不露相，露相不真人。」說的便是這類現象，真正做事的人往往不聲張，大智若愚，看上去沒什麼本事，但一出手就懾服四方，贏得滿堂彩；那些整天跳來叫去的卻大多是在演戲，色厲內荏，一旦遇到真正的問題，立刻便原形畢露，從山頂跌到谷底。

大智若愚，講的便是一種養晦之術，掩飾自己真實的野心、權慾、才華、聲望、感情。這種甘為愚鈍、甘當弱者的低調做人之術，實則是精於算計的隱蔽，它鼓勵我們不求爭先、不露真相，讓自己明明白白過一生。

鬼谷子說，能做到這種境界的，堪稱「神明」。「神明」就是有福自己享，有本事不張揚，還能給人留下一個極好的印象。

《孫子兵法》中有言：「善者之戰，無奇勝，無智名，無勇功。」善戰者無赫赫之功，怎麼理解？越是善於打仗的人，越不會以征戰的過程引起人們的驚奇。他們的勝利，往往都會給人一種順其自然、理所應該的印象，猶如一潭平靜的湖水，勝得不起任何波瀾。孫武由此說，這才是真正的強大。

偉大的軍事天才，他們只追求結果，或者說他們只進行必勝的戰爭，從來都不刻意追求以少勝多，也從來都不心甘情願地上演驚豔的絕地反擊。因為一個真正的名將從來不會陷入絕地，他們在之前就不會讓這種情況發生。

同為戰國名將的白起和王翦哪個更厲害一些？顯然，白起比王翦的名聲更大，因為他立下了長平之戰這樣的赫赫之功，也成就了戰神的名聲。但他殺敵一千、自損八百，長平之後，連幾乎不設防的邯鄲也拿不下來，數年間不得東進。而王翦的滅楚之戰，集中六十萬優勢兵力，也要等到敵人疲憊的時候才開始進攻，結果在損失非常小的情況下，擊潰了楚軍。

相比之下，王翦的名聲雖然要比白起差很多，但是作為對國家的價值而言，王翦卻比白起強不少。所以，無論是從鬼谷子還是孫子兵法的角度，我們都應當推崇王翦這樣的無赫赫之功的善戰者。

社會上有一種現象，越富的人越裝窮，拚命地掩飾自己的財富，而越窮的人則越顯擺，生怕全天下的人不知道自己是「有錢人」。之所以廣泛存在這種現象，就是因為有本事的人都知道不張揚是有好處的，悄悄做事，謹言慎行，反而更有利，把財富和本事到處炫耀，搞不好會惹來殺身之禍，就是很好的反面教材。而一事無成的人，害怕別人瞧不起，才到處嚷嚷，擺出一副很有能耐的架勢。

更有一些人，看人只注重外表，忽視對一個人內在品德的揣摩和洞察，在交際和工作中吃虧不少。

有則故事，說的是某人去大公司面試，在大廳遇到一個穿得很一般的老頭，正在光滑如潔的地板上揀起一個礦泉水瓶，他以為這是清潔工，上前詢問經理辦公室的時候，說話很不禮貌，神情缺乏尊重，老頭對他笑了笑，把樓層告訴了他。他也不說聲謝謝，便逕自上去了。他在辦公室等了一會，公司總經理就來了，他當下便愣住，這不就是樓下那個老頭嗎？結果可以想像，他沒有通過面試，甚至不需要總經理告訴他理由，他已經預知到自已肯定不會被錄取，因為他狗眼看人低。

人不可貌相，海水不可斗量。外表不能說明什麼，我們在揣摩別人時，一定不可被外表和某些外在的形象所迷惑、欺騙，透過現象看本質，冷靜審視，理性判斷，才能發現一個人的真實面目，否則，就很容易受到上述的教訓。不過，對於喜歡隱藏實力的人來說，是金子總得發光，金子不可能永遠埋在地下，該露相的也得露相。

「不鳴則已，一鳴驚人；抓住時機，勇敢展示。」這十六個字，可以作為我們的行動準則。

無成功者，其用之非——你的優勢和資本是什麼

其摩者，有以平，有以正；有以喜，有以怒；有以名，有以行；有以廉，有以信；有以利，有以卑。平者，靜也。正者，直也。喜者，悅也。怒者，動也。名者，發也。行者，成也。廉者，潔也。信者，期也。利者，求也。卑者，諂也。故聖人所以獨用者，眾人皆有之；然無成功者，其用之非也。

運用摩術的方法多樣，有用和平進攻的，有用正義責難的，有用娛樂討好的，有用憤怒激勵的，有用名望威嚇的，有用行為逼迫的，有用廉潔感化的，有用信譽說服的，有用利益誘惑的，還有用謙卑奪取的。和平就是安靜，正義就是剛直，娛樂就是喜悅，憤怒就是激動，名望就是聲譽，行為就是實施，廉潔就是清明，利益就是需求，謙卑就是委曲。因此，聖人所獨用的摩術，平常人也都可以具有。若沒能運用成功，一定是他們用錯了。

在鬼谷子看來，每個人都有自己獨特的優勢，「有以平，有以正；有以喜，有以怒；

有以名，有以行；有以廉，有以信；有以利，有以卑。」不管採用哪一種手段，具備何種優勢，只要所用對路，做人和做事的效果都不會差。

你一定得想清楚，自己可以依靠什麼去打動別人？對不同的目標，針對性地採取有效的手段，是獲取成功的必備素質。比如鬼谷子提到的平、正、喜、怒、名、形、廉、信、利、卑這些不同的策略，運用得當，威力無窮。

有一個經商者，剛開始創業時，為了找到一處合適的房子，託人找到房東，用很便宜的價格把房子租了下來，後來由於各種原因，他覺得這個地段不好，於是將房子又轉租出去了，自己到另外一個路段開了一家飯館。

三年之中，他開飯館沒有賺到錢，反而發現自己原來更適合做轉租房子的生意，這位經商者反省自己，發現自己在與原房主討價還價及對房產方面的事都很感興趣，也表現了很強的能力。最終，他果斷地決定放棄飯館，專門做起了房屋出租業務。結果，他成了一個成功的房屋出租仲介商，在這行如魚得水，收入越來越高，後來還在當地城市開起了房產仲介的連鎖加盟店，將自己的牌子在整個城市打響。

這個商人打算做番事業，一開始選擇的是餐飲業，但經過嘗試之後才發現，自己的優勢是在房地產。有些人遇到此事，為顧及面子或許仍會勉力支撐不景氣的飯館，在不擅長的事情上堅持到底，而這位商人則是立刻將精力轉到自己最擅長的事情上去，所以他用最短的時間獲得了成功。

要給自己一個良好的定位，尋找到優勢和資本，就需要不斷地自我反省，冷靜分析和逆向揣摩，深入瞭解自我的才能和興趣的傾向。

檢討一下以往幾年間性格和形象的轉變，其中有哪些明顯的優勢，藉以推斷出以後的轉變方向，以及自身的發展趨勢。

重要的還有，對自己提出需要解決的問題：

一、我是誰？

我的人生觀、價值觀、資質、興趣、能力、學業背景、個人形象、動機、家庭背景和影響、其他性格特徵等，發現自我的基本面。

二、我的優勢是什麼？

我目前從事的工作、專業特長、其他資格和技能、社交及與別人溝通的能力、可能發展的技能、社會活動、旅行經驗、工作經驗、喜愛的工作環境、推銷產品的能力、是否喜歡冒險等等，從中發現自己的特長和可以倚仗的資本。

三、我所處的環境是什麼樣的？

當前工作的性質，我的理想目標，社交環境，人際關係的當前模型，朋友圈，主要對手，同事和下屬，親人和朋友，尋找這些因素之間的關聯，給自己一個明確的定位，然後找到最需要解決的主要問題，以及應該採取什麼辦法，我有哪些資本是可以信賴的，有哪些缺點需要及時的改進，從而有的放矢，按部就班地落實好每一步。

鬼谷子告訴我們，一個人不需要多麼全面，只要有一點做得好，他就足夠強大。比如說客，一人之辯，重於九鼎之寶，三寸之舌，強於百萬之師；還有劍客，憑一身好武藝，十步殺一人，千里不留行，成為王公諸侯們的座上賓。每一樣都做得出色是不可能的，但我們可以將其中一樣做到最精細最專業，打造成自己的立業之本。「聖人所以獨用者，眾人皆有之；然無成功者，其用之非也。」同時，擁有一技之長後，就要將自己的優勢運用得當，正確的手段用在合適的地方，就一定能夠縱橫捭闔，收到回報。

抱薪趨火，燥者先燃——操縱人心者得天下

故物歸類：抱薪趨火，燥者先燃；平地注水，濕者先濡；此物類相應，於勢譬猶是也。此言內符之應外摩也如是，故曰：摩之以其類，焉有不相應者？乃摩之以其欲，焉有不聽者。故曰：獨行之道。夫幾者不晚，成而不保，久而化成。

萬事萬物皆有屬性。好比抱著柴草向烈火走去，乾燥的柴草就首先著火燃燒；往平地倒水，低的地方要先進水。這些現象都是與各類事物的性質相適應的。以此類推，其他事物也是這樣的。這也反映內符與外摩的道理。所以說：按著事物的不同特性來實施摩術，哪有不產生反應的呢？根據被遊說者的喜好而施行摩術，哪有一個不聽從的呢？要想獨往獨來，就要注意事物的細微變化，把握好時機，有了成績也不停止，時間久了，就一定能化育天下，實現自己的設想。

現在，很多人在討論曹操，他是奸雄還是英雄？他成功在什麼地方？尤其曹操的用

人，出神入化，馭人得當。其實，對曹操而言，重要的不是他的馭人之術，而是用人之道。「道」就是人性，是人心。曹操的用人之道便是洞察人性，洞悉人心。

他太瞭解人是怎麼回事了！他知道手下的謀士和將軍跟著他出生入死是為了什麼，無非是建功立業，獲取功名和財利。如果曹操哪天實力衰弱，不堪一擊了，這些人有一半是要拍拍屁股就走的，劉備和孫權都在長江南邊虛位以待呢！

因此，曹操對部下「以功歸人，以獎勵人」，充分利用這些人趨利避害的特點，立功賞，有過罰，賞罰分明，公正不阿。同時，他又懂得人性的弱點在哪裡，每個人都免不了犯錯誤，而且還很要面子，如果犯了錯誤就殺，一點情面不留，做一個鐵面無私的法家，那麼這些人早晚也是留不住的，所以，他又有另一招：「以法治人，以寬容人。」大棒和胡蘿蔔兩手並用，打一巴掌給個甜棗，由不得這些人不賣命。

最後，他也清楚人是有理性的動物，在多數情況下，人是願意通情達理的，並不需要事事都拿條綱來約束，而在某些時候，人又重視感情超過利益。所以，他還有最厲害的兩招：「以理服人，以信取人；以誠待人，以情感人。」情理並用，把手下那幫文武人才全給鎖住了，三國爭霸時代，曹操的幕府最為龐大，是有理由的，因為曹操對於人心、人性有著極為透徹的把握和理解。

得人心者得天下；感人心者，可先乎情。只有真正俘獲了下屬的心靈，揣其心理，摩其本性，視具體需要採取恰如其分的管理策略，才能有效培養下屬（或他人）對你的認同感和忠誠度。

在現代管理學上，這被稱為南風法則，源自於一位法國作家寫的一則寓言：北風和南風比威力，看誰能把行人身上的大衣脫掉。北風首先來一個冷風凜冽寒冷刺骨，結果行人為了抵禦北風的侵襲，便把大衣裹得緊緊的。南風則徐徐吹動，頓時風和日麗，行人因為覺得春暖上身，始而解開鈕扣，繼而脫掉大衣，南風獲得了勝利。

它告訴我們：溫暖勝於嚴寒，來自正面的因素比負面的影響更能讓人對你產生好感。對管理者來說，讓下屬感受到企業給予的溫暖，享受送來的溫情，能夠滿足他們得到愛和尊重的需要，才能激發員工的工作熱情和聰明才智，增加他們對公司的忠誠。此外，尊重員工、關心員工、真誠待人、信任下屬、體察下情；不要把員工當做是自己的「僕人」，要注意溝通和交流；在處理矛盾要注意運用教育和說服的方法；不要把下屬放在被人遺忘的角落，應當讓他們感到自己存在的價值。這些都是把握下屬心理需求後的正確手段。

對於員工的心理來說，積極的暗示將會帶來正面的效果，自尊心和自信心是人的精神支柱，是成功的先決條件。人類本性中最深刻的渴求就是讚美，以及做事的成就感。曹操精通於此，所以曹操是用人大師，項羽不懂，所以他只能恨死於烏江。

有「經營之神」美譽的松下幸之助經常給下屬，包括新進的員工打電話。每次他也沒有什麼特別的事，只是問一下員工的近況如何。當下屬回答說還算順利時，松下又會說：很好，希望你好好加油。在這種激勵的作用下，松下公司的每名員工都勤奮工作，誓以全部才能作為對公司的報答。

站在現代的角度，我們可發現，這些都源於人們「趨利避害」的人性本質，對於利和害，人們分得很清楚，並且反應強烈。讚美是利，自信是利；歧視是害；自卑是害。對此把握得當，便是我們用人與馭人的第一推動力。善和惡的區分，恰恰是趨利避害的天性在環境作用下的結果，也因此，善和惡的標準是經常改變的，沒有一個權威的解釋，而只是取決於個人的視角和所站的立場。

真正的管理者，三分做事，七分做人。**鬼谷子一書，也是強調做人在先，做事在後，皆因事事都需先揣摩人的心理，然後才能視人不同，對症下藥。**如果明白了這一點，我們就真正理解了鬼谷之道的精髓。

第五章：做大事不可不知的四項基本原則

時機未到，則能隱居起來以待時機；若時機已到，則挺身而出。只要我們精通人情世故，為人處事時刻牢記四項基本原則，就能夠很少犯錯，既根據實際情況，又遵循客觀規律，從而終成大業。

近而不見，不察其辭——戰戰兢兢，如覆薄冰

物有自然，事有合離。有近而不可見，有遠而可知。近而不可見者，不察其辭也；遠而可知者，反往以驗來也。

萬物有規律，萬事也有其自然離合之道理。有的在近前卻看不到，有的在遠處卻能感知；近前的之所以看不到，是因為習而不察，不明虛實；在遠處的能得知，是因為做到了反觀以往，推驗未來。

任何一個事物，都有其多面性。鬼谷子說：「物有自然，事有合離。」人與事，都有其客觀規律，而一個高明的管理者，總能從這些小處著眼，去判斷一個人是否可靠，從這些小地方觀察是否值得信任。

老子說：「天下難事，必做於易；天下大事，必做於細。」每一件成功的大事，都是無數精益求精的細節組成的。許多人眼高手低，遇事只會空談大道理，卻不願從點滴小事

著手，總覺得：「我是做大事的，這等小事應該旁人來做。」結果就是小事不肯做，大事卻做不好。

法國銀行家賈庫・拉斐薩托年輕時曾一度失業，有一天，他到一家銀行求職，又遭到了無情的拒絕。這已是他第五十二次碰壁了，聽上去確實很無情。

當他垂頭喪氣地走出銀行時，忽然發現門口的臺階上有一枚大頭針，他想，這太危險了，進進出出的人這麼多，萬一誰不小心踩在上面，肯定會扎到腳。於是，他彎腰撿了起來，把它放進垃圾箱。

第二天，正當他待在家裡看著招聘報紙，尋找新的求職目標時，昨天那家銀行打電話給他，問他找到工作了沒有。他本能地說：「嗯，還沒有，不過已經有了新的意向。」對方笑道：「您能再次來我們銀行嗎？我們董事長想見見您，這不會耽誤您多長時間。」

這是一份錄取通知，他被聘用了。原來，昨天他蹲身撿釘子的情景恰好被這家銀行的董事長看見。在那位董事長看來，從事銀行工作，需要的是拉斐薩托的這種精神。從此，拉斐薩托憑著自己的才幹和努力，終於在法國銀行界嶄露頭角，成就一番事業。

中國古代有個掃屋的故事，說的是一個人理想滿腹但卻庭院不掃，使得自家衛生環境很差，每當有朋友勸他掃掃屋子，他便仰著頭說：「我志在四方，豈能做這點小事。」一朋友譏諷道：「一屋不掃，何以掃天下？」

沒錯，一屋都不想掃，又拿什麼去掃天下？古之成大事者，無不從細微處做起，每個小節的累積，方才成就為「大節」，塑造個人事業的輝煌。我們判斷一個人的真實能力，也往往要根據這些小節進行考量，因為人們總是重視那些光鮮亮麗的東西，容易忽視這些局部的細微之處。抵巇之術的精妙，便在於此，從縫隙尋找漏洞，從漏洞考察全局，然後反而觀之，洞察一個人的本性。

北京一家公司舉辦人才招聘會，招聘品牌經理，總裁親自上陣。一位三十來歲的年輕男子坐到他面前，經過一番交談，年輕人展現出了優秀的能力，對該行業見解獨到，而且重要的是，他還有在國際大公司工作兩年的經驗，在客戶這方面的資源也很充足。不管從哪個方面看上去，他都非常合適。

但是總裁微笑著說：「對不起，您沒能通過面試。」

年輕人驚訝地問：「為什麼，能告訴我理由嗎？」

總裁說：「在您自我介紹的過程中，我注意到，您一直是昂著頭，眼神充滿了驕傲。

對於一個人來說，這是很好的優點，因為每個人都需要自信，但很遺憾，對我們公司來說，作為品牌推廣經理，他應該是謙虛的，溫和可親的，而不是一副拒人於千里之外的樣子。」

年輕人很失望地離開了，他絕沒想到自己會因為不經意流露出來的表情，而被一家公司淘汰。一個面試時對自己的過去充滿驕傲的人，他怎麼會在新的公司安心工作呢？一個細微的表情，被總裁捕捉到了他的內心，從而對他這個人是否可用，做出了正確的判斷。

有些人走過無數的高山，越過無數的河流，都安然無恙，最後卻被一塊香蕉皮摔個大跟斗。工作和生活中一些不起眼的壞習慣，就是正在等待我們的那塊香蕉皮，這是阻礙我們成就大事的重要小節。

然而，哪些「不起眼的小事」需要我們格外注意呢？

同事之間，老把自己不當外人，亂翻別人桌上的資料，不經同意打開別人的電腦，站在別人後面看對方用手機聊天；別人不在場倒人家的茶葉；夫妻家人之間，未經允許查看對方手機資料，不尊重對方基本的隱私；有些事情不商量，直接替對方做主；朋友之間，聚會穿衣不整，舉止缺乏基本的尊重，當著旁人的面喊對方不好聽的綽號，取笑或譏諷對方；吃飯從不主動買單，到處佔便宜；上下級之間，不分場合亂開下屬玩笑，不給對方面子……不一而足。

這些都是小事，偶爾一次或許沒什麼，次數多了，就會讓人厭煩，慢慢就會成為你經營人際關係的絆腳石。所以鬼谷子認為，**小節影響大局。從小節，可以發現一個人的行為品德。**抵巇之術就是利用這個規律，對人和事進行抵巇。

千里之行，始於足下。如果你想成功，不經營細節，不重視細節，是不可能有番作為的。海爾首席執行官張瑞敏，曾用「戰戰兢兢，如覆薄冰」來形容自己的工作態度，這位海爾的一號人物，正是意識到了小節乃「抵巇之本」，才發出如此感慨。

通達計謀，以識細微——居安思危，防範潛在危險

巇者，罅也。罅者，㵎也。㵎者，成大隙也。巇始有朕，可抵而塞，可抵而卻，可抵而息，可抵而匿，可抵而得，此謂抵巇之理也。事之危也，聖人知之，獨保其身；因化說事，通達計謀，以識細微。經起秋毫之末，揮之於太山之本。其施外兆，萌牙蘖之謀，皆由抵巇。抵巇之隙，為道術用。

「巇」即小的縫隙，罅發展成「㵎」，縫隙就越來越大。當小的縫隙出現時，往往會有某些徵兆以提示我們，此時若設計加以堵塞補救，就可使其變小或不再擴展；若不可治，還可使其轉化，棄舊圖新。這就是抵巇的原理。對聖人來說，危機剛出現時，他便能察知。他們總是密切關注這些很小的徵兆，利用事物變化之原理進行分析，提出計策。利用秋毫之術，可動泰山根基。聖人推行德政，當對方出現危機徵兆時，便運用抵巇之術應對，給予補救或消滅。因此，抵巇之術是一種政治和人事鬥爭的權術。

在這裡，《鬼谷子》告訴我們要看到防微杜漸的重要性。前面講了要重視小節，量變會產生質變，在這裡，則是強調了我們對自身危險的防範以及對對手微小漏洞的利用。

尋找對方的漏洞，施展抵巇之術，就能以最小的成本，達成最大的效果。毀掉一座大堤的最好辦法，是對準大堤基部的白蟻之穴猛烈攻擊。擊敗一個人最省力的策略，是利用其缺陷，放大其弱點，抓住他的小辮子，從而達到順手一推、對方自倒的效果。鬼谷子的這種智謀，經常被用於人事較量及官場鬥爭，攻無不克，威力無比。

也正因此，我們要時常檢查自身的微小不足，查缺補漏，使自己的弱點降至最少，這比亡羊補牢要來得安全。亡羊若只丟失了一小部分，還有挽救的可能性，若一次將你的羊全部偷走，即便你將羊圈補修得堅固如城牆，又有何用？

明代抗倭英雄戚繼光，出身於將門世家。他的父親戚景通，對兒子的家教十分嚴格。戚繼光十二歲那年，有一次，幾個工匠來戚家修理房屋。戚景通指使他們安設四扇雕花門戶。工匠們都感到迷惑不解，紛紛議論說：「像這樣的將門世家，可以安設十二扇雕花門戶啊！」工匠們的議論，被戚繼光聽到了，他立即去找父親，提出要增設八扇雕花門戶。

戚景通沒想到兒子小小年紀，就講究起虛榮和排場來，便聲色俱厲地說：「你要從小養成勤儉的品德，否則，將來連這四扇雕花門戶也是保不住的。」

戚繼光默默地點了點頭。可是過了不久，他又挨了父親一頓訓斥。有一天，他穿著一雙很考究的絲織鞋子走過廳前，被戚景通看見了。戚景通十分惱火，當即將兒子叫住，怒氣沖沖地斥責道：「你一個小孩子家就穿這樣講究的鞋子，長大後，就會去追求綾羅綢緞。要是當了軍官，說不定還會侵吞士兵的糧餉。後果不堪設想啊！」

聽了父親的教誨，他立刻彎腰脫掉絲鞋，換上了布鞋。從此，他再也不追求奢侈了，直到擔任了朝廷的大將軍，仍過著儉樸的生活。

顯然，戚繼光的父親非常理解防微杜漸有多麼重要，若此時不將兒子奢靡之慾扼殺在萌芽狀態，將來等他有了成就，進了官場，再想糾正，勢必晚矣。若戚繼光當初不聽父親之言，試想一下，我們還能看到那個抵抗倭寇的英勇將軍嗎？恐怕他會泯然眾人，即便進了軍隊，當了大官，也會是庸將貪官，對國家有害無益。

扁鵲見蔡桓公的故事已老掉牙，卻更能警醒我們應該時刻注意那些看似不痛不癢的危險。扁鵲見了幾次蔡桓公，提醒他身體已有疾病潛藏，只要及早治療，定能康復。蔡桓公卻因身體的感覺不強烈，對此嗤之以鼻。等到最後發現體內果然有惡疾，而且正是當初那些小疾病發展起來的時候，想再找扁鵲來治，卻已經找不到人了，蔡桓公只能一命嗚呼，去了西天。

鬼谷子用這段話，為我們分析了聖賢應付危機的辦法，便是在危機剛露出徵兆之時，便將它掐滅，及時彌補，防微杜漸。這既適合於國，適用於家，對我們個人更有裨益。**欲成大事者，需時刻居安思危，防範潛在危險，並抵巇成功，提前排除隱患，從而保證事情順利。**

三王之事，抵而得之——敢創新變革，就能占得上風

天下紛錯，上無明主，公侯無道德，則小人讒賊，賢人不用，聖人竄匿，貪利詐偽者作，君臣相惑，土崩瓦解，而相伐射，父子離散，乖亂反目，是謂「萌牙巇罅」。聖人見萌牙巇罅，則抵之以法。世可以治，則抵而塞之；不可治，則抵而得之；或抵如此，或抵如彼；或抵反之，或抵覆之。五帝之政，抵而塞之；三王之事，抵而得之。諸侯相抵，不可勝數，當此之時，能抵為右。

天下大亂，朝無明君，公侯無德，小人就會讒害忠良，賢人不被重用，聖人被迫逃匿，貪利偽詐之徒興風作浪，君臣相互猜疑，國家土崩瓦解，百姓互相殺伐，父子骨肉離散，這便是「萌芽巇罅」。聖人見到萌芽巇罅之後，便想辦法制止挽救。若世道可治，就要設法堵治；若不可治，便設想推翻，使之獲新生。總之要解決問題，就須採用不同方法，或這樣，或那樣，或彌補，或變革更新。五帝時代，均採用彌補之法；夏商周三王時

代，則顛覆政權。諸侯時代以來，相互征伐，數不勝數。現今天下，誰善於抵巇，敢於更新變革，誰就能占得上風。

人有三個層次。第一層，墨守成規，懼怕改變，抵觸新生活的來臨；第二層，面對變化，坦然看待，努力適應，達到新的境界；第三層，勇於求變，主動進取，自我選擇未知但充滿挑戰的領域。

大部分人處在第一層，一小部分人達到了第二層，只有極小部分達到了第三層。

鬼谷子的抵巇之術，從根本上講是一種求變與創新的策略。他主張適時變革。**發現問題，及時解決；若問題越來越大，則需勇於革新去舊，當變則變，重新整頓，迎來新生。**善變者贏，無論做人還是做事。做人，固守原則之時，變化交際之道，根據對方的變化，見招拆招，從容抵巇；做事，事不通則不變，內省自察，勇於變革，總是以最有活力的狀態應對任何事情。

人和人之間能力上的差別並不大，成功者和失敗者的區別，主要在於他們的思維方式不同。改變了你的思維方式，就會改變你的行為方式，繼而改變你的生活方式。

貧窮和落後，總是源自於陳舊、封閉和落伍的觀念，所以一個人的求變，總要從觀念上更新開始。

歷史上，求變者數不勝數，有很多經驗教訓可以記取。失敗者，如王莽，奪權後託古改制，沒有把握好當時社會的病根，走得過急，結果將一切既成體制推翻，把盤子砸了一個稀巴爛。王莽確實敢於變革，但卻走了抵巇的反面，不是糾正錯誤，而是成了對過去全盤否定，所以天下大亂，新朝只維持了十幾年就壽終正寢。

成功者，如宋太祖，一個杯酒釋兵權，再加上改革兵制，廢除府兵制，建立了禁軍，確立了文官政府的主導模式，建立了以文官為主壓制武官的行政制度，大盤未動，只做部分的制度性修改，拉多打少，聯合多數（文官）消除、分解少數人（武將）的權力，不動聲色就將長期困擾中國的藩鎮問題解決了。從此，中國進入了真正的文官政府階段，加上科舉制度的完善，也從根本意義上結束了士族世襲時代。

王莽和宋太祖面對爛攤子，都選擇了求變。所不同的是，王莽全盤改變，好的壞的一律丟掉，宋太祖做選擇性地修正，看準要害，一針見血，抵巇之道玩得爐火純青。

人與人之間的交際亦如此。說服一個人，這個方法不行，就換一個，勇於糾正自己的錯誤，永遠向著最正確的方向，選擇最正確的方法，見縫插針，終能有所收穫。

某公司業務代表朱經理，去拜訪一位重量級客戶。第一天，吃了閉門羹。客戶的祕書冷眼相對：「對不起，我們老闆不在。」

「沒關係，我可以等一會，等他回來。」

「不用，老闆說今天都不會在公司，請回吧！」

朱經理心知肚明，客戶此時正在辦公室，他剛才還聽到對方說話的聲音。門戶不開，說明對方要嘛對自己公司不感興趣，要嘛就是自己的拜訪方式或時間有問題。他將整個過程回想一遍，發覺自己並沒做錯什麼，首先，打電話預約了，說話得體，客戶也很爽快地讓他來，其次，根據他的調查，客戶對他們公司的產品是有很大需求的，也不存在對產品不感興趣的問題。

那麼原因在哪裡呢？朱經理回去之後，仔細分析有關對方公司的資料，發現這位客戶在圈內是出了名的妻管嚴，因為當初公司成立時，他的岳父資助了很大的一筆錢，所以他的妻子說話的分量很重。而且，他的妻子對舞臺劇很感興趣，經常在外面表現出一副喜歡藝術的形象。當然她是否真的喜歡，就不得而知了。

朱經理頓時眼前一亮，有了主意。第二天，他託人拿了幾張最近正演出的一部著名舞臺劇的門票，又買了些禮品，然後登門拜訪。巧合的是，客戶的妻子正在家接待她的朋友，收到他送來的舞臺劇門票，她十分高興。

過了沒幾天，客戶就打電話給朱經理，主動邀他去公司面談。朱經理趕到客戶公司，這回祕書的臉是熱的，笑臉相迎，請他去老闆辦公室。

《呂氏春秋・季春紀・先己》中的伊尹說：「用其新，棄其陳。」《詩經・大雅・文王》曰：「周雖舊邦，其命維新。」什麼是變？當變則變，取其優，擇其新，去除舊的弊端，創造新的方略，才能時刻保持優勢競爭力。

鬼谷子又說：「世可以治，則抵而塞之；不可治，則抵而得之。」不變則無路時，當必須變；若只採取小的變化，則仍然無效，那就只能實施大的變革，像王安石與張居正的變法，因為未觸及陳舊的根本，只是採用了「抵而塞之」的小變之術，自然半途而廢。何時小變，何時大變，這就需要我們有一雙明亮慧眼，看清楚再行動。

能因能循，天地守神——做大事需因時而動

自天地之合離終始，必有巇隙，不可不察也。察之以捭闔，能用此道，聖人也。聖人者，天地之使也。世無可抵，則深隱而待時；時有可抵，則為之謀；可以上合，可以檢下。能因能循，為天地守神。

天地有離合以來，事事皆有巇罅，不可不察。要發現巇罅，就要用捭闔之道，能用此道者為聖人。聖人者，是可以挽救天下蒼生的人。世無可抵，則能隱居起來以待時機；若抵巇的時機已到，則挺身而出，為人為國謀劃；他們可以上說服君主，下治理百姓，既根據實際情況，又遵循客觀規律，堪稱天地的守護之神。

鬼谷子借聖人之名，講出了抵巇之術的運用原則：「世無可抵，則深隱而待時，時有可抵，則為之謀。」**做事不但看環境，看問題大小，還要看時機。因時而動，把握建功立業的大好時機。**能彌補則儘量彌補，不能，則果斷放棄，躲避危險。所謂明哲保身，是因

時機不合，即使努力也於事無補，才採取的無奈之舉。

戰國時代，法家掀起的變法大潮，看準了時勢，才最終在當時大獲成功，因為他們的努力，經過後世儒家的一些調和，在中國確立了儒法合流、外儒內法的治國策略。

秦國孝公求賢，衛鞅敏感地意識到，當前是變革的大好機會，誰變，誰就能掌握七國競爭的主動，強國強軍，打破天下的平衡。於是，衛鞅果斷投奔明主，君臣二人聯手合作，做了一番大事業，使秦變成虎狼之師，為後來統一中原打下了百年根基。

但衛鞅的不智在於，事已完成，功業已立，形勢逐漸對他不利。作為變法的主持者，在成功後，他個人已成為秦國之法公正實行的最大阻礙，何況變法之時得罪的那些世族遺老，正伺機找他報復。此時，他卻沒有適時隱居，退出權力中心，依然貪戀手中的權力和二十年來的無上榮耀，被人抓住機會誣告謀反，新國君正愁沒藉口除掉他呢，於是立刻下令把他逮捕。衛鞅被逼無奈，只好跑到封地舉兵造反，結果兵敗被殺，死後被五牛分屍，又成了不知時宜的反面典型。所以鬼谷子告訴我們，戰亂之世，莫輕易出來，一定要選擇明主。太平之世，做番作為之後，一定要懂得適時而退。如果遇不到明主，則寧願隱居，也不要出來冒險，這是非常高明的保身之地。

落井下石也要看時機，如鬼谷子所言：「隱而待時。」對方強的時候，不要輕易站到他的對立面，該忍則忍。時機一到，就可因時而動，不要猶豫。

《三國演義》中，劉備恨死了呂布，但忌其勇力驚人，三英戰呂布尚且不勝，真是急得沒辦法，不敢輕言對戰，所以劉備只能忍。最後，呂布來投靠，也成了客大欺店，自己忍氣吞聲。不過，他隱而待時，也終於等到機會。曹操率大軍征徐州，呂布兵敗，退入下邳城堅守。兩個月後，呂布在睡覺時被部下捆了送給曹操。

在白門樓上，曹操準備處置呂布及其隨從。當曹操下樓時，呂布對劉備說：「公為座上客，布為階下囚，何不發一言而相救呢？」不一會曹操上來了，呂布表示自己願意投降，替曹操打天下。曹操就問劉備：「你覺得怎麼樣？」

劉備卻回答：「公不見丁建陽、董卓之事乎？」言下之意，這傢伙已經背叛過丁建陽、董卓兩人了，你曹操想成為第三個嗎？於是曹操心領神會，下令縊死呂布，割下腦袋示眾。一代名將，就這麼死在劉備的一句話下。

鬼谷子說，一個人只要懂得了因時而動，就「可以上合，可以檢下。能因能循，為天地守神」。不管做什麼事，說什麼話，機會都是最重要的。一句相同之語，一件相同之事，在不同的時機說出來，做出來，效果就可能天差地別。

第六章：看人下菜單——大人物是這樣煉成的

與智者談話，要以淵博為原則，與拙者說話，要以強辯為原則；與善辯的人談話，要以簡要為原則；與高貴的人談話，要以鼓吹氣勢為原則；與富人談話；要以高雅瀟灑為原則；與窮人談話，要以利害為原則；與卑賤者談話，要以謙恭為原則；與勇敢的人談話，要以果敢為原則；與上進者談話，要以銳意進取為原則，這些都是與人談話的原則。

博而于智，決而于勇——說話要注意語氣

佞言者，諂而于忠；諛言者，博而于智；平言者，決而于勇；戚言者，權而于信；靜言者，反而于勝。先意承欲者，諂也；繁稱文辭者，博也；策選進謀者，權也。縱舍不疑者，決也；先分不足以窒非者，反也。

說著一些奸佞之話的人，會因為語氣諂媚而顯得忠誠。說著奉承話的人，會因吹捧對方而顯得有智慧。說著一些平實之話的人，由於果決而顯得勇敢。說著憂愁話的人，由於手握實權，而顯得有信用。而說穩重話的人，卻由於敢於反抗而勝利。用華美的詞藻來鼓吹慾望者，就是諂媚。用誇大與吹噓來進獻謀略，博取上司歡心的人，就是攬權者。前後進退而不猶疑者，就是果決的人。自己不對而又指責他人過錯的則與此相反。

無論是演講、寫信、談判、交流、批評等等，都需要根據對象的不同，採取特定的最合適的語氣。即便是在闡述同一件事情的時候，我們也根據氣氛和時機的異同，控制好自

己說話的語氣，以爭取最好的效果。因為語言代表人的內心，語音和語氣，會反映出說話人的態度和心中潛藏的思想，一個善於把握別人內心的人，他們很容易從你說話語氣中判斷出你的真實意圖。

在這裡，鬼谷子闡述了遊說之道需要在語氣方面注意的問題。他認為，跟人說話一定要注意語氣，看不同的對象，選擇不同的語氣。對上司、同事、下屬，語氣不一樣，產生的效果也不同。

我們都知道，要債是非常難的一件事，欠債的像爺，要債的像孫子。所以，現在有不少催債公司，專門替人做這項工作。

某公司的催債員小許，做這行已經幾年了，累積了豐富的經驗，同時，他也因為工作的難度太高，漸漸變得有些不耐煩。有一次，他在欠債的人面前說話語氣稍重，沒控制好情緒，不但沒要回錢來，這個欠債的人還因害怕半夜跑掉了。為什麼會跑掉？因為小許對欠債人說「你得考慮一下不還錢的後果」這句話時，語氣明顯透著威脅，對方一聽嚇壞了，以為要砍手剁腳什麼的，因此舉家逃跑，能還的錢也不敢還了，畢竟他欠債已經好幾年。小許的語氣讓他覺得，即便還出這筆錢，自己也可能沒有好下場。

另一位催債員小康，表現得就很得體，他總能用體貼近人的語氣征服對方，催債的成功率就高。比如面對同樣幾年不還錢的人，還有那些耍無賴的人，他總是和和氣氣，笑意盈盈，即便是威脅的話語，以他的語氣說出來，對方聽著也確實是在為自己著想。

有一次，公司把一個欠債不還的死硬分子交給他，讓他去要。小康一看，好傢伙，這位老兄欠了兩百萬，已經超過八年不還，偏偏手下還有一家生意不錯的公司，有錢就是不還，債主是他的朋友，當初也沒寫借條，催討多次，無果而返，只能委託他們解決。

小康見到這位公司老闆，對方表現得高傲無比，滿不在乎的樣子，提起這筆錢，就岔開話題，顧左右而言他，後來還反過來威脅小康：「你能把我怎麼樣？」

小康笑著說：「我不能把你怎麼樣，但你想過你的這位朋友嗎？你不缺這筆錢，但如果不還，會有什麼後果呢？」

那人眼睛一瞪：「什麼後果？不就是少了一個朋友嘛，我不缺他一個。」

小康搖搖頭，嘆氣道：「你只想到其一，卻想不到其二，只能走一步看一步，所以我覺得，你太不明智了。你只知道大不了不要他這個朋友，可是他拿不回這筆錢，把這件事在外面跟別人一說，一傳十，十傳百，百傳千，對你的名聲和形象會是什麼影響？你現在開著公司，將來說不定哪天就需要銀行的融資支援，到時，銀行在做信用調查時，會不會把這件事考慮進去呢？為了兩百萬，卻斷掉了上千萬財路啊！」

這番話說完，那人沉吟半晌，說：「其實我不是不想還他，就是想治治他那副脾氣，每次向我要錢，都橫眉瞪眼的，看了心煩。今天聽你一說，我決定了，不跟他計較了，還錢！」

有些事，正因為說話的語氣不對，才陷入了無法破解的僵局。

再看另一個故事，有一個美麗加氣質型女孩去相親，男孩早就看過她的資料，對她的第一印象很不錯。在約定的餐廳，他們開始談得很好，男孩很滿意，但涉及實際問題時，女孩問男方有沒有車，有沒有房，男孩笑了笑，攤開雙手說：「暫時還沒有，不過我們可以共同奮鬥，相信這些東西不久就會有的。」女孩聽了，口氣立刻有些變冷，低聲道：「哦，沒車沒房……」雖然她沒多說什麼，但語氣，已經把她的不屑和勢利告訴了男孩。

儘管她長得漂亮，學歷高，職業也不錯，但男孩還是改變了決定，認為她不適合！事後女孩才知道，男孩是故意說沒有，其實他的條件相當不錯，自己有一家開辦不久的公司，有車也有房，是典型的創業型潛力股男人。

當然，我們不可能像電視主持人一樣講起話來清晰動人，但我們至少可以培養自己，學說一種悅耳的語言，擁有一種溫和舒適的語氣。

除了語氣要注意之外，還要注意你所使用的字眼，千萬不能讓人覺得枯燥無味。所以，風趣幽默非常重要，一個懂得適時調動談話氣氛的人，他總能在交際場上吸引到最多的目光和關注。

繁言不亂，翱翔不迷——「口」是人的「政府機關」

故口者，機關也；所以關閉情意也。耳目者，心之佐助也；所以窺間見奸邪。故曰：參調而應，利道而動。故繁言而不亂，翱翔而不迷，變易而不危者，觀要得理。

「口」就是人的「政府機關」。用它來封鎖、宣傳資訊。耳與目，就是心的輔助器官，用它來偵察奸邪。所以說，只要（口、耳、目）三者相互呼應，我們就能成功。一般說來，雖有繁瑣的語言卻並不紛亂，雖有翱翔之物卻並不迷惑人，雖有面臨局勢的變化並不危險，要做到這一點，就要求我們在觀物時掌握要害。

鬼谷子認為，目視、耳聽、心思，這是觀察分析的三種手段，需要同時運用。看到的、聽到的、想到的，三者結合起來，客觀判斷，察覺真相，然後做出最佳行動。

孔子說：博學之，審問之，慎思之，明辨之，篤行之。其中就包括對事情進行細緻分析的道理。

你應該知道，有時我們看到的和聽到的都未必可靠，必須綜合所有的資訊，冷靜判斷，從而接近事情的真相。

陳永是個典型的山東人，喜歡呼朋喚友，一起吃飯喝酒。這種豪爽的性格使他朋友眾多，也讓身為記者的他總有數不清的消息來源。不料，近來他發現自己的許多選題還沒有提出來，就已經被另一家報紙搶先登出，致使自己的「好點子」無用武之地。

問題出在哪裡？陳永檢討自己的言行才發現，最近自己交的一群朋友裡正好有其他媒體的編輯，自己在吃飯、喝酒時不經意說出來的想法，正好被人聽到，然後拿走，迅速搶在自己的前面，而這也只能怪自己不小心。

陳永該怪誰呢？他只能責備自己的失察不智。從另一個方面講，對方是值得學習的，因為他善於抓取資訊，別人不經意間透露的東西，就成了他搶功的工具，耳聽八方，觀察能力讓人佩服。而且，短時間內可以把剛捕獲到的資訊加工成完整的文章，搶在前面發佈出來，他的分析能力也讓人驚歎。對於我們來說，在管好自己「嘴巴」的同時，需要學習這種「耳聽八方」的敏銳，在生活和工作中注意觀察，口、耳、心三者並用，為人處世就能事事占先，表現出高超的審時度勢的能力！

口可以食，不可以言——說錯話比做錯事更可怕

故無目者，不可示以五色，無耳者，不可告以五音。故不可以往者，無所開之也。不可以來者，無所受之也。物有不通者，故不事也。古人有言曰：「口可以食，不可以言」者，有諱忌也。眾口爍金，言有曲故也。

沒有眼睛的人，沒有必要拿五色給他們看；沒有耳朵的人，沒必要讓他們聽五音；所以不可以去的地方，不必讓他們去，不可以來的人，也沒有必要接受他們。有些行不通的事，就不要辦。古人有言，說：「嘴可以吃飯，不可以說話。」說的是講話是有忌諱的。警惕人言可畏，那是可以把事實歪曲的。

小孩子經常玩一種「傳話」遊戲：由第一個人說出一句話，然後第二個、第三個……，很多人把這句話傳下去。當拿第一句話跟最後一句話來比較時，就發現它們要表達的意思已經天差地別。

一條訊息被傳播周轉一次，它的樣子就會發生一次改變。你能想像謠言被重複和周轉十次以後，會是什麼樣子？如果你加入這個傳播者的行列，就等於在參與一場危險的遊戲，當謠言最後被戳穿的時候，就是你付出代價之時。

鬼谷子說：「口可以食，不可以言。」嘴巴吃飯可以，但說話要小心。這是古人的經典忠告，對我們現代人仍然意義重大。

有時，話說錯比做錯事的後果更可怕。事情做得不對，還有彌補的機會；話說錯了，卻會失去一位朋友甚至一次重要的合作。任何一個人，都應努力成為利益的中心，而不是話題的中心。

當一個人被閒言碎語所包圍時，就相當於一艘小船置於海上巨浪之間，一具肉體凡胎被推向了火山口。「眾口鑠金」，大家的嘴巴一起使勁，即便是金子，又能抵擋多長時間？「眾口鑠金，言有曲故」八個字，道出了人言可畏的現實。鬼谷子強調，**無論在哪個場合，我們說話都須謹防忌語和謠言，不要隨便講不適合的話，也不要讓自己成為謠言的中心，否則後果嚴重。**

某知名公司，小北和同事小劉、小郭三個人共進午餐，相談甚歡，最後開始聊到一些公司的八卦傳聞。小劉說：「告訴你們一個消息，我聽說公司要搬到香港。」「為什麼？」小北和小郭很驚訝，公司搬家可不是小事情，他們忙追問。小劉神祕兮兮地壓低聲音：「你們可別傳出去呀！據說我們公司在證券市場作投機行為，有關部門要來調查，所以老闆才要撤離內地！」

吃完飯回到公司，小北越想越心慌，自己去年剛大學畢業，連房子還沒買，他可不想跟著公司去香港。下午工作時，他就把這個消息告訴了部門的業務員小李，小李也是非常吃驚，嘴巴好長時間合不上，然後匆匆忙忙出去跑業務了。下午還沒過半，經理就來將小劉叫到辦公室，冷冷地問他：「公司被有關部門調查，要搬到香港去？這些謠言從哪裡來的，誰編的？你的工作就是傳播這種小道消息嗎？」

小劉頓時慌了，急忙解釋。經理搖搖頭說：「現在整個部門的人都知道了，鬧得人心惶惶，你要我怎麼辦？你去收拾一下自己的東西，明天不要來上班了。」小劉做夢也不會想到，自己只是多了一下嘴，就失去了這份非常優沃的工作！

君子有所為，有所不為。聰明人的嘴巴也一樣，有所言，有所不言。但偏偏就有些人非常「熱心」，喜歡捕風捉影，說些無根據的話，傳來傳去，就成了一把傷人的刀。一些人說話之前從來不經過仔細考慮，總是想到什麼就說什麼，這樣很容易對別人造成無心的傷害，從而讓自己跳進海上巨浪，扔進噴發的火山口。

比如，你與辦公室的一個同事關係很好，而對另外一個同事有意見，於是，你就口無遮攔地，在與你關係好的同事面前，極盡所能地說另外一個同事的諸多不是，肆無忌憚地搬弄口舌。

你會說：「哎，他太能巴結主管了，看他那副哈巴狗的樣子，我就感到噁心。」或者說：「如果不是胡經理，他早被公司開除了，一點能力沒有，就知道混日子。」「我從沒見過這樣的吝嗇鬼，來公司幾年了，天天搭別人的伙，自己從不出錢……」

辦公室就這麼幾個人，說不定哪天，你的話就傳到與你關係不好的同事那裡。想想他會對你怎麼樣呢？毫無疑問，他會採取同樣的方式報復你，如果他有點背景，還會暗地裡排擠你，總歸你的日子不會好過。

當我們面對這樣人時，不管他是無心的還是有心的，你最好讓他住嘴。如果他繼續嘮叨個不停，轉身走開，躲得遠遠的，是你最好的選擇。

以下幾點，或許是你應該注意的：

一、不要在背後對別人的個人狀況或者家事亂加評論，即使這些都是真的。

二、不要為了雞毛蒜皮的小事和別人爭辯，極盡冷嘲熱諷之能事，無所顧忌地惡語相向，這些不但會傷害你們之間的感情，留下隱患，而且還有損你的自身形象。

三、沒有得到對方的同意，不要向外人透露他的真實年齡或收入狀況。對女人來說，年齡通常都是祕密，而對於男人來說，收入則是一種祕密。這些都不願被人提及，你逢人就把他的這些隱私給透露出去了，時間久了，誰還會和你打交道？

人與人之間的交談是非常需要技巧的，什麼樣的話能說，什麼樣的不能說，你必須在意，因為這是最基本的準則。如果在這上面把不住關，不要說談事了，你話一出口就傷人，時間一長惡名遠揚。

言其有利，從其所長——揚長避短才能趨利避害

人之情，出言則欲聽，舉事則欲成。是故智者不用其所短，而用愚人之所長；不用其所拙，而用愚人之所工；故不困也。言其有利者，從其所長也；言其有害者，避其所短也。故介蟲之捍也，必以堅厚；螫蟲之動也，必以毒螫。故禽獸知用其長，而談者知用其用也。

人之常情，只要自己說出話，就希望有人聽，只要辦事情就希望能成功。所以一個聰明人不用自己的短處而用愚者的長處。不用自己的笨處而用愚人的擅長，這樣就使自己永遠不會陷於窘迫。說到有利的一面，就要發揮其長處，說到有害的一面，就要避其短處。因而，甲蟲防衛，是用其堅硬的甲殼。而毒蟲行動，一定用那有毒的螯子。連禽獸都知道用自己的長處，何況進諫的人，更應該懂得其中的遊說術了。

世間本無絕對的智者和愚者，每個人都有自己的特長和短處，人人都有優點和弱點，

也都有自己生存的法寶，智者在能力上，在思考方面，也會有笨拙處和短處。愚者也會有其精巧處和長處。只要善加利用，彌補弱項，擴大強項，都能達到自己特定的目的。

森林裡住著各種各樣的小動物，為了和人類一樣聰明，動物們開辦了一所學校。開學典禮的第一天，來了許多動物，有小鳥、小雞、小鴨，小山羊、還有小兔、小松鼠。學校為牠們一共開設了五門課程，有唱歌、跳舞、跑步、爬山和游泳。

當山羊老師宣佈，今天上跑步課時，小兔子興奮地一下從體育場跑了一圈來回，並驕傲自豪地說：我能做好我天生就喜歡做的事！而再看看其他小動物，有噘著嘴的，有臭著臉的……第二天一大早，小兔子蹦蹦跳跳又來到學校。老師宣佈，今天上游泳課，小鴨興奮地一下跳進水裡。天生怕水，祖上又從來沒人能游泳的小兔傻了眼，不但是小兔子，其他小動物更沒了招。

接下來，第三天是歌唱課，第四天是爬山課……以後發生的情況，便可以猜到了，學校裡每一天的課程，小動物們總有喜歡的和不喜歡的。

這則寓言詮釋了一個通俗的哲理，那就是「不能讓豬去唱歌，讓兔子學游泳」。要成功，小兔子就應跑步，小鴨子就該游泳，小松鼠就得爬樹。

每個人想要展現自己的優勢，就千萬不要拿自己不擅長的一面去和別人擅長的一面比，這樣你只會一事無成，平庸一生。

鬼谷子認為，揚長避短、取長補短非常重要。在對計謀的運用中，我們可以借用別人的精巧之處，來為自己的目標服務。如果你能做到這些，便會無往而不勝。

古代成功的政治家、野心家，無不千方百計借用民力，借助別人之力來奪取江山。因為他們深知，利益之爭乃術，民心之爭乃道，欲行大道，必爭民心。能夠借助民心者，是最大的揚長避短，取長補短。

比如說劉邦，他雖讀書不多，甚至堪稱街頭流氓出身，但在具體行事方面，卻是對鬼谷子的謀略表現最為深刻的一位古代帝王。他自己不會領兵打仗，卻能重用一些軍事天才，取他們之「長」，補自己之「短」。在跟項羽的爭奪中，他又能巧妙地利用民心，將濫殺無度的項羽在道德上進行矮化，可謂是擅於取長避短的典範式人物。

諸葛亮天天練武，恐怕也只能給關雲長提鞋；愛迪生天天畫蛋，他也成不了達文西；讓身材矮小的人打籃球獲釋體重高的人來跑步，也許只能成為笑話。

懦夫可以派去站崗放哨，用的是他貪生怕死，一有動靜就會逃回來報信的才能，而勇猛者過於戀戰，反倒會貽誤軍機。

「人人是庸才，人人又是天才」。能做到揚長避短，才有資本趨利避害。長處可以帶來利，短處只會有害。所以鬼谷子說：「智者不用其所短，而用愚人之所長；不用其所拙，而用愚人之所工。」辯論、交談和做事，我們都需要揚長避短，如何來做，就是揚自己之長，借別人之長，避自己之短，打擊別人之短。深刻體悟這段話，我們就能明白今後為人處事的要點。

精則用之，利則行之——情緒外露是怯懦和幼稚的表現

辭言有五：曰病、曰怨、曰憂、曰怒、曰喜。病者，感衰氣而不神也。怨者，腸絕而無主也。憂者，閉塞而不泄也。怒者，妄動而不治也。喜者，宣散而無要也。此五者精則用之，利則行之。

在外交辭令中有五種情況：一是病態之言；二是幽怨之言；三是憂鬱之言；四是憤怒之言；五是喜悅之言。一般地說來，病態之言是神氣衰弱，說話沒精神。幽怨之言是傷心痛苦，沒有主見，憂鬱之言是心情鬱結，不能暢言，憤怒之言是輕舉妄動，不能控制自己的話。所謂喜悅之言是說話自由散漫，沒有重點。以上這五種外交辭令，需要才可使用，有利才可付之實行。

不管在什麼場合，做什麼事情，與什麼人打交道，我們都要控制自己的情緒，做到喜怒不形於色，鎮定自若。像病態、幽怨、憂鬱、憤怒以及喜悅之語，嚴格控制，不輕易表

露。因為情緒外露，往往是怯懦和幼稚的表現，容易讓人猜到自己的內心，抓住自己的弱點，所以這是大忌。

華爾街某個投資公司的老闆邁克・希丁曾說：「憤怒只是自卑和膽怯的表現，所以不管發生什麼事，哪怕下一秒我就會丟掉所有的財產，變成窮光蛋，我的表情也不會發生任何變化。」

金融危機中，希丁的公司損失了幾乎超過九〇%的資產，全體員工都沉浸在倒閉的恐懼中，他的助手忐忑不安地推開辦公室，準備聽取他關於下一階段的工作指令。讓這位助手感到驚訝的是，老板正提了一桶水，興致盎然地擦著辦公室的桌子，一邊擦還一邊哼著歌曲。

「老闆，您在做什麼？」

「啊，菲力普，我在讓我的桌子變得更光滑閃亮。」

「可是，股票的事情您聽說了嗎？我們公司損失了有十億美元。」

「這又有什麼呢？」邁克・希丁聳聳肩，笑了笑，說：「如果非要我表示一下憤怒或者生氣，你們才能安心工作，那我不得不說，我的公司真是活該倒閉，因為它的成員是這麼膽小。」

聽完老闆這番話，這位助手深信，公司一定會轉危為安，因為它有一位如此優秀的老闆，並不比巴菲特或者比爾・蓋茲等任何一個傳奇人物遜色。果然，該公司抓住金融危機股價下跌的機會，在接下來的日子頻繁出擊炒作，當股市回暖之後，公司的資產不但沒有縮水，反而暴漲了數倍。

邁克・希丁的冷靜幫助他度過了難關，如果當初他輕易展示自己的絕望和無助，公司一定會隨他的情緒深深地陷在泥潭中苦苦掙扎，絕對不會有隨後果斷出擊、逆市而上的大手筆。

鋼鐵大王卡內基說：「**學會控制情緒是我們成功和快樂的要訣。**」其實何止如此，控制情緒還是我們冷靜分析任何一個問題的前提條件，包括看清事實的真相、對手隱藏的面孔以及辨別誰是朋友誰是敵人。

有一則關於佛陀的故事，說的是在一次旅途中，佛陀碰到了一個不喜歡他的人。連續有好多天，在很長的一段路上，那人用盡各種方法誣衊、詆毀、折磨他。

在路的轉彎處，佛陀問那人：「假如有人送你一份禮物，可是你拒絕接受，這時，這份禮物應該屬於誰呢？」

那人答：「這還不簡單，當然屬於送禮的那個人。」

佛陀笑道：「沒錯，若我不接受你的謾罵，那你不就是在罵自己了嗎？」

那人聽了，只好摸摸鼻子走了。

「怨者，腸絕而無主也。憂者，閉塞而不泄也。怒者，妄動而不治也。」埋怨、憂慮和憤怒，它們會帶來什麼呢？鬼谷子給了我們答案：腸絕而無主，閉塞而不泄，妄動而不治。**既然這樣的情緒沒什麼好處，為何還要任著性子來，輕易將它們寫在臉上？**要知道，喜怒形於色，只會讓人覺得你太淺薄，什麼事都沉不住氣。

所以，當你讀完這一節就會懂得，為什麼大人物不會隨便改變自己的臉色？他站在那裡，對方在心裡已經敬畏三分了。無論別人如何咒罵、嘲諷、冷淡，他們都能默默忍受，連眉頭都不皺一下，這種心理素質是非常強大的。

如果你修煉到了這種境界，即使你現在身為員工，上司也一定會提拔你；即使你與自己的敵人狹路相逢，敵人也不敢輕舉妄動，因為他猜不透你到底在想什麼。

與智者言，與拙者言——說話要看人下菜單

故與智者言，依於博；與拙者言，依於辨；與辨者言，依於要；與貴者言，依於勢；與富者言，依於高；與貧者言，依於利；與賤者言，依於謙；與勇者言，依於敢；與過者言，依於銳。此其術也，而人常反之。是故與智者言，將以此明之；與不智者言，將以此教之；而甚難為也。故言多類，事多變。故終日言，不失其類，而事不亂；終日不變，而不失其主。故智貴不妄。聽貴聰，智貴明，辭貴奇。

與智者談話，就要以淵博為原則，與拙者說話，要以強辯為原則；與善辯的人談話，要以簡要為原則；與高貴的人談話，要以鼓吹氣勢為原則；與富人談話，要以高雅瀟灑為原則；與窮人談話，要以利害為原則；與卑賤者談話，要以謙恭為原則；與勇敢的人談話，要以果敢為原則；與上進者談話，要以銳意進取為原則，這些都是與人談話的原則。然而不少人卻常常背道而馳。所以，與聰明人談話時，就要讓他明瞭這些方法，與笨人談

話時，就要把這些方法教給他。然而事實上很難做到。所以談話有各種方法，所論事情會不斷變化。（掌握這些）終日談論，也不會把事情搞亂。事情不斷變化，也不會失其原則。故就智者而言，重要的是要任何時候都做到不亂不虛，聽話善辨真偽，聰穎則善斷是非，出言要變化莫測。

從人性需求來看，想和某人建立好關係，我們需要投其所好，避其所厭。這就是上面講到的，與商人談利，與官員談權，與女人談衣服，與男人談女人。此即「見人說人話，見鬼說鬼話」。總說對方願意聽的，你就受歡迎，否則你很難進入對方的核心交際圈。

為此，鬼谷子精闢地總結出各種各樣的人際交談方法：「與智者言依於博，與博者言依於辯，與辯者言依於要，與貴者言依於勢，與富者言依於高，與貧者言依於利，與賤者言依於謙，與勇者言依於敢，與過者言依於銳。」對不同類型的人，說不同的話，用不同的方式，找不同的切入點（話題）。**對於對方的生活背景、思維方式、文化習慣，甚至生活閱歷，都要做到詳細的瞭解，這樣對自己採取什麼樣的說話方式，就更加有利了。**

當我們決定和某人深入交往時，核心原則便是鬼谷子上述的這段話。此原則的基本手法是看人下菜單，運用起來又有很多靈活的變體，但大體都離不開「探究對方內心需求」的揣摩之術。

老周做了點生意，在旅遊區擺了一個小攤。有一天，一個女人到他的攤上買拖鞋。女人問：「你的拖鞋多少錢一雙？」老周壓低聲音，報了個最低價。女人反覆看著拖鞋，自言自語：「這鞋品質也不差啊，怎麼比他們便宜這麼多？」

他很厚道地笑笑，說了很多便宜的理由。兩人話語投機，女人買了三雙拖鞋。又指著一個披肩問：「這件多少錢？」老周說：「這件披肩設計和品質都不錯，價格貴一點，五百元。」此時，女人已經很信任老周了，忙說：「貴有貴的道理啊！」她選了一條米黃色的披肩，把五百元交給老周，高興地走了。

朋友問他：「你這個奸商，拖鞋平時賣一百塊，今天卻賣了五十塊；披肩平時賣三百元，今天卻賣了五百元，到底是什麼道理？」

老周笑道：「我看她一路過來，在各個攤位上看的都是披肩。所以，披肩可以賣貴點，但是拖鞋一定得便宜。」

這個故事向我們表明，從具體的事情來講，比如做買賣，看人下菜單就更重要。客戶有很多種，分析客戶的類型，拿出具體的策略，是成功的保證。沒有任何一種商業手法是適用於任何一個人的，必須量體裁衣，靈活機動。

第七章：人脈決定命脈——大人物的成功秘訣

關於人脈合作，鬼谷子這樣總結：凡立場相同而又互相親密，大家都可成功；凡是慾望相同而關係疏遠的，事後只能有部分人得利；凡是惡習相同而關係又密切的，必然一同受害；凡是惡習相同而關係疏遠的，一定是部分人先受到損害。

公不如私，私不如結——人脈決定成敗

計謀之用，公不如私，私不如結；結比而無隙者也。正不如奇；奇流而不止者也。故說人主者，必與之言奇；說人臣者，必與之言私。其身內，其言外者疏；其身外，其言身者危。

至於計謀的運用，公開不如保密，保密不如結黨，結成的黨內是沒有裂痕的。正規策略不如奇策，奇策實行起來可以無往不勝。所以向人君進行遊說時，必須與他談論奇策。同樣道理，向人臣進行遊說時，必須與他談論私情。雖然是自己人，卻說有利於外人的話，就要被疏遠。如果是外人，卻知道內情太多，就要有危險。

人不能沒有盟友，一個人打天下是不現實的，也註定是個悲劇，歷史上有多少孤膽英雄死無葬身之地，所以人們總結出了一個經典真理：多個朋友多條路。

鬼谷子也強調朋友的重要。他警告說：「其身外，其言深者危。」明明是自己人，卻

跟你見外時，你就危險了，因為對方正跟你離心離德，心不往同一方向，就意味著利益有了分歧，朋友關係要宣佈解散，從此分道揚鑣，各走已途，別指望他來幫你。

所以我們要知道，一個團隊之所以強大，是因為內部的團結。團隊之間的競爭，需要做到的第一步工作，不是針對對手，而是針對自己：先把內部關係處理好，盟友之間要團結無隙。

後院一起火，那是最大的麻煩。就像一個國家，總是亡在內部，而不是亡於外敵入侵。比如明朝，若無李自成起義，關外的後金也沒有機會成勢，正因明軍主力在關外後金與關內起義軍之間來回奔波，疲於奔命，使得兩邊都慢慢坐大，最終成勢，結果就是李自成進了北京城，崇禎皇帝上吊，然後讓後金揀了個現成。

明朝當時沒人看到這個危險局面嗎？當然有，曾有一個叫顏繼祖的總兵上書給皇帝，用了這麼一段話：「逆奴非我屬類，流寇本吾赤子。」顯然，顏繼祖就看到了這個嚴重問題，外患固然嚇人，但內部的不團結卻是根本，所以他主張轉變策略，對起義軍，要安撫，處理好關係，最好收編，解決內部問題，朝廷和赤子團結起來，一致對外。

當然，顏繼祖的想法是好的，崇禎皇帝一度也想這麼做，但李自成那邊卻不太配合。畢竟，人人都想當皇帝，現在他成勢了，有這麼一個機會，當然想試試，賭一把。內部殺個天昏地暗的結果，就是開頭我們說的，明朝完了，李自成也完了，內部分崩離析，天下大亂，反讓關外的後金坐收漁翁之利。

這是血淋淋的歷史教訓，內部不睦，事事不成，反有傾巢之危。國家，公司如此，我們再聯繫到家庭，「後院起火」說的便是老婆，丈夫在外面拚死拚活地賺錢，如果老婆不替他好好保存，反而悄悄地「花錢如流水」，這個家想敗光是很容易的。幾個人一起做點事，最怕不是事情多困難，而是因為利益分配問題，內部出了內奸，把情報往外一賣，大家一起玩完，事情肯定做不成。

所以，一個人被最親近的人背叛，是最失敗最痛苦的事。凡是聰明人，做事之前，都會先把後院穩定好，將盟友團結好，並去破壞對方的陣營，挑拔離間，讓對方陣腳自亂。鬼谷子說，保密不如結黨。一旦結成了利益朋黨，互相誰也離不開誰，關係就好處理了，但如果在利益方面出問題，或被人收買，或因分配不公而鬧情緒，或因策略問題產生爭執，朋黨就有變成仇黨的可能，此時，便是對手乘虛而入的好時機。

相益則親，相損則疏——合夥人雙贏的智慧

同情而相親者，其俱成者也；同欲而相疏者，其偏成者也；同惡而相親者，其俱害者也；同惡而相疏者，偏害者也。故相益則親，相損則疏，其數行也；此所以察異同之分也。故墻壞於其隙，木毀於其節，斯蓋其分也。

凡立場相同而又互相親密，大家都可成功；凡是慾望相同而關係疏遠的，事後只能有部分人得利；凡是惡習相同而關係又密切的，必然一同受害；凡是惡習相同而關係疏遠的，一定是部分人先受到損害。因此，如果能互相帶來利益，就要建立密切關係；如果會相互牽連造成損害，就要疏遠關係。這都是有定數的事情，也是我們要考察彼此異同的原因，凡是這類事情的道理都是一樣的。故而，牆壁通常因為有了裂縫才倒塌，樹木通常因為有節疤而被毀掉，此為理所當然。

有兩種長相十分相似的野獸分別叫做狼和狽，這兩種野獸都很喜歡偷吃豬、羊等家禽。有一個不同之處是人們一眼就能分辨出牠們：狼的兩條前腳長，兩條後腳短；而狽卻是兩條前腳短，兩條後腳長。

這一天，小狼和小狽相約一起去農舍裡偷羊吃。於是牠們共同來到一個羊圈外，看到羊圈裡的羊又多又肥，饞得直流口水。只是苦於羊圈的牆和門太高，小狼和小狽都爬不進去。這時候，小狼想出了一個辦法：先由小狼騎到小狽的脖子上，然後小狽站起來，把小狼的身體抬高，再由小狼越過羊圈把羊偷出來，兩個分著吃。

小狽對小狼的主意表示贊成，於是小狽就蹲下身來，讓小狼爬到自己的身上，然後使勁用前爪抓住羊圈的門，身子慢慢伸直。之後，小狼把兩隻長長的前腿伸進羊圈，把羊偷了出來。嘗到合作偷羊的甜頭，於是小狼和小狽經常合夥幹這種勾當。

假如小狼和小狽不合作，就不能把羊偷走，養羊的農民也會少很多損失。然而，小狼和小狽卻經常那樣合作，而且走在一起的時候，顯得非常親密。一隻狼或者一隻狽，單單憑藉自己的力量，是很難偷到羊的，但牠們經由合作，利用了狽的高度，狼的利爪，順利地把羊從高高的羊圈中拖了出來。

像狼和狽這樣，取長補短，互相利用彼此的優勢，實現雙贏，正是人類一直在追求的合作的最高境界。一個企業不論發展到什麼程度，或者不管一個人的能力有多強大，總會存在一些大大小小的不足，如果能彌補自己缺陷並與盟友合作的話，也許這些問題就會迎刃而解。

但是，合作之時我們應該做些什麼呢？鬼谷子認為，我們應該明察彼此的異同，不僅要找到利益共同點，還要建立較為親密的關係，才能實現雙贏。

在利益一致的基礎上達成合作，組成合作團隊，則企業雙贏的結果將是必然的。有人說如今是一個合作型社會，各取所需的合作模式可以表現在工作和生活的各方面，同樣也表現在企業經營管理中，所以雙贏應該是經營者始終要牢記的最高準則。尤其是創業的時候，更需要借助別人的力量。找到一個好盟友，才能迸發出潛在的能量，才能各得其所。

莊吉集團創始人之一鄭元忠是溫州有名的「電器大王」，後來，他選擇了服裝業，成立了一家服裝公司，但是卻一直沒有做出大成績。

一次偶然的機會，鄭元忠認識了同樣從事服裝的陳敏，兩人一談，感覺相見恨晚。於是，兩人在商量後成立了溫州莊吉服裝有限公司。

不久，吳邦東也加入其中。三人在公司各司其職，各有所長，被業界稱為「黃金三角」。當時，對於誰當董事長的問題，三人都看得很開。按股份，鄭元忠是理所當然的董事長。但是，鄭元忠卻選擇讓陳敏來當董事長。正如他日後所說：「服裝該由懂服裝的人來做，陳敏是當時溫州服裝界數得著的少帥，又是服裝商會副會長，三個人裡面，肯定他最行。」

三人一開始組合就達成一致：莊吉的權利在董事會，實行董事會領導下的總裁負責制。公司絕不安排任何人的家族成員。有一次，陳敏的姪子大學畢業後，想到莊吉來工作，也被陳敏拒絕了。如今的莊吉，股權清晰，事事由董事會集體決策，已經創造了許多第一：中國第一家利用品牌做質押貸款的民營企業；溫州市第一家民辦服裝研究所；將科學技術作為生產力配製股份；創辦莊吉服裝文化研究所等等。莊吉還與中國美院、杭州絲綢學院等多家研發單位合作，成功地把莊吉定位於高層次的服飾品牌。

在合作雙贏的過程中，一定要牢記一個原則，就是要使雙方的利益和情感需求都得到滿足，並願意進行下一次合作。假如兩個朋友合夥做生意，每一次可以賺十元的利潤，假設大家付出的勞動相等，則這個利潤應該是五五分成，但是有一方卻拿走了六元或者更多，一次、兩次也許會安然無事。但如果次數多了，肯定會引起另一方的不滿，並最終導致合作關係的破裂，這顯然不是一個雙贏的結果。

我們只要瀏覽一下報紙上的新聞，必會看到這樣的報導——在統一管理下合併的企業，共同創造出市場奇蹟。今天是一群銀行合併，明天又是一群鐵路公司合併，過幾天又是幾家鋼鐵公司聯合起來。這一切的聯合行動，其目的全是為了運用高度的團結及合作，發揮出巨大的力量。

合作不僅可以提高個人生產力，而且是「創造一種生產力」，產生一加一大於二的神奇效果。但是，在開始合作之前，一定要謹慎選擇你的合夥人，不能為了利益不加考察，什麼人都合作。要知道，如果碰到了壞合夥人，將無異於一場災難的開始。

尋找合夥人需要注意什麼呢？鬼谷子已經為我們指出來了——第一察異同，分清雙方各自的優劣，確立取長補短的合作模式；第二要找利益共同點，確立雙方都受益的合作基礎；第三要拉近彼此的距離，確立親密的合作關係。

彼此有共同的利益追求時，合作的成功性就大；互相可以取長補短時，合作所產生的能量就大；關係較為親密時，便能做到利與情相融，易於全面溝通和理解。就是鬼谷子說的這三項，如同一座房子的地基，打牢夯穩，再與人展開合作，就會永遠穩固譜。

愚者易蔽，貪者易誘——對不同的人採用不同的操縱方法

仁人輕貨，不可誘以利，可使出費；勇士輕難，不可懼以患，可使據危；智者達於數，明於理，不可欺以不誠，可示以道理，可使立功；是三才也。故愚者易蔽也，不肖者易懼也，貪者易誘也，是因事而裁之。

那些仁人君子必然輕視財貨，所以不能用金錢來誘惑，反而可以讓他們捐出資財；勇敢的壯士自然會輕視危難，所以不能用禍患來恐嚇，反而可以讓他們鎮守危地；一個有智慧的人，通達禮教，明於事理，不可假裝誠信去欺騙，反而可以向他們講清事理，讓他們建功立業。這就是所謂仁人、勇士、智者之「三才」。因此，愚蠢的人容易被蒙蔽，一個不肖之徒容易被恐嚇，貪圖便宜的人容易被引誘，所有這些都要根據具體情況作出判斷。

一個中醫在診斷病人之前，都會有個望聞問切的過程，因為只有這樣才能看準病情，從而對症下藥。即便是相同的病症，因病人體質不一，用藥也會略有差別。

做事和做人，辯論、遊說和公關，也同此理。一個蘿蔔一個坑，對不同的人，我們要採取不同的方法，以求效果最佳，利益最大。

鬼谷子提到了對三種人的控制辦法：愚者、不肖者、貪財貪心的人。他們各有缺點和弱點。我們只要抓住他們的短處，拿出最合適的辦法，就可以輕鬆控制他們，加以籠絡或利用。從根本上講，這是鬼谷子謀略的再一次表現。

班尼百貨公司是美國第三大百貨連鎖公司，創建於一九〇三年。創辦人詹姆士・凱許・班尼來自宗教氣息極為濃厚的家庭，在管理中，他確定了一個重要的原則：對待不同的員工，要用不同的方法。

在這個世界上，每個人都是與眾不同的，每個人都是獨一無二的。所以，我們不能按照相同的標準來對待所有的人。

曾經有兩個員工，最開始的表現都不是很好。班尼知道這兩個人個性不一樣，於是，他分別把這兩個人叫到辦公室來。一個採取嚴厲批評的辦法，狠狠地數落他；而對於另一個員工，則是不斷地鼓勵，哪怕一點進步都給予表揚。

班尼說：「雖然我採取的手法不一樣，但是最後所達到的目的卻是一樣的，那就是讓兩個員工都變得努力，工作越來越上進。這是因為，這兩個員工的性格不一樣，所以我才會針對不同的人，採取不同的方法。」

第一個員工性格不拘小節，俗話說就是「臉皮厚」，皮厚就得棍棒打，經得住嚴厲的詞語，所以需要強烈的批評和警告；而第二個員工，屬於自尊心強且敏感的性格，情緒的排解力較弱，所以忌用刺激性的話語，而要以激勵為主。

班尼的管理方法，無疑便是鬼谷子「因事而裁之」的謀略。這個世界，事物千差萬別，人也一樣。不同的人有不同的個性，不同的個性和不同的需要融合在一起，就形成了奇形各異的「戰鬥對象」。我們要與之「戰鬥」，就得摸清他們各自的秉性，像中醫施治一樣，針對不同的人，下不同的藥，那麼交流起來也就容易得多。總而言之，這一段告訴我們，交際方法沒有最好的，只有最適合的。有些人性格豁達，喜歡開門見山；有些人比較愛面子，喜歡別人用含蓄的方式；有些人在壓力下才會有動力，需要你施以壓力；有些人則需要鼓勵才能發揮，屬於那種推一下走一步的人。

因此，與人交流，我們需隨機應變，因事而宜，因人而變，根據對方的性格，以及具體事由的不同，採取不同策略。

高而動之，微而證之——掌握主動才能控制形勢

故為強者，積於弱也；為直者，積於曲也；有餘者，積於不足也；此其道術行也。故外親而內疏者，說內；內親而外疏者，說外；故因其疑以變之，因其見以然之，因其說以要之，因其勢以成之，因其惡以權之，因其患以斥之；摩而恐之，高而動之，微而證之，符而應之，擁而塞之，亂而惑之，是謂計謀。

強大是由微弱累積而成；直壯是由彎曲累積而成；有餘是由於不足累積而成。這就是因為「道數」得到了實行。所以，對那些外表親善而內心疏遠的人要從內心入手進行遊說；對那些內心親善而外表疏遠的人要從表面入手進行遊說。因此，要根據對方的疑問所在來改變自己遊說的內容；要根據對方的表現來判斷遊說是否得法；要根據對方的言辭來歸納遊說的要點；要根據情勢的變化適時征服對方；要根據對方可能造成的危害來權衡利弊；要根據對方可能造成的禍患來設法防範。揣摩之後加以威脅；抬高之後加以策動；削

弱之後加以扶正；符驗之後加以回應；擁堵之後加以阻塞；攪亂之後加以迷惑。這就叫做「計謀」。

你要牽住對方的鼻子，而不是被對方牽著鼻子走！

在這裡，鬼谷子闡述了何為「謀」，以及「謀」的作用，是幫助我們占據主動權。以謀求勢，以勢定謀，然後謀勢相合，占據制高點。**說話做事，最重要的就是制高點。居高臨下，進退自如，柄權在握，是防是守全由自己說了算。**

鬼谷子還說：「事貴制人，而不貴見制於人。制人者，握權也。見制於人者，制命也。故聖人之道陰，愚人之道陽；智者事易，而不智者事難。」

這段話，對「主動權」的強調，就更加直接明瞭。握有主動，可以制人；失去主動，制於人。所以「制人者，握權也」。這裡的「權」，既可解釋為權力，又可解釋為局勢，而筆者更傾向於局勢，因為手中握權之人，也未必事事主動，權力用得好，可以主動，用不好，卻反受其害。因此，方略得當，弱者照樣可以居高位，占主動；方略失誤，強者也可能處處受制，跟著別人屁股跑。

在《孫子兵法》中，有這樣一句話：「勝可擅也。敵雖眾，可使無鬥。」擅，占有，獨攬。在孫子看來，勝利是可以由「我」掌握的，敵人兵力雖然眾多，多出於我，也可以讓它喪失戰鬥力。

只要掌握了戰場主動權，勝利當然就可以獨攬，敵軍人數再多，又有何用？全局皆在我的掌控之中，戰事的運行，敵兵的走勢，乃至敵將的心理，也將按照我的意志運轉了，這是根本性的勝利。

因此，想成贏家，必須追逐全局主動權，則必須得勢。

如今世界，美國之所以獨強，並非僅強在經濟實力，也不是因為它有多少錢，而是有「勢」，握住了全局主動，制度性的主動。它有國際貨幣發行權，此其一；領先的技術實力，最發達的高技術製造業，此其二。有此兩個主動，保證了美國擁有遊戲規則的制定權，使規則總是利於它，而不利於對手，甚至是限制對手的。所以美國才能控制世界，充當世界警察。

這是對其他國家最大的警示，賺得錢再多，經濟再發達，如果在國際競爭遊戲規則的制定中拿不到主動權，技術上不去，只是靠勞動密集型企業、代加工來賺錢的話，將來一定會成為待宰的肥羊。肥而不強，沒有主動權，勢不在你這邊，你是無法強大的，這樣的強也只是一種假象。

一國如此，反過來說，人也是這樣的。人與人的爭鬥，武器只是工具，策略只是手段，背後的勢高勢低才是決勝根本。換言之，決的是內力、信心、鬥志，必勝的勇氣和氣場。有句電視劇的臺詞說的好：「大爭之世，爭於實力。」想要握有主動，就須提高根本實力。有時，實力一到，強弱逆轉，再加上高深的謀略，有效的手段，怎能不要風得風、要雨得雨！

凡謀有道，得其所因——出奇制勝的祕訣

凡謀有道，必得其所因，以求其情；審得其情，乃立三儀。三儀者，曰上、曰中、曰下，參以立焉，以生奇；奇不知其所壅；始於古之所從。故鄭人之取玉也，載司南之車，為其不惑也。夫度材、量能、揣情者，亦事之司南也。

凡是籌畫奇謀都要遵循一定的法則，必弄清緣由，以便研究實情。根據實情，來確定「三儀」。「三儀」即上、中、下。三者互相滲透，就可以謀劃奇計，而奇計是所向無敵的，從古到今都是如此。所以鄭國人入山採玉時，都要帶著指南車，是為了不迷失方向。忖度才幹、估量能力、揣度情理，也像作事時使用了指南針一樣。

鬼谷子很重視「奇」的作用，這也是人們常把鬼谷子的智慧稱為「奇謀祕術」的原因。「奇不知其所壅」，**適當的時機祭出奇招，是很難防範的，所以當實力接近或以弱對強時，出奇往往就能制勝；而當以強對弱時，出奇則可以節省成本。**

奇，顧名思義，採取的策略要讓對方意想不到，來不及防備，或者完全出乎他們的慣性思維，這樣勝機就大，收穫也就大。

《孫子兵法・勢篇》：「凡戰者，以正合，以奇勝。」孫武也認為，兩軍對戰，若實力相差無幾，出奇才能制勝，過多的「模式」只能固化思維，自縛手腳。

《宋史・岳飛傳》記載，岳飛對宗澤說：「陣而後戰，兵法之常，運用之妙，存乎一心。」這是南宋著名愛國將領岳飛與宗澤論及野戰與陣戰時所說的一句話。大致意思是說，兵法運用的精妙與否，全在於根據戰場的特殊情況靈活而又富有創意地思考與實踐。

無論是歷史還是現代，不管是優秀的軍事家還是出色的談判大師，他們總是工於心計，巧於言辭，在戰場或者談判桌上不時祭出奇招，與對手展開智慧謀略的較量。

在《史記・田單列傳》中，記述了在戰場上奇招應敵的故事：

田單是齊國王室的遠房親戚，地位不怎麼高，平時也沒多大的名氣。西元前二八五年，燕國大將軍樂毅帶兵攻破齊國，占領了齊國大片土地，田單和本族人逃到即墨。即墨大夫戰死後，田單因為懂兵法，有智謀，深得軍民擁護，被公推為將軍。於是，在他的帶領下，樂毅圍攻即墨三年，也未能攻破這座小城。

不久，燕昭王死了，與樂毅有嫌隙的燕惠王繼位。田單利用兩人的衝突，派人到燕國散佈樂毅的謠言，使燕惠王對樂毅產生了疑心，派人代替了樂毅。一時，燕兵士氣大落。田單利用這個機會，組織人馬，鼓舞士氣，做好反攻準備。又派人以詐降的辦法進一步麻痹燕將，然後趁黑夜利用火牛陣大破燕軍，不久便完全收復了失地。

司馬遷評價說：「兵以正合，以奇勝，善之者出奇無窮，奇正還相生，如環之無端。」意思是說，攻戰時必須以正兵當敵，以奇兵制勝。善於用兵的人自能層出不窮地使用權詐；因奇生正，因正生奇，使敵人不可捉摸，像一個環那樣讓人尋找不到頭尾。

田單之奇，在於面對強敵臨危不懼，而且以謀輔兵，在收復失地的過程中，先是祭出反間計，使名將樂毅丟掉兵權，打擊了燕兵軍心，鼓舞本方士氣，又接連使出詐降和突襲兩計，將燕軍打得狼狽逃竄，可謂是奇正相合的典範案例。

世界談判大師荷伯•科恩有一次飛往墨西哥城主持一個談判研討會。抵達目的地時，旅館告之「客滿」。此時，荷伯施展了他的看家本領，找到了旅館經理，開口就問：「如果墨西哥總統來了怎麼辦？你們是否要給他一個房間？」

經理回答：「是的，先生。」

荷伯接著說：「好吧，既然他沒有來，所以，我住他那間。」結果他順利地住進了總統套房，不過附加條件是，總統來了必須立即讓出。但是顯然，這個機率是很小的。

在機會均等的條件下，奇招會加大我們取勝的籌碼。所以鬼谷子說，當一個人學會出奇制勝的法則後，就可以用於「度材、量能、揣情」，不管做何事，都像在手裡拿著指南針，又怎能找不到方向呢！

去之縱之，縱之乘之——如何讓別人留下把柄並控制他

無以人之所不欲，而強之於人，無以人之所不知，而教之於人。人之有好也，學而順之；人之有惡也，避而諱之；故陰道而陽取之。故去之者縱之；縱之者乘之。

不要拿別人不想要的東西，來強迫人家接受，不要拿別人不瞭解的事去說教別人。如果對方有某種嗜好，就要仿效以迎合他的興趣；如果對方厭惡什麼，就要加以避諱，以免引起反感。所以，要進行隱祕的謀劃和公開的奪取。想要除掉的人，就放縱他，任其胡為，待其留下把柄時就乘機一舉除掉他。

「去之者縱之，縱之者乘之。」這是一種基本的交際手法，但是鬼谷子又說，有些時候，一定要抓住把柄，留下證據，這比較重要；有了把柄，這樣對方就不得不順從你，滿足你的需要，為你辦事。

許多貪官，就是這樣煉成的，被商人所控制。他們貪心的特點被商人所洞察，半夜三

更，禮物送上門來，忍不住收了第一次，就得收第二次；辦了一次事，就得辦第二次，或者讓人矇騙誘惑做了違紀的事，怕被揭露於眾，只好蛇鼠一窩，繼續合作，走上不歸路。

這其實就是一種厚黑之術，我們說鬼谷子是中國的厚黑鼻祖，並不過分，因為厚黑學大部分的專營原理，都能在鬼谷子這裡找到依據。只不過，鬼谷子的厚黑目標是行正道，方式雖詭，其意中正。李宗吾的厚黑術，目的則是以利為先，唯利是圖，絕不講良心道德，從不分是非曲直，萬事以打倒對方、壯大自己為目標。

清朝時的大貪官和珅，他之所以能取得乾隆的信任，挺立幾十年而不倒，祕訣只有一個，就是這四個字：投其所好。乾隆是一個玩性很大的皇帝，下棋、賞鳥、寫詩，還四處旅遊，比如下江南，換別的大臣早就寫奏章反對了，因為皇帝沉迷於此對國不利，而且下江南還勞民傷財，影響朝廷形象。但和珅從不反對，反而是最堅決的支持者，皇帝想的，就是他想的，一個鼻孔出氣，這讓乾隆在眾多的反對聲浪中，大有找到知音的感覺，對和珅便一直信任有加，當然也就默許他貪污受賄了。

和珅倒臺後，民間傳出了一句諺語：「和珅一倒，嘉慶吃飽。」由此可見，在乾隆的包庇下，這個有史以來最大的貪官，到底撈到了多少金銀財寶。從這裡也可以看出「投其所好」具有多麼大的威力。

職場亦如此，在我們周圍，上司或同事一定各有不同的喜好。想要在他們中間如魚得水，必須得左右逢源、八面玲瓏才行。而我們要把這一點修煉到家，就必須在待人處事時做到知己知彼，抓其弱點，投其喜好，這樣才能使自己立於不敗之地。

投其所好就是順毛摸驢，毛順了，牠脾氣就順，然後利於你控制！老虎也一樣，你讓牠舒服，牠就讓你舒服，拿你當同類。所以對方需要什麼，我們就給什麼，順從對方，取得信任，再得到想要的東西！對方避諱的東西，我們當然要避開，別刺激別人的忌諱，從而與他產生共鳴，加深信任關係。

這其中，察言觀色是關鍵。比如與上司相處，你要清楚他的興趣愛好，瞭解其意圖，掌握其心思。然後，察上司之言、觀上司之色，摸清他的喜怒哀樂，在此基礎上對症下藥，給出最受歡迎的「菜單」，盡可能迎合他的心理，滿足他的需要。他高興了，對你的印象好，才有興趣瞭解你的能力，考察你的才幹，給你表現和升職的機會。

不過，千萬不要以為對上司使出這招，就是一味迎合或曲意逢迎。投其所好並非那麼庸俗，除非你的追求只限於當個馬屁精，上司眼中的「弄臣」，而不是實力派幹將。我們的投其所好，應該針對上司不同的個性與偏好，採取相應的策略，讓上司樂意看到我們的才能，進而提供給我們展現的機會。

有位拜訪過羅斯福的人說：「不論來訪的是如何勇敢的騎兵隊員、還是政治家、外交官，羅斯福都能談起適合對方身分的話題，彼此的交談都十分愉快。」

羅斯福為什麼可以做到這樣呢？原因很簡單，當他知道有人來訪時，就在前一天晚上查閱有關當事人的資料，看對方有哪些感興趣的話題，對哪個領域最為擅長，所以不論來訪者是大人物還是小市民，會談時雙方都能擁有共同的話題。

鬼谷子說：「無以人之所不知，而教之於人。」建立良好的人際關係，實現雙方興趣上的一致是很必要的。**交談一定要有共同話題，而不是牛頭不對馬嘴，你說你的，我說我的，那將是一場枯燥無味的痛苦說教，不亞於兩種完全聽不懂的語言。**另外，投其所好，其實也是對利益共同點的尋找，從而幫助你獲得對方的認可和支持。

第八章：想要釣到魚，就要像魚一樣思考

想要釣到魚，你就得像魚一樣思考，而不能像漁夫一樣思考！只有像魚一樣思考，才能知道魚在想什麼，牠喜歡吃什麼，需要什麼。魚喜歡吃的是又肥又嫩的蚯蚓，而不是你喜歡吃的酥香炸雞。在生活中，人就是魚。想要釣到人，你就得知道他喜歡什麼，他需要什麼！

言有不合，反而求之——說話聽「後音」

人言者，動也。己默者，靜也。因其言，聽其辭。言有不合者，反而求之，其應必出。言有象，事有比；其有象比，以觀其次。象者，象其事。比者，比其辭也。

別人說話，處於動態之中。我沉默，則處靜態。聽別人說話，察其辭意，如果對方言辭有矛盾之處，就要反覆追問，進一步瞭解試探，他的真意必出。言談之中，會用到象形、比喻、類比等修辭手法，聽話時要體會話語背後的真實含義。

出來混，一定要記住——聽話務必聽「後音」！

國人習慣在說話時隱藏真意，不露底牌。身處這樣的交際環境中，別人說一，你能否聽到二？輕描淡寫的一句話，你能否從中發現不尋常的資訊？

有位成功的銷售員，旁人請他介紹經驗：「你為什麼可以拿下這麼多單子？」他回答：「懂得向客戶提問就夠了！」

提出問題，然後傾聽，聽他怎麼說，猜他怎麼想！看他的心是什麼顏色，裝著什麼鬼主意！

鬼谷釣言術要求我們既會提問，又會傾聽。尤其是學會提問的技巧。因其言，聽其辭，然後抓住趁熱打鐵的時機。這是猜人心思的一項基本素質。你要聽明白對方話中的隱含意思，並經由提問探出對方的真實意圖，二者缺一不可。

一個會聽話的人，很少誤解對方話中的真意，**尤其是那些弦外之音。他們總能敏銳地感知對方真正想表達的是什麼，從而拋磚引玉，針對性地進一步釣言。**而提問，則直指對方的真實目的，為他設置陷阱，用環環相扣的提問，引導他進入最佳的捕獲區域。

小馬去找小何借錢，兩人是多年的朋友，小何最近在股市又賺了幾十萬，所以借點錢給朋友也是人之常情，但是小馬這個口一開，小何卻沒有立刻答應，而是面露難色，並且反問小馬借錢做什麼用，一副不想借的樣子。

小馬敏感地意識到，小何不是不想借，而是另有所圖。他笑著說：「我不是快結婚了嘛，想買一間新房，頭期款還缺一點，你看，就找你來支持一點啦。」

「噢，這樣啊，先恭喜了！如果手頭有現金，我會毫不猶豫地拿給你的！朋友，可是現在錢又都投進股市了，在股票上套著呢，你知道，現在的股價一天一個樣，蹭蹭地往上竄哪……」

「呵呵，錢生錢才叫錢嘛，我理解你的難處，所以來之前我就打定了主意，不能白借你的錢，我們按銀行的最高利息算，怎麼樣？」

小何聽了，摸摸頭皮，一面很為難，一面又很顧及友情地說：「哎呀，這怎麼好呢，我們是朋友啊，小馬，我賺你的利息，傳出去多不好聽。」

小馬淡淡笑道：「這有什麼，親兄弟還明算帳呢！今天回去我就寫借據。」

小何這時也哈哈一笑：「那好，我明天就把錢取出來，給你送過去。」

再好的朋友，遇到事情也未必真心對你無利所圖。小馬能借到錢，聽出了小何的話外之音是關鍵。「言有不合者，反而求之，其應必出！」他進行試探，果然如他所料。

如果小何開始拒絕，小馬什麼都不想掉頭就走，這錢他肯定借不到！而如果他天真地以為朋友就得兩肋插刀無利所圖，就他只能與小何翻臉，然後徹底絕交。

在與別人的交流中，聽其言，察其行，然後做到正確提問，得到最真實的資訊。比如，內行的銷售員總能經由提問，抓住客戶的真實意圖，而不是喋喋不休說個沒完，把自己的主觀願望強加於對方，這樣只能讓自己沒招應對，陷入被動。

趙先生是業內出了名的「賣得光」，言下之意賣什麼都光，什麼樣的產品經他的手，總能讓人掏腰包付錢。作為一線的銷售經理，他被各大公司挖來挖去，年薪層層地上漲，像坐了火箭。有人就很奇怪，老趙是怎麼做到的？於是跑到他的店裡去觀察，看他一上午都在做什麼。

去了之後發現，老趙其實是個很平靜的人，他接待客戶時，多數時間都在笑容滿面地聊天，沒有激昂的推銷，也沒有任何誇張的手勢。他不但對客戶的意見很尊重，傾聽的表情非常認真投入，而且總能適時提出自己的問題，引導客戶深入表達，把握其「買點」，然後一擊而破。

「言有象，事有比。」「象」即表像，「比」即徵兆或暗示，我們因其言、聽其辭的目的，就是「察象問比」，而提問是達到這一目標非常好的辦法，它可分為主導式、徵詢式、含蓄式、應答式和限定式。

主導式：由我主導談話及提問，爭取話題主動權。

徵詢式：坦誠詢問對方的需求，瞭解其一切要求，按圖索驥，對症下藥，實現雙贏。

含蓄式：暗示性的引導，直話彎說，猶如誘敵深入，步步設局，將對方引向目的地。

應答式：對客戶的提問反而覆之，一應一答，環環相扣，給出令對方滿意的答案。

限定式：限定對方答案的提問，無論對方如何回答，我都是贏家。

小劉問客戶：「我可以在今天下午來見您嗎？」客戶搖搖頭：「不行，我今天的日程實在太緊了，等我有空時再打電話給你約時間吧。」

有經驗的人在提出與對方約會時，從不會這樣做。小劉的問題無疑給了對方拒絕自己的最佳機會，對方順水推舟，就能將小劉關在門外。

聰明的人在此時，一定會給對方兩種選擇：「許經理，今天下午我正好經過你們公司，您看我是三點鐘來見您，還是四點鐘？」

「啊，四點鐘比較好。」

當他說這話時，你們的約定就達成了。

成功的原因是你給出了兩個讓他做出肯定答覆的問題，而沒有給他機會說「不」。此時，只是做合格的一個聽眾有什麼用呢？巧妙說出自己的需求才能向目標近一步靠近。

「言有不合者，反而求之。」不要總是奢望對方主動將利送上門，當言有不合時，你就需要做出進一步的「試探」，限定式的提問，帶給我們的好處就在這裡。

假如你成功賣掉了一種產品，問對方：「先生，您打算付我多少訂金？」對方可能拿出一百元鈔票遞給你：「哦，我只帶了一百塊錢，你先收下吧。」

這是不及格的說話能力，你很有必要採用限定式的提問：「先生，您願意付給我們五%還是一〇%的訂金？」

他會如何回答你的問題呢？

「五%。」

這正是你想要的答案，不是嗎？

一切言說方式的包裝，都是為了最終目的服務。你不但要聽得懂對方在講什麼，拋開表像直指內心，還要擅於抓住時機，主動出擊，拋出釣繩，用最合適的話語使他距離你的「陷阱」更近一步！

善反聽者，乃變鬼神——反向思維，像鬼神一樣多變

故善反聽者，乃變鬼神以得其情。其變當也，而牧之審也。牧之不審，得情不明。得情不明，定基不審。變象比，必有反辭，以還聽之。欲聞其聲，反默；欲張，反斂；欲高，反下；欲取，反與。

凡善於從反面聽人言論者，為能探察實情，總能像鬼神一樣多變。變化得當，便能駕馭對方。否則，得來資訊就不明確。資訊不明，交談的基調就不堅固而無意義。言談中，你若能靈活運用各種方法，說反話來刺激對方，經由觀察對方的反應，做出判斷，即可探測到實情。想聽對方講話，應先沉默；想讓對方敞開心扉，應暫收斂；想使對方高傲，應表現得謙恭；想從對方那裡得到大利益，應先給予一些小利益。

很多時候，我們做一件事，認定一個方向未必就能成功。反而是打破常規思維，逆向而行，更容易達到我們的目的，這便是「反其道而行之」的含義！

《孫子兵法》上有欲擒故縱的用兵之道。《三國演義》中諸葛亮七擒孟獲抓了又放，最終收服其心。鬼谷子也有「欲取反與」的釣言之策，欲取東而先給西，拿出相反的建議試探對方，觀其反應，而知其真意！從相反的角度來說話做事，繞過對方的心理防線，以意想不到的方式來偵測對方的底牌。

諸葛亮東渡孫吳，聯合孫權共抗曹操，為說服孫權，他故意渲染曹軍的強大，稱曹軍有「百萬虎狼之師，千員能征善戰之猛將」，實在是不能與他對抗。孫權聽了很吃驚，忙問詳情。諸葛亮說：「百萬還是我有意少說，因為我怕嚇到江東人士，您最好還是舉旗投降，不然打敗了，國家亡了不說，百姓也得遭殃啊。」

孫權一聽急了：「我堂堂東吳，要人有人，要槍有槍，豈肯受這奇恥大辱，甭說了，我一定跟曹操打到底！要投降，讓你們的光桿司令劉皇叔去！」

諸葛亮知道孫權絕不甘居人之下，是個很有主見的君主，因此故意將曹軍形容得十分強大，一下便激起了孫權的鬥志，順利實現了他聯孫抗曹的原定計劃。反之，若諸葛亮上來便將曹操貶得一塌糊塗，慷慨激昂，孫權或許會想：既然曹軍如此不堪，你家劉皇叔為何還要聯合我？我不如坐山觀虎鬥，先讓你們兩家殺得你死我活，我再坐收漁翁之利。

同一個目的，使用的方法不同，得出的結果或許就是如此相反。

在現代商業競爭中，反其道而行之的策略已經普遍被採用。商人都是要賺錢的，但如今很多商家都玩起了降利銷售、買二送一的欲取先予之計。

一家豪華知名大商場，本來生意很好，但自從對面來了新商家，銷售額直線下降，本月營業額不及上個月的百分之六十。經理不解：就對面那水準，裝修普通，服務平平，貨品二流，商場攤位少，提供給顧客的方便也不多，怎麼看都沒這邊氣派，為何能小魚啃大魚，擠得我這邊賺不到錢呢？

他派人過去察看，一聽彙報才明白，對面商場的經理採取了一種很巧妙的讓利銷售模式：買貴重物品，搭送兩件低價商品；低價商品，買三送一；購物達到一定金額，贈送遊樂區還有近期熱門電影的門票。

這一系列降利促銷及各種便民優惠策略，很短的時間內就將消費者吸引過去。相比之下，這邊的商場雖然規模大，名聲在外，卻因習慣了賣一物是一物的正常銷售策略，讓利也僅持續節假日那幾天，風頭一下就被比了下去。

不談利，先讓利，是商家促銷的基本手法，在消費者面前營造了一個「商家重利更便民」的好印象，自然就能打開銷路。

在交際或談判中，這個思路亦很有實效。某公司談判代表徐經理，總是先讓利，聲言自己不賺錢也可以，只要雙方合作愉快，動輒給對方10％以上的利潤空間，以至於對方都感到不好意思，氣氛營造得非常好。

在一般人的印象中，談判者往往都是伶牙俐齒，在利益問題上寸步不讓，僵持不下、爭吵不休的場面也是家常便飯，徐經理的風格卻走了另一種方式，在談判桌上表現得就像對方的代言人，處處為對方考慮，於是合作非常順利。

在介紹經驗時，徐經理說：「其實，合約簽字之前，說什麼都無所謂，談判嘛，坐下來談，越是板著臉，不肯讓步，越會引發對方同樣的回應，大家都會堅守陣地，你就沒辦法試探到對方的底線。作為一個值得合作的客戶，當你處處為他著想時，他不被打動是不可能的。所以每次我出去談業務，大家很愉快就把生意做成了。」

日本繩索大王島村芳雄，創業之初也採用了一種「違反商人逐利本性」的行銷策略。他在麻產地以每條五角的價格購來麻繩，又以原價賣給東京一帶的紙袋工廠。他的朋友和親戚都質疑說，一分錢不賺，還往裡面扔工人的薪水、運費，這是做生意嗎？我看是做慈善呢！

島村不為所動，堅持自己的想法。完全沒有利潤的生意做了一年之後，「島村的繩索便宜」的好名聲就傳遍了四方，訂單像雪片一樣飛來。

這時，島村開始了他的第二步。他拿著購物收據去找訂貨的客戶，說：「現今為止，我一分錢也沒賺你們的，但長此下去，我肯定要破產。」客戶一看，果真如此，島村一年多只賠不賺，真是一位厚道的商人，再說即便漲價也很便宜，於是心甘情願地將價格提到了五角五分一根繩索。

然後島村又來到麻繩產地與當地的廠商交流：「你賣給我的麻繩，我都是原價售出的，一分錢沒賺到。」廠商一看單據，大吃一驚，他們頭一次碰到這樣甘願不賺錢做生意的人，於是一口答應將收購價降到四角五分。

一來一往，兩端的價格一改，島村從每條繩索中的盈利就達到了一角。靠著這個反其道而行之的策略，他用一年的時間占領了市場，再調整價格，經過幾年的努力，島村從窮光蛋變成了日本有名的繩索大王。

作為商人，島村違反商人本性，默不作聲賠錢一年，為的是什麼？占領市場，擠走競爭者，最後再撈取利潤！

在鬼谷子看來，這便是「欲聞其聲，反默」。**釣言與釣錢之道，本質相通。越簡單的招數越厲害，威脅強大。**「善反聽者，乃變鬼神。」要做到像鬼神一樣多變，若不擅於從反向的角度試探對方，就會「牧之不審，得情不明。得情不明，定基不審」。**真正的談判高手，無不精於正話反說，反話正說，並從對方的反應中得到自己想要的東西！**

作為在世上謀生存的人，如果懂得這一點，你就能越混越好！

同聲相呼，實理同歸——製造心理共鳴是最好的說服工具

欲開情者，象而比之，以牧其辭。同聲相呼，實理同歸。或因此，或因彼，或以事上，或以牧下。此聽真偽，知同異，得其情詐也。

想查清對方實情，可用象形或比喻之法，把握對方言辭。同類聲音可引起共鳴，切實道理會有共同的結果。或因此共鳴，或因彼共鳴，或以共鳴法來打動上司，或以此法來管理駕馭下屬。這是辨清真偽、瞭解異同、區分對手是真情還是偽詐的有效方法。

如何在五分鐘內打動人心，說服對方？

鬼谷子告訴我們——製造心理共鳴是最好的說服工具！

對上司，對下屬，對同事，打動並說服他們的根本方法，都是要激起對方內心的共鳴，找到那種榮辱與共的感覺，尋求原則、立場，甚至是理想上的認同！

你要讓對方覺得，你和他是一體的，是在設身處地為他考慮，和他是一個坑裡的戰

友！你們的追求是一致的，利益是相同的，做事是一體的，無論如何都是呼吸與共的！

這樣一來，他就會主動走向你，投懷送抱，替你實現利益；於是，你的人緣就是最棒的，無論做什麼都是焦點，都是受關注的中心，總能集合最大的力量，調動最多的資源。

著名心理學家馬斯洛有一種層次需求理論，與鬼谷子的主張異曲同工。如何變「要他做」為「他要做」？這就要求我們根據對方的慾望和需要來設計說服策略。在進行說服時，要注意到對方所存在的各種需要，嚴格地從需要出發。**即使暫時沒有需要，還可以製造出需要，而且是共同的需要！**

比如，你想讓一匹馬喝水，但牠沒有喝水的需要，任你怎麼死拖硬拽，牠就是不願靠近水槽。怎麼辦呢？那就讓牠先吃點鹽。吃了鹽，牠就會口渴，再牽牠去喝水，沒有不肯喝的。對人也同樣如此。

有了需要，才會與你的想法有共鳴。而產生共鳴的方式，無非有三種：

一、利與害的共鳴。

陳述一件對他有利的事情，說服難度就小了很多。事實上，人與人之間的同盟或對手關係的劃分，基礎就是利與害的分割。物以類聚，人以群分。「類」和「群」裡面，就有利害的成分。

趨於共同的利益追求，人們會自覺結合在一起，形成團隊。鑑於對抗共同的危害，人們也具有結成同盟的潛在需求。只要稍加利用，就能說服同利者或同害者與你結成盟友，接受你的要求或者給予你想要的其他東西。戰國時代，著名的合縱連橫的出現，就是各國君主對利與害權衡考量的產物，而鬼谷子思想的繼承者們達成這一結果，無疑精通此遊說之道。

二、情感共鳴。

「觸龍說趙太后」的故事，是靠情感共鳴進行說服的一個典型案例。趙太后本來正在生氣，凡是勸說她讓小兒子長安君去做人質的，她一律恨得牙癢癢，恨不得拔刀宰了他。如果這時候觸龍跟趙太后來一番慷慨激昂、據理力爭的辯論，肯定能把趙太后辯贏，但最終得到什麼呢？趙太后在盛怒中只會吐他一臉口水，說不定真的會殺了他。

觸龍是怎麼做的呢？先動情後曉理，極力顯出老態龍鍾的樣子，說自己腿腳不便，飯也吃不下去，有意跟太后製造共同點，使盛怒中的太后「色少解」，情緒穩定下來，表情緩和下來。

化解對方的反感情緒，這是說服成功的第一步。如果不這樣做，說服盛怒中警惕性極高的趙太后是一點辦法都沒有。接著觸龍想到人性中最合乎人之常情的一面——求請安排孩子。自己是為孩子將來能有一個好的歸宿，進宮求見太后，這是非常自然的。因此，觸龍和太后談起了孩子，話起了家常，無形之中拉近了兩人之間的距離，事情向著觸龍預先設計好的方向發展，最後趙太后欣然信服，願意安排小兒子到齊國做人質。她的思想、感情已完全為觸龍所控制，自然也就完全聽由他擺佈了！

可見，要想說服對方，除去利害共鳴，情感動鳴非常重要。對有些人，往往要先動之以情然後才能曉之以理，否則情緒不對頭，你說的話只能讓他反感，這時即使想談利害，恐怕也沒有成功的機會。

三、製造引起共鳴的故事和話題。

當你我的價值觀一致時，我們可以開展討論。而不一致的時候，你對我來說就如同不存在。要達成一致，就必須製造機會讓我們互相親近，產生心理認同感。

價值觀就好比鋼琴上的弦或吊橋上的鋼纜，有相同的頻率觸發就會產生共振，原因與結果配合得天衣無縫。如果你能巧妙地設計一些故事或話題，使雙方價值觀瞬間趨同，就能牢牢抓住人們的心，並像漣漪一樣擴散開來。

小羅在公司做策劃，學歷不高，也沒什麼背景，本來不被注意。有一天，他偶爾與上司在電梯相遇，上司也閒著沒事，隨口就跟他聊了幾句，結果從當時正熱映的一部電影，發現了共同話題，而且兩個人的觀點還很一致。

這位上司跟其他人也聊過這部電影，但因他的觀點過於另類，幾乎無人認同，所以乍聽到小羅的表達，頓時大有知音之感。短短兩分鐘，小羅就讓他上司留下了極深的印象。不久，上司就給了他一個鍛鍊的好機會，讓他負責一個重要活動的策劃。

尋找共同話題是很難的，這也正是鬼谷子非常強調的手段。共同的價值觀與需求，可以讓距離很遠的人在極短的時間內便產生盟友的認可，互相打開一個交流和認同的視窗。在利與害的基礎上，確立共同的價值觀，是釣言之道實現長期收穫的保證。

動作言默，與此出入——控制言行舉止的節奏

動作言默，與此出入；喜怒由此以見其式；皆以先定為之法則。以反求覆，觀其所托，故用此者，己欲平靜，以聽其辭，察其事，論萬物，別雄雌。

不管是動作、說話或沉默，以及為探聽對方內心而表現出來的喜怒哀樂，均需事先設計，確定基本的經驗或模式。以反求覆，觀其所託，這是好辦法，但若要做到這一點，首先自己要平和冷靜，以便聽取對方言辭，考察事理，論說萬物，辨別真偽。

在人際交往中，蠢材總是被人牽著鼻子走，思維跟隨別人的話語而變化，猶如一個透明人，一舉一動都被對方操縱，而自己卻摸不透對方在講什麼，也不知道自己該說什麼，只能受制於人，處處被動！

與此相比，真正的聰明人則擅於控制言行舉止的節奏，他們知道何時開口，何時沉默，何時巧妙提問，做到攻防自如、張弛有度，始終占據有利位置。

事實正是如此，一個人只有言行舉止進退有度，才能征服對手！

鬼谷子認為，要想「聽其辭，觀其事，論萬物，別雌雄」，那麼在釣言之時，理性與機智的心態就必不可少。**每一句話的用處，內涵及隱藏的真意，你要比對方考慮得更周全，事事都想在對方前頭，你才能贏，才可占得上風。**

在人際交往中，不能急躁，要穩住陣腳，從容應對任何突發變故。「己欲平靜，以聽其辭。」冷靜地思考，透徹地觀察，辨別七分假，識得三分真！

這裡表現的就是兩種智慧：

一、談話時穩住陣腳，才能掌握主動。

二、談話前做好準備非常必要。

所謂「動作言默，以此出入」。談話前的精密謀劃往往決定事情的成敗，你要充分瞭解自己所要說的要點，簡練、扼要、明確地向別人傳達，每個環節都不能出現失誤。

廣告大王布魯貝曾經講過一個故事：在他年輕時，他所在公司的經理問他：「印刷廠把紙送來沒有？」他回答說：「送過來了，共有五千令。」經理問：「你數了嗎？」他說：「沒有，我是看到單上這樣寫的。」

經理冷冷地說：「你不能在此工作了，本公司不能要一個連自己也不能替自己作證明的人來工作。」

從這件事中，布魯貝得出一個教訓——對上司，絕不要說自己沒有把握、無法掌握主動的事情。說話之前必須成竹在胸，否則上司很容易從雞蛋中挑出骨頭。

當你需要向上司請示某些問題時，心中應該有兩個以上的方案，並都經過詳細的分析，確定可行，而且你能向上司分析各個方案的利弊，有利於他順利輕鬆地做出決斷。

最重要的是，你有充分的把握證明自己的正確，談話節奏盡在自己的掌控之中，言行舉止有禮有度，每個環節都可打滿分。

當你要說服客戶，或者說服朋友滿足你的某些要求時，都應該如鬼谷所言：「皆以先定為之法則。」在事先周密準備，事情便順利，事後就沒有遺憾！

為了申請活動資金，市場部的推廣經理小呂去見行銷總監李總。聽他講完大致情況，李總既不說行，也不說不行，而是讓他坐在沙發上先等五分鐘，等自己處理完手頭的急務再談。

五分鐘後，李總放下筆，問小呂：「這個活動的所有事項都考慮到了？」

「是的，李總！」

「這家公司在廣告行銷方面的經驗是否充足？」

小呂自信地說：「他們這幾年做了不少大的廣告，效果都非常好。」

李總微微一笑，停了一下，又問：「可是，他們這些年所推廣的都是化妝品，並無電子產品的行銷經驗啊，你不覺得自己的信心缺乏事實支持嗎？」

小呂這時才意識到，這個活動的舉辦，的確著急了一些。頭腦冷靜下來的他，覺得自己急匆匆申請資金行為很幼稚，不但活動沒申請下來，在李總眼中留下什麼印象亦可想而知。走出李總的辦公室，小呂的心情低落到谷底了！

「以反求覆，觀其所託。」高明的管理者很擅長抓住這些細微之處，從不同的角度反覆試探，考驗下屬的真正能力，揣摩他們內心的真實想法，以及對某件事情的準備程度。如果你準備工作不到家，就會被制住七寸！

反以知古，覆以知今——打敗強手最好辦法是學習並超越他

古之大化者，乃與無形俱生。反以觀往，覆以驗來；反以知古，覆以知今；反以知彼，覆以知己。動靜虛實之理不合於今，反古而求之。事有反而得覆者，聖人之意也，不可不察。

古之教化眾生的聖人，總能遵基本規律來辦事，此規律即是反覆之道。反觀以往，可察未來；反觀古代，可察今天；反觀他人，可察自己。對事物動靜與虛實的判斷，若在今天得不到驗證，我們應該研究歷史，鑑古知今，尋找寶貴經驗。有些事反覆探索才可把握，這便是聖人告訴我們的，不可不重視。

打敗強手的最好辦法是學習並超越他，而不是躲開他，仇恨他。

有一個貧窮的猶太人，見一個富人生活得很舒適，很愜意。於是他告訴自己說：「走

著瞧！總有一天，我會比他更富有，會比他過得更好！」他對富人說：「我願意在您這兒工作三年，我不要一分錢，但是您要讓我吃飽飯，以及給我一個住的地方，哪怕是一間漏雨的小房也可以。」富人覺得這真是少有的好事，立即答應他的請求。

三年後，窮人離開了富人的家，不知去向。又過了十年，那個昔日的窮人已經變得非常有錢，比那個富人的錢還多。富人遇到了他，向這位昔日寄於自己籬下的窮人提出請求，願意出十萬元買他富有的經驗。

這位昔日的窮人聽了，哈哈大笑：「我正是用從你那兒學到的經驗，才賺得了大量的財富，而今你怎麼又用金錢來買我的經驗呢？」

智慧在於學習、觀察和思考。閉門造車永遠不可能引領潮流，而變優秀的最快捷徑就是向更優秀的人學習。哪怕是你死我活的對手，也有值得我們學習的優點。

鬼谷子的釣言術開篇就告訴我們——經驗很重要，自負萬萬要不得！

做人和做事，借助歷史上的成功經驗，根據自身需要活學活用，勝過關起門來重複走那些沒必要的過程。別人的直接經驗，我們可以拿來使用，化為自己的智慧，用來解決自己面對的新問題，從而省下寶貴的時間和精力。

就像現在對企業很關鍵的技術研發，我們既需要自己動手，培養精緻的研發力量，也需要拿出資金引進技術。如果成本合適，收穫得當，兩手兼用有何不可？

最怕的不是打開門戶兼收並蓄，而是閉關自守不思進取。滿清因拒絕學習造成的落後，為中國帶來無比深重的災難，此慘痛的歷史教訓剛過百年。國家如此，做公司，做人，更需在這方面時刻警醒。

人外有人，山外有山。三個臭皮匠，勝過諸葛亮。一個人的力量和智慧總是有限的，不可能面面俱到。再聰明的頭腦，也有想不到的思維死角，有突破不了的問題難關。反觀歷史和他人，就非常必要。

所以，再聰明的人，也一定要有向別人學習的氣魄。

聖人缺乏學習的胸襟，便成了自以為是的學霸。

聰明人不學，很快就成了蠢材。

蠢材不學，就成了頑固不化的垃圾。

很多被證明可行的方法，為什麼要關在門外置之不理？

他人已驗證走不通的道路，為什麼還要空耗時間地走一遍？

經驗是一筆無形的財富，如果你擅於學習和觀察，就可以發現，智慧是沒有知識產權的，不需你付出多麼高的成本！

一個喜歡學習並精通從他人處取經的人，很難想像他不會成功。這樣的人無論人際關係，還是安家立業，都能做得很出色。

參照歷史和他人的成功經驗，可以最大限度地減少我們犯錯的機會，提高做人做事的成功率。

秦朝之所以百年強盛並統一中國，與它勇敢正視自己的不足，重用和信任六國人才是分不開的。孝公時期幫助秦國變法圖強的商鞅是衛國人；惠文王時期的丞相，提出連橫策略的縱橫家張儀是魏國人，據說他是鬼谷子的徒弟；武王時期的丞相甘茂是楚國人；昭襄王時期的丞相魏冉是楚國人；另一位丞相，就是提出「遠交近攻」策略的范睢是魏國人；名相呂不韋是衛國人。秦始皇時期的丞相李斯是楚國人，國尉尉繚是魏國人，上卿姚賈是魏國人；上卿頓弱是楚國人；就連修建大型水利工程「鄭國渠」的鄭國也不是秦國人。

拿破崙橫掃歐洲，不可一世，是少有的陸戰天才，但在海上戰績卻很差。有一天，一個叫富爾頓的美國人找到他，建議他對海軍艦艇進行改革，去掉桅杆，裝上蒸汽機，將木製船板換成鋼板，打造真正的近代海軍，鋼鐵艦隊。

富爾頓說：「尊敬的拿破崙陛下，如果您這樣做了，一定能攻占英倫三島，成為歐洲最強大的海軍！」

然而，驕傲的拿破崙卻抱著老舊思想，認為船沒有了帆就無法行駛，裝上鋼板肯定沉沒，拒絕了富爾頓的建議，還把他當成瘋子趕走了。

歷史學家因此說：如果拿破崙當時採用了富爾頓的建議，整個歐洲甚至世界歷史都會因此改寫。拒絕學習的後果，有時就是這麼嚴重。

這個道理不需多言，因此鬼谷子說：「古之大化者，乃於無形俱生。」**此為反覆之道，反觀他人，來觀自己；反觀歷史，來觀今天。**

沒有一面鏡子，我們就看不到自己長什麼模樣。一個醜八怪，終生不照鏡子，不跟別人進行對比，他幻想自己很美，但這只不過是徒勞無益的自我安慰而已！

雖非其事，見微知類——不起眼的細節決定你的命運

雖非其事，見微知類。若探人而居其內，量其能射其意也；符應不失，如螣蛇之所指，若羿之引矢。

察探他人，雖未知全部資訊，但經由局部細微跡象或變化，也可預見其發展的趨勢，此為見微知類之法。好比探測到人居其室內，雖不見其全貌，但近距離度量其能力，估計其意圖，結果也不會相差太遠，大致也會如騰飛的蛇之所指、后羿射箭一樣準確無誤。

見一葉落而知天下秋。枝葉枯落，我們知道秋天來了。「春江水暖鴨先知。」春天快來時，一定是鴨子先知道，因為江水變暖，牠們就會愉快地在水面上浮行。所以，有經驗的人經由觀察這些細微變化，而察知四季更迭。

經由察看局部的徵兆而看到大勢，具備這種能力的人歷史上有很多。晚清第一漢臣曾

國藩，他有一個慕僚叫趙烈文，其學識淵博，且眼光高遠，對天下大勢有著高人一等的預見力。

有一天兩人談論時局，趙烈文說：「在我看來，大清不出五十年，必將滅亡。」曾國藩不相信：「本朝君德正，不至如此吧。」趙烈文不以為然地說：「本朝開國殺戮太重，失民心太多，此其一；天下大勢分久必合，合久必分，此其二。所以大清必會陸沉，到時恐怕就會形成割據局面。」

還有一個原因，是趙烈文當時沒有明說的。便是鎮壓太平天國之後，清朝軍政大權逐漸由漢臣掌握，比如曾國藩，在鎮壓太平天國的過程中立了大功，擁有重兵，且門生遍天下。而在此之前，清政府的大權其實是一直掌控在滿洲貴族的手中，防漢制漢是清政府的一貫政策。趙烈文從這一變化敏感地意識到，隨著漢臣的權力越來越大，輔以門生師徒關係的推波助瀾，大清的權力將漸漸轉移到漢人手中，那麼清的滅亡一定是不可避免的。

果然，正如趙烈文所預料，四十年多後，辛亥革命爆發，清帝退位，中國陷入軍閥割據的短暫混戰的局面。

對人，我們有「三歲看大，七歲看老」的諺語，均是根據小的變化預知全局，判斷其將來。從一個人小小的舉動，可以判斷他在想什麼，想做什麼，目前正處在什麼狀態，從而把握他的真實意圖，為自己做出正確選擇提供證據。

在識別和衡量人才是否堪當重任時，見微之類，這是非常重要的手段和方法。

周亞夫是漢景帝的股肱重臣，他在平定七國之亂的時候立下了赫赫戰功，以後又官至丞相，為漢景帝獻言獻策，算是忠心耿耿的重要大臣。然而，漢景帝在選擇輔佐太子的輔政大臣的時候，還是把他拋棄了，原因何在？

作出此選擇之前，漢景帝對周亞夫進行了一次試探。有一天，他宴請周亞夫，準備了一大塊肉給他，但是沒有切開，也沒準備刀具給他，冷眼旁觀，看他準備如何辦。周亞夫看了就很不高興，回頭向主管筵席的官員要刀具，語氣很不爽，彷彿是在宣示，我是這麼重要的有功之臣，吃飯時竟這麼對我，我豈能忍？

漢景帝見了，便笑道：「丞相，我給你這麼大一塊肉你還不滿足嗎？還講究吃法，真是難伺候啊！」

周亞夫一聽就知道了，皇帝話裡有話，趕緊摘下帽子，向皇帝跪下謝罪，辯說自己絕無此意。漢景帝冷笑說：「起來吧，既然丞相不習慣這樣吃，那就算了，今天的宴席就到此為止了。」然後讓周亞夫走了。

事後，漢景帝就問太子：「就他這副脾氣，對我尚且如此，將來你能制服他嗎？」太子劉徹搖頭，不知該怎麼辦。漢景帝嘆口氣，後來便找個藉口將周亞夫下獄，逼其自殺了。

作為輔佐太子的大臣，首先一定要穩重平和，任勞任怨，不能有驕氣，亦不可功高蓋主。從周亞夫的表現來看，連老皇帝對他不禮貌的舉動，他都不能忍受，一副很不高興的樣子，以後又怎麼能包容小皇帝的過失呢？

賞賜他的肉，雖然不方便食用，但在漢景帝看來，他也應該二話不說，把它吃下去，表現出一個臣子安守本分的品德。

周亞夫伸手要刀具且語氣不爽的舉動，在漢景帝看來就是非分的做法，一旦自己死了，將來新皇帝登基，那時他會不會有更多非分的要求呢？這是漢景帝不能不防的，也是無法容忍的。

鬼谷子對這種見微知類的察人之術非常重視，所以他說：「量其能射其意也。」**近距離地觀察這些細節，經由細微之處考察一個人的全局，判斷他的綜合性格，以及揣測其內**

心的真實想法，大致不會差。

對現代管理而言，領導考察人才，就要格外留意員工平時在工作中的細節表現。「見微知著，因小見大」，確實如此，小事可以見真章，經由在不起眼之處的表現，你完全可以判斷出一個人是否值得重用。

知之始己，自知知人——知人者智，自知者明

知之始己，自知而後知人也。其相知也，若比目之魚；其伺言也，若聲之與響也；其見形也，若光之與影也；其察言也，不失若磁石之取鍼，如舌之取燔骨。

想掌握天下實情，先從自己開始，自知才能知人。知人，應如同比目魚那樣形影相隨；守候對方發言，應如同發聲之後等待回音；掌握對方情形，應像陽光與影子；偵察對方言辭，就如用磁石吸鐵，舌頭品嚐烤肉一樣萬無一失。

兵法說：知己知彼，百戰百勝；知己為先，知彼為後。無論何事，我們都應根據自身情況，切實制定策略和目標，不能超出自己的承受能力。換言之，狂妄自大者必敗，內省自察才可步步穩妥，百戰不殆。

內心裝一面鏡子，先照自己，再照別人。照不到自己，就像憑空失去一個支撐之物，無法為自己定位，自然也沒辦法去知人。

很難想像，一個不知自己幾斤幾兩的人能掌控別人的心理！

《貞觀政要》中說：「知人既以為難，自知誠亦不易。」相比之下，自知比知人更難，難就難在它不僅需要智慧，更需要勇氣，敢於以挑剔的眼光面對自身的不足，然後找到正確的策略。

老子也說：「知人者智，自知者明。」識別他人只是一種機智，而能認識到自己的錯誤才算高明！

一隻獅子三天沒有進食了，在一個山坡上，牠看到一頭肥壯的公牛在吃草。但牠沒有急於行動，因為牠剛看到一隻莽撞而可憐的豹子撲上去，就被這隻公牛一頭頂死。

「要是公牛沒有角就好了，那我可以輕而易舉地將牠制服。但牠長了角，身體又如此強壯，要是硬碰硬，它的雙角肯定會刺穿我的胸膛。」身子瘦弱、疲乏無比的獅子想，它清楚自己的實力，不可能敵過公牛那對鋒利的雙角。

獅子慢慢地走到公牛身邊，非常友好地說：「我真羨慕你啊，公牛先生。你的頭是那麼的漂亮，肩是那麼的寬闊，腿和蹄又都充滿了力量。可是，美中不足就是有兩隻角，我真搞不明白你怎麼受得了這兩隻角，它讓你英俊的外貌受到了極大的損害，難道你不知道嗎？」

公牛說：「我還真沒好好想過這個問題呢。不過，經你這麼一提醒，我倒真覺得這兩隻角有點礙事了。對了，我真的很英俊嗎？」

獅子說：「當然，我從不說謊，你其實很英俊的，假如沒有那兩隻角的話。否則就很難說了，雖然我認為你是英俊的，但其他動物就不一定這麼想了，大家都不想看到這對角長在你的腦袋上，因為太醜陋了，對你的形象是多大的損害啊！」

說完，獅子掉頭就走了，躲在樹後面看著。公牛等到獅子走遠，越想越覺得有道理，就把自己的腦袋往石頭上猛撞，把兩隻角都撞碎了，他的頭很快就變得光禿禿的。這時獅子得意地跳出來，撲上去咬斷了公牛的脖子。

比起那隻找死的豹子，獅子無疑是有自知之明的。牠清楚自身的優點是擁有一張鋒利的嘴，但弱點卻是害怕公牛那對能穿透自己肚子的雙角。正因此，牠才小心謹慎地行事，制定了正確的策略，先騙公牛自毀雙角，再一擊而中，把公牛變成了自己的美餐。那隻豹子，則是既無自知也不知人的典型，自大自傲，空有一腔激情，死得卻很俐落。

一隻禿鷹飛過王宮，看見王宮中的一隻黃鶯十分受到國王的寵愛，於是就問黃鶯：

「你是如何獲得國王寵愛的？」黃鶯回答說：「我到王宮後，唱歌十分動聽，國王非常喜歡聽我唱歌，於是十分喜歡我，就經常拿珍珠來打扮我了。」

禿鷹聽了心中很羨慕，它想：「我也應該學學黃鶯，這樣說不定國王也會喜歡上我的。」於是它就飛到國王睡覺的地方，開始叫起來。正好國王在睡覺，聽了禿鷹的叫聲，感到十分憤怒，就吩咐手下把禿鷹抓來，並拔光了禿鷹的羽毛。禿鷹渾身疼痛，滿是傷痕地回到鳥群中，牠惱羞成怒，到處對別的鳥兒說：「這都是黃鶯害的，我一定要報仇！」

沒有自知之明的禿鷹，下場很可笑。現實生活中，我們身邊有很多這樣的「禿鷹」，總想做一番大事，壯懷激烈，尾巴撅到天上，但因為看不清楚自身，說話做事無不弄巧成拙，處處碰壁。

只有自知，才能知人，才可做事。在這裡，鬼谷子將自知之明作為釣言之術的基本工具之一。《呂氏春秋》中說：「物固莫不有長，莫不有短，人亦然。」**我們要運用釣言之術，就要知道自己的長處和短處在哪裡，才能藉由不斷的自我調整，針對對方的優劣長短，拿出合適策略，提高成功率。**

但現實中，眼睛只盯著別人的「聰明人」很多，他們習慣揣摩別人的心理，於是對別人瞭若指掌，對自己反倒是不清楚。因為不知自己幾斤幾兩，結果事情不但做不成，最後人也做不好。

因此才有話說：知人易，知己難。讀到這裡，我們如能抽時間為自己打造一面「鏡子」，定時察看、反省、改善，對自身的優勢和劣勢進行歸納總結，再去「知人」，何愁做事不順，做人不成？

如圓與方，如方與圓——為人處事中的方圓之道

其與人也微，其見情也疾；如陰與陽，如陽與陰；如圓與方，如方與圓。未見形圓以道之，既見形方以事之。進退左右，以是司之。

以言語試探對方，要微妙而隱蔽，不被察覺；捕捉對手資訊要十分迅速，以防誤事。如同由陰轉陽，由陽轉陰，又如由圓變方，由方變圓。它們互為條件，相反相成。未弄清對方實情前，我應以防禦性的圓略對之，化解對方進攻；弄清之後，我應以進攻性的方略對之，以求戰勝對方。無論前後進退或左右移動，都可用此圓方之道來控制。

鬼谷子告訴我們，為人處事要講究分寸和方式。這個「分寸」和「方式」的原則，就是依據方圓之道，什麼事該做，什麼事不該做，什麼話該說，什麼話不該說。抓住圓或方的時機，進退自如，獲取自己想要的一切。

第一，當別人做錯事時，不要亂發脾氣，因為這是你籠絡人心的好機會，此為圓道。

人無完人，金無足赤，沒有誰是完美的，所以當人犯錯時，不要一味地責備，而是正確引導，以圓潤之道表現寬容，對優秀管理者來說，這是非常重要的素質。

日本有位表演大師，有一次在上場前，他的弟子告訴他鞋帶鬆了，他點頭致謝，蹲下來仔細地繫好。等到弟子轉身後，他又蹲下來將鞋帶鬆開了。

到後臺採訪的一位記者看到了，不解地問：「您為什麼又要將鞋帶解鬆呢？」大師回答道：「因為我飾演的是一位勞累的旅者，長途跋涉讓他的鞋帶鬆開，可以經由這個細節表現他的勞累憔悴。」「那您為什麼不直接告訴你的弟子呢，難道他不知道這是表演的真諦嗎？」「他能細心地發現我的鞋帶鬆了，並且熱心地告訴我，我一定要保護他這種熱情的積極性，及時地給他鼓勵，至於為什麼不當場告訴他，我想可以等到下一次，如果他還是沒明白，我再說。」

這位表演大師並沒有因為弟子看不出自己的用心而責怪他，反而對他的細心進行了嘉獎。這樣既沒有打消弟子以後細心面對生活的熱情，又為後面的教導埋下了良好的伏筆。從鬼谷子的角度來看，這便是圓道的具體應用。

許多人剛開始工作時，由於對情況不瞭解，缺乏經驗，有時也往往會提一些很錯誤的建議，做一些並不正確的事。作為管理者，當員工初次犯這類小錯誤時，最好不要直接或過份地去批評，而是應該採取婉轉溫和的態度。

如果說話的態度和方法讓對方生氣，或許他就會和你對立，拒絕接受你所說的事實。儘管你此時表現了對細節的洞察力，但因介入方式不對，產生的效果就會是相反的。

第二，當下屬居功自傲、挑戰權威時，若圓道無用，就不要縱容，因為這是你立威的好時機，此為方道。

吳王闔閭請孫武練兵，從宮中選出幾十名宮女交給他，讓他訓練，自己則坐在演練場旁邊的高臺上觀看。

孫武先讓每個宮女手持一支戟，把她們分成左右兩隊，分別指定吳王的兩個寵姬擔任隊長。接著，孫武問她們：「是否知道自己的心、背和左右手的位置？」

眾宮女回答：「知道！」

孫武說：「令向前，就朝著心所對的前方進擊；令向左，就沿著左手的方向進擊；令向右，就沿著右手的方向進擊；令向後，就朝著背的方向後退，知道了嗎？」

眾宮女說：「知道啦！」

孫武於是令人在現場設置了斫刀和大斧，當眾又將剛才的指示重複一遍，並強調說：「如果有人不聽從軍令，就依法斬首！」

於是他開始發令，讓隊伍按照命令進擊，誰料眾宮女卻嘻嘻哈哈地鬧個不停。見此情景，孫武沒有動怒。他說：「軍令和操練要求沒有講清楚，是為將的過錯。」於是他把軍令和操練要求又反覆地向宮女們作了講解，再次強調：「如果有人不聽軍令，是一定要斬首的！」

他把宮女的隊形整理好，再次下令擊鼓進擊。宮女們還是當兒戲，不理會他的命令。這時，孫武宣佈：「剛才軍令和操練要求沒有講清楚，是為將的過錯。現在既然已經講清楚，那就是兵士的過錯了！」於是，他下令斬殺擔任隊長的兩個吳王的寵姬。

吳王聞言大驚，趕忙下來求情說：「我已經知道將軍善於用兵了，只是這兩個美女，是我的愛姬，沒有她們我睡不安，吃不香，能不能不殺她們呢？」

孫武斷然回答：「不行，如果不殺她們，大王您的軍隊就無法立威。」於是，兩個寵姬被斬首示眾。他重新任命隊長，再鼓操練，這次無人敢嬉鬧、無人敢不從，很快就把宮女們訓練成精英團隊。

在這裡，孫武之所以敢殺吳王寵姬，是因他明白必須立威以確立自己不容置疑的威信。而且令出在先，且幾度三令五申，孫武「圓道」已施，不需再容忍，此時就該果斷祭出「方道」。

對於圓方之道如何使用，鬼谷子說：「未見形圓以道之，既見形方以事之。」**他要求我們注意把握圓方轉換的時機，何時內收防禦，以柔克剛，何時果斷進攻，展現權威和力量，一定要有清晰的洞察力。**一旦機會出現，絕不可猶豫。若該施圓道時卻誤用方道，應施方道時卻採取了圓道，或優柔寡斷，當為不為，事情的結果就會截然不同。

第九章：如何說上司最愛聽，怎麼做主管才提拔

上下級之間，有時距離雖遠卻很親近，有的距離近了卻很疏遠；有的過來投靠卻不錄用，有的遠走了反而去拜求；天天在身邊不被信任，只聞其聲的卻思慕不已。下級若善揣上司意圖，就能取得主動，欲來則來，欲走則走；欲親則親，欲疏則疏；想效命就效命，想離開就離開，想得到什麼總能如願。

欲親則親，欲疏則疏——忠言也可以很順耳

君臣上下之事，有遠而親，近而疏；就之不用，去之反求；日進前而不御，遙聞聲而相思。事皆有內揵，素結本始。或結以道德，或結以黨友，或結以財貨，或結以采色。用其意，欲入則入，欲出則出；欲親則親，欲疏則疏；欲就則就；欲去則去；欲求則求，欲思則思。若蚨母之從子其也；出無間，入無朕。獨往獨來，莫之能止。

君臣上下之間，有時距離雖遠卻很親近，有的距離近了卻很疏遠；有的過來投靠卻不錄用，有的遠走了反而去拜求；天天在身邊不被信任，只聞其聲的卻思慕不已。這都是因為內揵，從根本上將人與人結合在一起，構成種種微妙關係。或憑道德結合，或憑朋友結合，或以財利相合，或靠封土結合。臣下若善揣君意，就能取得主動，欲來則來，欲走則走；欲親則親，欲疏則疏；想效命就效命，想離開就離開；想得到什麼總能如願，想讓君主思念也能做到。就像母青蚨依戀其子，來去相隨不留痕跡，獨往獨來，誰也沒法阻止。

逆耳忠言，有時就像用金子砸人，飛奔對方的臉而去。雖然金子是好東西，對方卻本能地要躲一躲。如果砸到他，他不僅不會領情，還會對你回擊報復。因為人性的本質是渴望欣賞，即便知道你的逆耳之言是出於好意，心裡面也會不高興。人獲得成功離不開自信，逆耳之言，不管是忠言還是惡言，都會打擊自信。

故而，在人際溝通中，聰明人都懂得遵循對方心意，對症下藥！

鬼谷子認為，我們如果考慮到了人與人之間這種特殊關係，就可得知，即便向人進獻忠言，也必須做到悅耳動聽，使其樂意接受。「忠言逆耳」這個詞從本質上講，恰恰反映了人們不喜歡聽「逆耳之言」的本性。所以，**那些抱怨忠言逆耳的人，沒有去反省自身方式出現的問題，意見得不到採納，工作不受信任，也就不足為奇了。**

只要方法得當，時機合適，忠言可以比甜言蜜語更好聽。順耳忠言可以將白癡變成天才，讓上司或貴人信任你，進一步提升你們的關係。

春秋時期的政治家晏嬰很擅長諫言的技巧，他曾擔任齊國宰相，輔佐了靈公、莊公、景公三代國君。他因機智善辯，而在各諸侯國中揚名。不過最難能可貴的，是他能對國君知無不言，言無不盡，更深諳表達的技巧。

有一次，齊莊公正在花園與妃子下棋，剛好晏嬰來拜見，莊公就和晏嬰在棋盤鏖戰起來。一開始，晏嬰吃掉了莊公不少棋子，占盡優勢。但不知為什麼，之後幾步棋，晏嬰連連用強猛攻，而莊公卻一直穩紮穩打，戰局漸漸發生了變化，最後莊公竟然反敗為勝，贏了這一盤棋。

雖然贏了棋，但莊公卻很疑惑，不明白晏嬰這位高手這盤棋為什麼會下得這麼差。晏嬰看出莊公的心思，說道：「臣有勇無謀，輸棋自然在情理之中。」他又指著棋盤，道：「其實治國的道理和下棋一樣，如今，我們朝廷的政策已經造成了國家沉重的負擔。」

莊公大吃一驚：「怎麼會這樣呢？」

晏嬰於是說：「近年來，陛下您偏愛用一些孔武有力的大臣，滋長了這些人的驕傲情緒，他們蔑視文臣，欺壓百姓，把國家搞得烏煙瘴氣。如果一直這樣發展下去，有才幹的人得不到重用，官風民風越來越壞，國家必會大亂！」

莊公雖然對這些狀況也有所瞭解，但是身為國君，他又不能低頭，強辯道：「古代的國君，哪個不需要武力來定國安邦呢？」

晏嬰從容答道：「夏朝末年有大力士推侈、大戲，殷商末年有勇士費仲、惡來，這些人個個神力無邊，萬夫莫擋，可是他們卻阻止不了夏桀和商紂的覆滅。夏、商的滅亡不正是告訴我們，光靠武力而不行仁政，是行不通的嗎？」

莊公聽完這一席話，沉默了一會兒，覺得晏嬰說的的確是肺腑之言，也很有道理，於是恭恭敬敬地表示贊同，並頒佈政令，宣佈從此廢除殘酷的刑罰和嚴苛的賦稅。

晏嬰的進諫大獲成功，正因其深諳「良藥不必苦口，忠言不必逆耳」的進言之道，他先在棋盤上攻勢凌厲，造成了後來的敗局，順勢轉到以武治國和以仁治國的比較上來，當莊公不服氣時，再舉出實例，證明武力治國的弊端，有理有據，而又婉轉機智，使齊莊公不得不為之折服。

聰明人不會為了自己的利益而不說「忠言」，但卻會講求方法和策略，讓自己的「忠言」中肯而不逆耳。既收到成效，又不得罪對方，這是進言的最高境界。

某公司客服部的李經理用命令的口吻，讓一名職員把接待室的門窗擦一下。這位職員想，我又不是你部門的，憑什麼管我，就沒有去做。李經理覺得很沒面子，從此兩人結下了怨恨，總是過不去，李經理不斷找該職員的麻煩，而這名職員也和李經理硬碰硬，到處說他的壞話，局面搞得很僵。

總經理知道原因後，就把李經理單獨叫到自己辦公室，為他講了一個故事：

有一隻鼬鼠去找獅子比武，獅子不同意，鼬鼠恥笑道：「怎麼，你害怕嗎？」「非常害怕，」獅子說，「我如果答應你，你就可以得到曾與獅子比武的殊榮；而我呢，以後所有的動物都會嘲笑我竟然與鼬鼠打架。」

講完這個故事，總經理笑著說：「你的能力有目共睹的，在公司的地位也很高，做為經理，與一名普通員工嘔氣，只會降低你的威信，是不是？」對這番話，李經理覺得很受用，也很慚愧，說：「我會牢記您的忠告，今後絕不再犯類似的錯誤。」他馬上放棄了跟那位員工繼續鬥氣的想法。

站在對方立場考慮問題，提出建議，這位總經理做得就很好，以一個寓言故事開題，使李經理感覺他說得非常正確，是在為自己著想。聽得順耳，接受得也痛快。試想一下，若該上司劈頭就是一頓臭罵，李經理會怎麼想？

鬼谷子言：「欲說者務穩度，計事者務循順。」即便是批評，也要首先揣度對方的心意，「穩度而且循順」，方可產生效果。否則，猶如端上一鍋無法下肚的冰山烈焰，療效再好，又有何用呢！

見其謀事，知其志意——進言須隨機應變

陰慮可否，明言得失，以御其志。方來應時，以合其謀。詳思來揵，往應適當也。夫內有不合者，不可施行也。乃揣切時宜，從便所為，以求其變。言往者，先順辭也；說來者，以變言也。見其謀事，知其志意。事有不合者，有所未知也。合而不結者，陽親而陰疏。事有不合者，聖人不為謀也。

進言要考慮是否可行，再分析得失，以順從的姿態來駕馭對方心意。進言時須隨機應變，合乎君主想法。若其向我詢問，回答須適當。交談過程中，發現原來的言辭不合其意，必須立即停止原方案。此時，應揣摩其心，順勢而為，然後等待他自己改變想法。與君主交談，凡談及往事，應順其思維和言辭來講；凡談未來之事，可以有不同意見。只要看君主的做事方式，就可判斷其志向和想法。如果你的計謀不合他意，說明你對他的瞭解還不透徹。如果你的計謀合乎他意，卻不被採用，那麼你應該表面與之親近，暗中則與之

疏遠。若不能情投意合，立場一致，即便聖人也不會為他出謀劃策。

在主管面前，會說話和不會說話的人去講同樣事情，一定會得到不同的效果，有時候甚至會有天壤之別。話要怎麼講？這裡有一點需要記住：以合其謀——關鍵問題要與主管保持一致性。次要問題可以有所分歧，但也必須看清主管的心理，在他允許的心理預期內，才能拿出相反的觀點，讓他採用。

鬼谷子告訴我們進言之術重要的一個原則：隨機應變。我們與居上位的人打交道，一定要隨機應變，切合對方的想法，順應對方的言辭，這樣才能保全自身，從而柔和地實現自己最終想要的結果。

在主管面前，你必須明白自己該做什麼，不能做什麼。在工作範圍內，哪個是最有價值的，是主管最關注的。對於關鍵問題，你無法掌控並且事關主管利益的，堅決與他保持一致，這裡不存在任何變化的可能。主管覺得重要的事情，你也要覺得重要；主管認為緊急的事情，你也要認為它緊急。總之，隨機應變的前提，是你應該合乎主管的想法，不能在根本上抵觸。

很多時候，我們要學會為主管當牆，在不傷及自身利益的前提下，必要時為他遮風擋雨。作為上層管理者，需要下屬做自己的左膀右臂。因此，一個不懂隨機應變的人向上的可能性很低，只適合做衝鋒陷陣的士兵，只有深諳主管心思的人，才容易得到重用，獲得廣闊的發展平臺。

鬼谷子說：「善變者，審知地勢，乃通於天，以化四時，使鬼神，合於陰陽，而牧人民。」這句話的意思是，一個人必須順應天時地利人和，隨時調整自己。事實正是如此，一個懂得臨機應變的人，才能擔當大任。若行事死板，言語僵化，則只能被管理，向上晉升的道路是封死的。

國內一家知名電器公司，因為售後服務出現問題，引起很多的消費者投訴，在當時反響很大，很多記者聞訊後，都來到該公司採訪，希望得到些內幕消息，把這件事炒成新聞焦點。

這群記者在公司門口，遇到了總經理的祕書，紛紛向她詢問情況。這位祕書這時做出一個錯誤決定，她對記者說：「我們總經理正在辦公室，這個問題你們還是直接採訪他比較好！」於是，記者們像洶湧的浪潮闖入總經理辦公室。

總經理躲也躲不開，只好硬著頭皮一個人應付記者們的狂轟濫炸，只能不斷地解釋和道歉，忙得滿頭大汗，狼狽不堪的形象很快出現在各大媒體頭條和電視新聞中。事後，他得知是自己的祕書「出賣」了自己，非常生氣，立刻將她解雇了。

這是一起典型的危機處理事件，女祕書很誠實，但對公司和她的上司而言，卻不負責任，更是缺乏頭腦。當她首當其衝遇到那些記者時，雖局面倉促，是一場遭遇戰，本該是她一次好好表現一番的良機，如若能替上司當一回擋箭牌，將記者打發走，或者將記者引向別處，保護上司，不讓其曝光，豈不是大功一件？在總經理眼中，她將是一位非常值得培養和提攜的下屬。然而，她的選擇既呆板而且錯誤，不僅對公司帶來巨大的負面衝擊，還讓上司顏面盡失，可謂不智。

有時，上司需要下屬隨時挺身而出，甘當馬前卒，替自己演好「雙簧戲」。身處這種環境時，我們一定要懂得權謀心機，臨機應變，配合行事，以贏得主管讚賞，從而火中取栗。

聖人立事，先知而揵——說話做事要有的放矢

遠而親者，有陰德也。近而疏者，志不合也。就而不用者，策不得也。去而反求者，事中來也。日進前而不御者，施不合也。遙聞聲而相思者，合於謀待決事也。故曰：不見其類而為之者，見逆。不得其情而說之者，見非。得其情，乃制其術，此用可出可入，可揵可開。故聖人立事，以此先知而揵萬物。

與君主遠而親，是因私下對君主有恩或他有求於自己；近而疏，則因與君主志向立場不合；找上門卻不被錄用，因所獻計謀不被欣賞；離去之後反受欣賞，因其主張的正確性得到了驗證；每天都在君主面前卻不被信任，因為其行為舉止不合君意；相隔遙遠卻被思念的，是因為其主張與君主相合，現在君主正急需他的進言和建議。所以，沒查清楚對方是哪類人就急於遊說，必然事與願違；未掌握實情之前就盲目獻策，也會遭到否定。只有充分瞭解情況，才可制定確實有效之術，這樣就能可出可入，可內揵也可離開。聖人立身

處世，都很擅長調查研究，有了先見之明和明確的目標，才能從容地做人做事。

對一個人知根知底，你才有控制他的辦法！

對一件事徹底瞭解，你才能迅速拿出解決的方案！

鬼谷子在這裡告訴我們，**說話做事要有的放矢，合理的策略應該充分調查研究，情況不明便亂做事，無異於無頭蒼蠅**。因此，合乎人心才有效果，才能言必中，事必果。

射箭要看準目標，漫無目的亂射一通，一隻獵物也打不到。說話要有的放矢，洋洋灑灑數萬言，卻總結不出一個明確的主題，對方聽著也迷糊，又怎麼會有效果？做事要先確立一個合理目標，方向不明，做起來也不踏實，可能走到最後才發現，付出這麼多，原來都是無用功。

《慾望都市》和《口紅森林》的作者Candace Bushnell在接受採訪時說：「能在三十秒鐘內向別人講清楚你的想法是很重要的，所以說話要迅速精準。」

說話最重要的技巧不是言辭漂亮，而是在最短的時間內讓對方看清自己的意圖和對別人的好處。而這個基礎，就是有的放矢。

有苦勞沒有功勞的人，多半都是因為無的放矢，效率低下；有些人三天打魚兩天曬網，沒見他做什麼，但就是業績好，收穫多，受重用，到哪兒都吃得開，因為他懂得「見其類而為之，合其情而說之」，做事總能找到目標，說話總能合乎情理，針對性強，故而事半功倍。

蘇秦初出茅廬時，年輕氣盛，躊躇滿志地來到秦國，上書給秦惠王說：「秦四塞之國，被山帶渭，東有關河，西有漢中，南有巴蜀，北有代馬，此天府也。以秦士民之眾，兵法之教，可以吞天下，稱帝而治。」可惜的是，他接連上書，都被惠王拒絕，沒有任何效果，直到「資用乏絕，去秦而歸」。

第一次求職，他窮困潦倒，失意而歸，遭盡了白眼和冷落。蘇秦於是痛定思痛，日夜發奮苦讀，揣摩鬼谷子的《陰符》等策謀經典，甚至「錐刺股」，終於學業大成，於是信心百倍地開始了他的第二次求職之旅。

這一次，他制定了思慮周密、具體可行的合縱禦秦策略：秦攻楚，齊、魏各出銳師以佐之，韓絕其糧道，趙涉河漳，燕守常山之北；秦攻韓、魏，則楚絕其後，齊出銳師而佐之，趙涉河漳，燕守雲中；秦攻齊，則楚絕其後，韓守城皋，魏塞其道，趙涉河漳、博關，燕出銳師以佐之；秦攻燕，則趙守常山，楚軍武關，齊涉渤海，韓、魏出銳師以佐之；秦攻趙，則韓軍宜陽，楚軍武關，魏軍河外，齊涉清河，燕出銳師以佐之；諸侯有不如約者，以五國之兵共伐之，六國從親以賓秦，則秦甲必不敢出於函谷以害山東矣。

這樣六國一體，同仇敵愾，榮辱與共，其人力、物力、兵力之和遠遠超出一個秦國，秦國絕不敢輕舉妄動，天下就能獲得和平。為保證合縱之術運作成功，蘇秦還用激將法誘使同窗好友張儀到秦國做官，與自己遙相呼應。經過蘇秦在各國間不辭勞苦地奔走撮合，六國在西元前三三三年歃血為盟，共同抵禦秦國，從此「秦兵不敢窺函谷關十五年」。

蘇秦的第二次求職獲得了巨大成功，他也因此被六國共同推為縱約長，執掌六國相印，達到事業的高峰。同一個有想法之人，兩次謀職，何以反差如此之大？

從他的這段經歷，我們可看到：

一，做事要有真才實學，說話要有說服力，蘇秦第一次失利，是因學業不精，以致遊說之辭缺乏感染力，很難讓秦王相信他有完成連橫統一大業的能力，所以對他不屑一顧。

二，要善於觀察和把握大勢，從而做出符合實際的行動，提高成功的機率。蘇秦正是因對天下大勢研究分析不夠，低估了六國實力，結果只能在秦國空手而歸。等他經過認真調查分析，終於從合縱市場找到了希望，說服六國放棄前嫌，接受了這一戰略決策，完成其夢想大業。

說人者，要瞭解遊說對象的心理需求；求職者，要把握用人方的人才取向，然後才能有的放矢展示自身才華。蘇秦第一次的失敗，恰因他提出的連橫策略和所持論據，與秦人當時的治國思想、目標追求和用人取向都有衝突，雙方根本合不來，又談何用武之地？所以即便一代雄才，也會因無的放矢的做事方法而遭到挫折。

在說話中，有的放矢就是「表現吸引力」，它應該有三個效果：

有針對性：特定目標受眾。你不能跟農民談金融改革，也不能跟銀行家談作物收成。針對性就是投其所好，並找到共鳴點。有可行性：你的方案、建議或論述內容，必須能打動對方，在心理共鳴的基礎上，對進一步深入合作產生興趣。當你拿著一個投資計畫坐在銀行家面前，讓他樂意掏出錢的重要步驟，就是讓他看到計畫的可行性。如果不能賺錢，即便他認同你的理想，與你心有戚戚焉，也僅此而已。

成功說服：一個有感召力的遊說過程，應該以對方接受你的建議為結束。無論你採取什麼手段，結果都是最重要的，也是唯一用來驗證你的方法是否正確的標準。

鬼谷子說：「得其情，乃制其術。」一次成功的談判、說服，有針對性地把握對方的真實需求，才是最為關鍵的。你的目標和語言的針對性都要強，而且要充分考慮對方的性格、情緒、習慣、文化以及需求差異，做到了這些，才談得上「可出可入，可揵可開」。

上暗不治，說而飛之——不要愚忠，良禽擇木而棲

欲合者用內，欲去者用外。外內者，必明道數，揣策來事，見疑決之。策無失計，立功建德。治民入產業，曰「揵而內合」。上暗不治，下亂不寤，揵而反之。內自得而外不留，說而飛之。

若想留下合作，則用內揵，用力於內；若想離開，則置身於外，用力於外。在內外之間選擇時，應先明確形勢，預測未來發展，並在各種資訊中做出果斷選擇。若運用策略正確，則能立功建德，使百姓安居樂業，這叫「揵而內合」。若君主昏庸不理政務，官員腐敗不堪，則應採取與內揵相反的思路。若在遊說過程中，發現君主只重本國人才，排斥外才，遊說之後應立即離去，以免遭禍。

古人云：良禽擇木而棲，良臣擇主而事。

鬼谷子說：「欲合者用內，欲去者用外。」其實便是良禽擇木而棲的思想。「上暗不

治，說而飛之。」既然君主昏庸，已經無可救藥了，那還留在這裡做什麼？苦勸無效，趕緊飛走就是了！

為自己選擇一家好公司、好部門、好靠山，不是所有的領導都值得你付出忠誠，要選擇那些可以為自己帶來盡可能多利益的合作者，還要考量雙方是否具備目標、價值觀以及做事方法的同與異。

孔子因為衛國政治腐敗，自己得不到重用決定離開。當時衛國的當權者孔文子準備出征，想聽聽孔子的意見，就過來向他求教，但是孔子說：「我只懂得禮儀，不懂得打仗，您還是找別人問吧。」

之後，孔子就催促學生們準備離開衛國。學生們不知其故，於是孔子說道：「鳥擇木，無木擇鳥。」

這句話後來就演變為「良禽擇木而棲，賢臣擇主而事」。孔子認為，君子遇事之時應看清在哪兒才能使自己的聰明才智得到最大程度的運用，就像鳥兒會選擇一棵高大茂盛的樹木棲息一樣。

「人往高處走，水往低處流。」

「鳳凰當選梧桐，門當還應戶對。」

「優秀的女人不會選擇平庸的男人過日子。同樣，一個充滿智慧的優秀男人也不會選擇庸俗的女人做老婆。」

這些經典的話表現的都是同一個道理：選擇不對，努力白費。

每個人都想找一個好公司，碰上一位好主管，但未必時時如願。碰上一個好平臺、好伯樂，自然是一大快事，但若是嫉賢妒能、貪財好色又陰險狡猾的主管，你怎麼辦？你要嘛深藏不露，靜待時機，運用自身能力把他搞下去，取而代之；要嘛，你就只能像孔子一樣，拍拍屁股離開，另尋佳處。

三國時代，堅定地選擇曹操、劉備或者孫權的，大多都有一個好的歸宿，跟隨三位「明主」建功立業，史上留名，像典韋、關雲長、諸葛亮以及周瑜這些忠勇兩全之士，因為選對了領導者，得到了一個無比廣闊的平臺，活著的時候盡忠盡職，征戰四方，死後揚名青史，受後人追崇。

但像袁紹、劉表、張魯之流，就是「壞木」和「昏主」的代名詞，如同現在由敗家子打理的公司，「遇大事而惜身，見小利而忘命」，白白擁有這麼好的資源，卻不是做大事的材料，像田豐、沮授一類的蓋世奇才，跟了袁紹之輩，只能是奇謀無著，死而有憾。

主管的命運往往就是一個團隊的命運，也就是下屬的命運。跟對了主管，才能得到一個好平臺。那些賢臣良禽，若選中的是個壞平臺壞主管，也許就變成奸臣劣禽了。胸無大志的主管，即便坐擁金山銀山，也會讓他吃盡敗光；腹有良謀的管理者，雖然開始艱難無比，但總能拔開雲霧見天日，一步步走出困境，逐漸壯大，那時，和他一起打天下的這些人，得到的才是真正的榮譽和回報。

因此，鬼谷子認為，找對明主，是施展才謀的第一步。如果對方不值得你與他合作，你就該抽身離開，否則，一起掉下懸崖之日，為期不遠。

莫知所為，退為大儀——退一步比進一步更需要智慧

若命自來己，迎而御之。若欲去之，因危與之。環轉因化，莫知所為，退為大儀。

若受重用，機遇降臨，不妨加以把握，大幹一場。若一旦決定離開，則應在危險來臨前果斷放棄。若經多次嘗試，內揵仍然不成，則應急流勇退，避開那些難以預測的凶險。

成功之道，在於精確把握內心慾望，適可而止，不讓貪心最大化。

所以鬼谷子強調，機會適合則建功立業，若不合則絕不強求，必要時還須有壯士斷臂，放棄某些既得利益的勇氣。

此為做事之道，亦為避禍之術。

每個人的利益，都不可能最大化，所以要懂得關鍵時刻捨棄、控制內心慾望的膨脹。

鬼谷子在這裡告訴了我們兩個原則：

一、危險的非分之想，堅決去除。

該你的，總歸屬於你；不該你的，別伸手去拿。

二、危險到來前，要懂得適時急流勇退。

有時候，退一步比進一步更需要智慧，癡迷於權力的後果就是丟掉所有權力，搭上身家性命。

晉代陸機《猛虎行》有云：「渴不飲盜泉水，熱不息惡木陰。」講的就是在誘惑面前的一種放棄和清醒。

卓越的軍事家總是在最重要的主戰場上集中優勢兵力，全力以赴去爭取勝利，而甘願在不重要的戰場上做些讓步和犧牲，坦然接受次要戰場上的損失和恥辱。同樣，在人生的戰場，我們也必須善於放棄，而傾注自己的時間和精力於主戰場上，不必計較次要戰場的一些無關緊要的得失。

以虎門銷煙聞名中外的清朝封疆大吏林則徐，便深諳放棄的道理。他以「無慾則剛」為座右銘，歷官四十年，在權力、金錢、美色面前做到了潔身自好。林則徐教育兩個兒子：「切勿仰仗乃父的勢力」，別在外面飛揚跋扈、仗勢欺人，炫耀自己的家族背景，實則也是其為人處世的準則。

在《自定分析家產書》中，林則徐說：「田地家產折價三百銀有零」、「況目下均無現銀可分」，一時之權臣，窮困竟至如此，可見其廉潔之狀。他終其一生，從來沒有沾染擁姬納妾之俗，即便放到現代社會，在官場恐怕也是很少見的。正因於此，林則徐在清末亂世不僅保全了自我，而且在歷史上留下一世美名。

非分之想，從不染指，這就斷絕了授人以柄的可能性。抓住別人的把柄進行攻擊，是厚黑之術的重要手段，但你若潔身自好，從不逾越雷池，從不貪心害人，他人又怎能揪住你的小辮子？這正是林則徐的苦心。

因此，當機會不合適時，與其抱殘守缺，不如果斷放棄。而如果抓住眼前的東西不放，甚至貪得無厭，就會惹來無盡的壓力，甚至毀滅。

北魏高官李崇和王元融，有一次他們隨太后視察，太后下令賜隨行人員布匹，任由他們自己挑選。李、王二人都怕拿得少，拚命地往身上放，結果由於背得太重，一個閃了腰，一個摔斷了腿，消息傳到太后耳朵裡，冷笑道：「貪心之人，莫過於此。」

非分之想是人性最大的弱點，貪心不足蛇吞象的道理，許多人都懂得，但真正能反省自身，做到良好控制的人並不多。所以，經由這節我們可以看到，真正有謀略的人，他們不但善於抓住別人貪心的弱點，適機予以打擊，而且能很好地控制自己的慾望，克制非分之想，做到滴水不漏，進退自如。

第十章：讓人才真心為你賣命，讓自己飛黃騰達

劉邦問韓信：「我的能力可以帶多少兵？」韓信說：「陛下最多不過十萬。」劉邦又問：「你能帶多少？」韓信驕傲地說：「對我來說，多多益善！」劉邦笑道：「既然如此，你怎麼還為我服務呢？」韓信這時回答：「我只是會帶兵，而陛下您，善於帶將。」

度權量能，征遠來近——五分鐘看穿真假人才

凡度權量能，所以徵遠來近。立勢而制事，必先察同異，別是非之語，見內外之辭，知有無之數，決安危之計，定親疏之事，然後乃權量之，其有隱括，乃可徵，乃可求，乃可用。

凡善於揣度人的權謀和考量人的才能，就能吸引遠近人才為我所用。作為管理者，立勢才能制事，有氣場而且有目標，才能網羅人才，然後考察人才與自己的同異，辨別此人哪些與己相同，哪些不同，考察他對是非的判斷，對內對外的言辭有何差別。經由這些，可得知他是擁有還是缺失。

還可以令他決斷計謀，考察其設謀能力；問他與誰親近，與誰疏遠，考察他的人事關係處理的能力。最後綜合分析，對其整體素質得出判斷。對可塑型的潛力人才，尤其值得關注，需要徵召、聘請和使用。

俗話說：千里馬常有，伯樂不常有。鬼谷子認為，要用人，就得先考人。**考量人才的具體特點，鑑別他是不是人才，然後分析他的優劣，他的才能到底可用在什麼地方。**

對管理者而言，用人前提是鑑人，不會鑑人，也就不會用人。鑑人之時，不僅要看才華，還要注意對方的德行與人品，理想與目標，忠誠與否，這些都很重要。

日本的住友銀行在招考幹部時，其總裁曾出過這樣一個試題：「當本行與國家利益發生了衝突，你認為應如何處理？」

許多人都回答「應為住友的利益著想」，總裁認為「不能錄用」；還有另一些人答「應以國家利益為重」，總裁認為「僅僅及格，不足錄用」。

最後，有個人這樣回答說：「對於國家利益和住友利益不能兼顧的事情，住友絕不染指！」

總裁的評語是：「卓有見識，加以錄用。」

這件事對我們應該如何鑑人，有著很大的啟發作用。真正的人才他總能拋開「非此即彼」的思維，從第三個角度去思考問題。天性者，天機，即是天道；人心者，人機，即是人道。守天機者存，順人機者亡。

就如同住友總裁的這個面試問題，國家利益是天道，公司利益是人道，如何選擇？觀天道，執天行，保人道，中立不倚，維護國家利益，但絕不損失公司利益，辦法就是不染指無法雙方兼顧的事情。

華爾街的基金投資顧問羅伯特，早年間四處求職，被拒無數次，得到的總是冰冷冷的面孔和拒絕。羅伯特失望透頂，準備放棄投身金融業的理想，這天他經過美林銀行，抱著試試運氣的想法，最後再試一次，幸運的是，他成功了。

這究竟是什麼原因呢？

原來美林銀行的證券部經理懷斯先生拿出近期的市場案例，問了他一些問題，很快就發現羅伯特是難得的基金管理人才，雖然經驗稍欠缺，但卻對市場變化擁有極為出色的感知力，而且對於自己不懂的問題，他非常謹慎謙虛地傾聽懷斯先生的講解和糾正，表現出了極強的接受能力。

由此，懷斯先生說：「羅伯特首先用他善於傾聽的優點打動了我，對於一名投資顧問來說，這是多麼棒的品德，一般人是很難想像的！一個不肯傾聽客戶談話的投資顧問，他就沒有辦法做到瞭解客戶的全部資訊，尤其是那些資料上表現不到的細節，也就無法成為一名優秀的投資顧問。而且我認為，一個喜歡傾聽的人，也一定善於思考，他能夠抓住對方本意，領會其要旨。」

善聽是一種優秀的素養，鑑人者必須注意的第一要點，只有經過長期的鍛鍊才能形成。同時，這樣的人也一定具備謙遜的品德，隨和的個性，具有優秀管理者的潛質。

其次，回答問題簡潔、準確，甚至說話時的語氣，也是我們用來鑑人的必備內容。一般來說，三言兩語就能切中問題要害的人，往往是思維縝密、周詳而又迅速果斷的人。他們對事物體察入微，而且客觀全面，做出的決定也十分可靠，是能夠擔當重任之人。而那些答非所問，總要用很長時間、很多言辭來糾纏同一個問題的人，他們在語言表達和思維方面缺陷極為明顯。

鬼谷子說：「察同異之計，別是非之語，見內外之辭，知有無之數，決安危之計，定親疏之事，然後乃權量之。」這段話講了對人才的具體考察，根據鬼谷子的建議，我們不妨常用如下方法去試探一個人。

一、問之以是非，觀其志。

與他討論對各類事物是非對錯的看法，要先觀察他的立場、觀點、信仰、志向是否明確堅定。

二、窮之以辭辯，觀其變。

就某些現實問題的處理意見，與他不斷進行辯論，提出質疑或不同意見，考察他的智慧與應變能力。

三、咨之以計謀，觀其識。

對他提出諮詢，請他對一些重大問題提出自己的謀略和決策方案，考察他是否有相關足夠的能力和見識。

四、告之以禍難，觀其勇。

告訴他可能面臨的災禍和困難，識別他是否能夠臨危而出，承擔責任。

五、醉之以酒，觀其性。

酒場是重要的考察場合，酒後吐真言，是一句千古真理。勸他多飲酒，觀察他是否貪杯、是否有酒場經驗、酒後能否自制，以及表露出來的本來性格如何，來看他是否表裡如一及日常能力。

六、誘之以利，觀其廉。

以利誘之，把他放在有利可圖或者可以得到非分利益的位置，看他是否廉潔奉公、以你的利益為重，還是貪圖私利，見利忘義。

七、期之以事，觀其信。

以具體事相委託，讓他獨立自主地去完成某種工作，考察他是否恪盡職責、克服困難，想辦法去把事情辦好，還是欺上瞞下、應付了事。

鑑人的方法還有很多種，根據我們的具體需要，不一而足，可以靈活運用鬼谷子提出的鑑人原則。「權量之」，找到自己「可徵，可求，可用」的人生或事業幫手。

鉤箝之語，其說辭也——如何讓人才真心為你賣命

引鉤箝之辭，飛而箝之。鉤箝之語，其說辭也，乍同乍異。

先誘使他說出實情，以此來箝住對方。鉤箝之語是一種遊說辭令，如何應用，可根據實際情況來定，或同或異，並無固定教條。

怎麼才能箝住一個人？威逼利誘是最差勁的方法。

鬼谷子在這裡告訴我們，量才而用，他才真心為你賣命。

這裡講的是對人才的籠絡控制之法，怎樣才能讓人信服你、願意幫你做事呢？有些人善於整體創意，而有些人精於具體執行，當經由初步的考量之後，就應該將他們安排在最合適的位置上，去做最擅長的工作。

鑑人很重要，而用人則是更高深的學問，歷史上那些成功的帝王，現代社會那些偉大的企業家，無一不是了不起的用人大師。事實上，正是他們高明的用人之術，才幫助他們

實現了胸中理想，筆下藍圖。

在一次宴會上，李世民對王珪說：「你善於鑑別人才，尤其善於評論。你不妨從房玄齡等人開始，都一一地做些評論，評一下他們的優缺點，同時和他們互相比較一下，你在哪些方面比他們優秀？」

王珪回答說：「孜孜不倦地辦公，一心為國操勞，凡所知道的事沒有不盡心盡力去做，在這方面我比不上房玄齡。常常留心於向皇上直言建議，認為皇上的能力德行比不上堯舜很丟面子，這方面我比不上魏徵。文武全才，既可以在外帶兵打仗，又可以進入朝廷作管理，在這方面，我比不上李靖。向皇上報告國家公務，詳細明瞭，宣佈皇上的命令或者轉達下屬官員的彙報，能堅持做到公平公正，在這方面我不如溫彥博。處理繁重的事務，解決難題，辦事井井有條，這方面我也比不上戴胄。至於批評，表揚清正廉署，疾惡如仇，好善喜樂，這方面比起其他幾位能人來說，我略有所長。」

李世民聽了，非常贊同他的話，而大臣們也認為王珪完全道出了他們的心聲，都說這些評論是正確的。

從王珪的這番話中，可以看出在李世民的管理團隊中，每個人是各有所長，各司其職，組成了一臺功能齊備的管理機器。由此也可知，李世民能將這些大才依其專長放到最適當的職位上，使他們盡可能發揮所長，才開創了歷史上有名的貞觀之治。

有句話叫「得人才者得天下」，用在劉邦身上可謂再合適不過，一個不喜歡讀書的「潑皮無賴」（其父語），在秦末亂世揭竿而起，擊敗貴族出身的項羽集團，奪得天下，建立漢朝，憑藉的正是「會用人」這個最大的法寶。

《史記》曾記載劉邦與韓信的一段對話，劉邦問韓信：「我的能力可以帶多少兵？」韓信說：「陛下最多不過十萬。」劉邦又問：「你能帶多少？」韓信驕傲地說：「對我來說，多多益善！」劉邦笑道：「既然如此，你怎麼還為我服務呢？」韓信這時回答：「我只是會帶兵，而陛下您，善於帶將。」

韓信一語道破天機，劉邦不會帶兵打仗，但他善於使用這些軍事將領。在謀略方面，他比不上張良、陳平；在打仗方面，他比不上韓信、彭越；在治理國家上，他不及蕭何。然而，劉邦能夠最大限度地使用人才，知道把手下的人才放在最合適的位置，還可以控制他們，使他們忠心耿耿，這就是他的高明之處，也是飛箝之術的最高境界。

正是由於他能夠信任人才，使用人才，充分地啟動他們的積極性，又暗中加以防範和控制，從而把當時天下的人才，都集結在自己的周圍，形成了一個最佳化組合，這樣一來，他奪得天下也是必然的事情，不當皇帝都不行了。而作為他的對頭項羽，孤僻自傲，疑心重重，白白浪費了手底下那麼多能人志士，有才不會用，只會逞匹夫之勇，即使不敗給劉邦，也會敗給其他人，這個性格已經註定奪不了天下，當不上皇帝。

對現在的管理者而言，飛箝術更是重要。每個主管者都必須學會組織團隊，掌握團隊。其中，觀才、鑑才、用才，是主管者應該考慮的關鍵步驟。人盡其用，才能為你所用，團隊才能發揮最大的效能。

量能立勢，事用抵巇——籠絡人才和駕馭人才的心理操縱術

其不可善者，或先徵之，而後重累；或先重累，而後毀之；或以重累為毀；或以毀為重累。其用或稱財貨、琦瑋、珠玉、璧帛、采邑以事之。或量能立勢以鉤之，或伺候見澗而箝之，其事用抵巇。

對於不好籠絡的人才，可先召來，與之聯絡感情，感化之。感化後，再使他充分發揮自己才能。助其發揮才能的過程中，再進一步聯絡感情。方式因人而異，有的可賞賜財物、美玉、珠寶、白璧或許以封地，有的可為他創造一個發揮才能的好平臺，而有的，也可經由觀察其內心弱點對症下藥，運用抵巇之術控制。

對那些那些不好籠絡的人才，有什麼辦法呢?鬼谷子告訴我們兩個辦法：

第一，把人才當朋友，當知己，給他很高的待遇，和他同心做事，利益誘之，真情動之，使其感激涕零。

這時就用到了利誘，但一定要真誠。「財貨、琦瑋、珠玉、璧帛、采邑」，這都是利益，但利益並不是赤裸裸的，它也可以包裝得很漂亮，很花俏，甚至很有道德感。除了利益，還有更厲害的一招：真情感化！

不信？看看我們的劉皇叔。他在用人和待人上顯得尤為心誠情真，寬仁有度，信誠待人，營造出了一種肝膽相照、相互信任、始終不渝、同命運共呼吸的真摯氛圍。無論對前期投奔他的人還是在荊州跟隨他的人、入川後歸附他的人，劉備都量才使用、一視同仁、不存偏見、處事公正。

縱觀劉備的一生，他以其自身強大的政治號召力和自身的人格魅力吸引了大批的人才。關羽、張飛、諸葛亮、趙雲……個個都能獨當一面，對劉備死心塌地、終生不渝。關羽堅決拒絕了當時實力遠大於劉備的曹操，毅然離開，千里走單騎，回到了劉備的身邊。諸葛亮從劉備三顧茅廬後，就忠心不二地跟隨劉備征戰南北，甚至在劉備過世後還捍衛昏庸的劉後主，鞠躬盡瘁、死而後已。

歷史上還有一個「握髮吐哺」的故事：周武王的弟弟周公，他代成王攝政。有一天，他聽說賢士來訪，自己正在洗頭，立即把頭髮握住，急忙出去接見這位賢士；哪怕正在吃飯，也馬上將飯吐出來，熱情接見。

以現代人的角度看，周公的做法無疑虛偽極了，有很大的做秀成分，但在古代，那些所謂的賢士難免感動得一塌糊塗，即使是隱士，也不免動了出來輔佐周公的想法。「真情動之」，這一招對人才來說，從來都是威力巨大的利器，高明的管理者，非常善於在關鍵時刻祭出這一手。

因為人終歸是情感動物，士為知己者死，追求的是一個善待自己的好主管，一個無限發揮的平臺，當這一切同時擺在面前時，有誰會捨得拒絕？所以，善用情者，人心所向。

鬼谷子說：「或先重累，而後毀之。」先用真誠的情感進行感化，再去發揮他的才能。**籠絡一個人的根本之道，除利益的許諾之外，還在於籠絡他的心，這個道理是永遠是不會變的。**

第二，不要放過任何一個細小的機會，抓住性格的弱點，甚至某些把柄。其中，就需用到抵巇之術。

楚漢戰爭中，劉邦與項羽殺得火熱，難分難解，而齊地的韓信坐山觀虎鬥，他站在哪一邊，哪一邊的勝率就更高。劉邦此時採納了謀士的建議，許韓信封地齊國，封其為齊王，韓信得到了承諾，於是從齊發兵，兩路夾擊，滅楚，逼殺項羽。劉邦當了皇帝，反過頭來就抓住這件陳年舊事，想辦法除去了韓信。此便為籠絡之詭道，又是借題發揮的抵巇之術。

唐貞觀十九年，李世民親征高麗，太子監國，房玄齡留守京師，一切大事皆可自行處理，無須奏請。太宗離開京城後，一天，有個人要狀告房玄齡，房玄齡聽說告自己，立即將此人經由驛站送往太宗所在。李世民二話沒說，立即將此人當場處決，然後下詔批評房玄齡說：「老房你太沒自信了！」

李世民此舉非常高明，他未經審問，就將告狀的人殺掉，然後以下詔的方式「通知」了房玄齡，將自己對他的信任展示得無以復加：你看，有人告你，我直接殺掉他。使房玄齡對他感恩戴德，更加賣力地工作。同時，這又是抓住了房玄齡的一個「小辮子」，因為這是一樁不解懸案，房玄齡到底做了什麼，導致有人想告他？李世民並沒有追究，但日後他有的是機會拿出來發揮一下，隨時都能以此為藉口，將房玄齡拿下來。

由此來看，房玄齡豈不是被皇帝製造了一個「巇」麼？可見在駕馭人才這方面，李世民是中國歷史上難得一見的天才，真正做到鬼谷子所言的「量能立勢以鉤之，或伺候見澗而箝之，其事用抵巇」。

用之天下，度權量能——想飛黃騰達，就要掌握投奔之道

將欲用之於天下，必度權量能，見天時之盛衰，制地形之廣狹、阻險之難易，人民貨財之多少，諸侯之交孰親孰疏，孰愛孰憎，心意之慮懷。審其意，知其所好惡，乃就說其所重，以飛箝之辭，鉤其所好，乃以箝求之。用之於人，則量智能、權材力、料氣勢，為之樞機以迎之隨之，以箝和之，以意宣之，此飛箝之綴也。

想把才華用之於天下，就須比較分析，瞭解諸侯權力和能量，考察自然社會及天地盛衰（天時），掌握地形和山川之勢（地利），瞭解人民財富和民心（人和）。還要考察各諸侯中的親疏、愛憎關係。綜合分析之後，再決定自己最佳的投靠對象。詳細考察分析對方的想法及胸懷，審察其意向，瞭解其好惡，抓住對方最注重的問題遊說他，先用「飛」的方法投其所好，使其欣悅，再用「箝」的方法控制他，得到信任和重用。如果想為人所用，我們首先要揣摩對方的智慧和才能，權衡其實力與氣勢，以此為突破口與之周旋。若

決定投靠，就應有意識地適應對方，迎合其需求，隨其心意，再為其謀劃解決問題，從而站在同一個陣營中，這便是飛箝之術。

一個人要想飛黃騰達，必須掌握投奔之道。

如果你自己做不了老闆，就得為自己找個好老闆。

對一名人才來說，飛箝之術可用於尋找一個事業平臺，並進而控制主管。對管理者而言，飛箝之術則是「才盡其用」的法寶，手底下有了合適的人才，我們就得給他合適的平臺發揮，否則前面的一切工作都是沒有意義的。因為才盡其用，人才才有價值。

騎奴出身的衛青，因姐姐衛子夫的受寵而改變命運，但漢武帝看中衛青的，從根本上還是他的軍事指揮天才。在對衛青的使用上，漢武帝可謂大膽而又堅決。其一，不問出身，不看門第，對一名騎奴破格提拔；其二，賦予其訓練騎兵的重任，並在合適的時機果斷給他實戰機會，有了一次戰功，立即交給他漢朝軍隊全部的指揮權。

漢武帝對衛青的使用，全力支持，提供一切有利條件。因為這個平臺，衛青得以展示自己的才能，七戰七捷，驅逐匈奴幾千里之外，最終在漠北取得決定性勝利，從此匈奴不敢南下牧馬，漢朝迎來了百年和平。

作為管理者，懂得給下屬發揮才華的機會至關重要。優秀的管理者，需要引導下屬緊盯任務目標，給他充分支援，「壓榨」下屬所有的智慧、才能，去出色地完成任務。這個過程就是給予下屬機會的過程，每個人都希望在領導者的旗下獲得這樣的平臺，沒有後顧之憂地做事。

強將手下無弱兵，對於善用人的領導者來說，一定是這樣。因此，管理者必須「度權量能」，把工作重擔進行分解，為下屬分配任務，各人承擔相應的部分。分配任務和控制工作的效果，就是必須根據下屬各人的長短、優劣來進行「組織」，發揮各人所長，避其所短，使團隊的潛能充分發揮出來，同時又對他們的工作進行控制和監督。

從這個角度講，三國時代的諸葛亮在用人這方面，並不合格。蜀國中後期人才匱乏，原因很多，諸葛亮的鞠躬盡瘁、死而後已、事必躬親的工作作風，其實產生了很大的作用，這讓很多年輕才俊失去太多實戰鍛鍊的機會，沒有得到足夠的平臺。

一個真正優秀的團隊，應該是不怕缺乏任何一個人的。所以，在管理方面獨裁的諸葛亮，死後付出了代價。諸葛一死，蜀國立刻陷入後繼乏人的狀態，最終亡國。

對團隊來說，人才發揮的平臺很重要，對我們個人而言，找到一個適合自己才能的突破口，更是相當關鍵。從另一個角度講，發現商機，找到賣家，是每個人經營自己的基本原則。

有個魯國人擅長織葛，他的妻子擅長織絹。在當時，葛通常用來做草鞋，而絹通常用來做帽子。有一天，這個魯國人做了一個決定，準備舉家搬到千里之外的越國去謀生計，因為越國人賣鞋子的少，市場大有可為。

魯國人剛一做出這個打算，身邊便有人取笑他，說越國人從來不穿鞋不戴帽子的，像你們夫婦這樣編鞋做帽子的人到那邊去做什麼，不賠死才怪啊？很多人嘲笑魯國人的愚昧無知，豈不知，正因穿鞋的人少，鞋的銷售前景才更好，因為一個國家的人，不可能永遠不穿鞋，只要抓住時機多去推銷，穿鞋的人總會越來越多。顯而易見，在這個魯國人心中，他眼中的越國，一定是這麼一個適合他生存的環境，到處都是商機。

國外也有一個小故事，與「魯國人搬家」是類似的，兩個推銷員分別被各自的公司派往太平洋上的一個島國去開拓公司的鞋業銷售市場。兩個推銷員到達那個島國以後，驚奇地發現，原來那個島國上面的居民是赤腳走路的，他們還不知道鞋子究竟是什麼東西呢。於是一個推銷員發了一條電報過去給自己的公司說：這個國家的居民出門不穿鞋，我們的產品在這裡沒有銷售市場。而另一個推銷員則發電報給自己的公司說：太好了，這個地方沒有一個賣鞋的公司，居民也不穿鞋，我們的產品可以在這裡推廣繼而普及了。

商人要善於發現商機，看到常人所不能看到的商機，你才能取得常人所不能取得的成功。對在職場打拼的人來說，尋找一個適宜平臺，當然亦是重要之事。鬼谷子說：「見天時之盛衰，制地形之廣狹、阻險之難易，人民貨財之多少，諸侯之交孰親孰疏，孰愛孰憎，心意之慮懷。」說的是一個大才考察天下形勢時的幾條標準，找工作當然達不到這些高度，但是**很顯然，對一份工作的發展前景、一家公司的發展環境進行具體的考量分析，然後得出一個整體的判斷，還是很有必要的。**

人總是往高處走的，好的環境會讓人如魚得水，事業一帆風順，壞的環境，卻只能使人離心似箭，又怎能做好事呢？

雖覆能復，不失其度——投奔明主後，你該怎麼做

用之於人，則空往而實來，綴而不失，以究其辭，可箝而縱，可箝而橫；可引而東，可引而西，可引而南，可引而北；可引而反，可引而覆。雖覆能復，不失其度。

為人所用，須在提出空的謀劃後，做一番實際的業績出來；時刻與領導者站在一起，不要失誤；經常研究對方辭令，揣度其意圖。把握這些關鍵，便可箝住對方，或縱或橫，或東或西，或南或北，或反或覆。儘管如此，還是要謹慎從事，莫居功自傲，不要喪失節度，逾越雷池。

建功，但不要貪功。

這不僅是一種超然的心境，更是保護自身利益的一招妙策。你得知道，居功自傲之人絕沒有好下場。有了功，你不說別人也知道，即便你不主動索要，你的好處也會有人記得。是你的跑不掉，不是你的，強求也沒用，而強取狂撈，難免就會逾越雷池，手伸到他

人和老闆的口袋裡了，那還有好處嗎？再重要的功臣也得殺掉，韓信就是這麼死的！

這正是鬼谷子要告訴我們的。「空往而實來」就是指，一個人必須做出點實際的業績，不能光空談，這樣才能被人真正重用。而**在立下功勞之後，尤需謹慎做人，小心做事，不可功高蓋主。**

用人：貪功的人不可用，只會花言巧語，腹中實無一物的人，也要小心警惕，去而遠之。

被人用：你要拿出真本事，但不要居功自傲，保持謙虛的品德，懂得分寸，適可而止。

劉邦的謀士張良，冷眼但不旁觀，智慧但不傲物，能進能退，使他成為千古謀士，成就了無數後世謀臣夢想達到的標準。張良「運籌策於帷幄中，決勝千里之外」，無可爭辯地成為開創大漢江山的第一功臣，功名已到極致。而功成名就之後，正當輝煌之時，他卻不居功自傲，果斷地急流勇退，隱居山林，過起了神仙一般的生活。

建功而不貪功，張良是很好的榜樣。比起被朱元璋殺掉的那些功臣，張良是聰明人，在君王面前「雖覆能復，不失其度」。

范蠡與文種共同扶助越王勾踐二十餘年，苦身戮力，卒以滅吳，被尊為上將軍。但是范蠡深知勾踐的為人，可與共患難，難與同安樂，於是看準時機，告老還鄉。他泛舟齊國，變姓名為鴟夷子皮，後至陶地，治產經商，自號陶朱公。因為經營有道，逐成巨富，民間有人尊陶朱公為財神。

范蠡走時，留了封信給文種，告誡他：「飛鳥盡，良弓藏；狡兔死，走狗烹。」勸文種和他一樣，及時隱退，不要居功。文種不以為然，他剛建成功業，還沒享福呢，怎肯輕易罷手？結果真就像范蠡所預料的，勾踐賜給文種一把名為屬縷的劍，說：「你當初給我出了七條對付吳國的策略，我只用三條便打敗了吳國，剩下的四條就在你身上用用吧。」

文種見此情景，悔不聽范蠡之言，只得自殺。這正應了鬼谷子的話，箝不住領導者，必反為所制，失去用途，良弓也會被毀。所以，功業可以立，但功勞不可瞎搶。

在現實中，我們到處看見的大都是不建功而貪功的人。

一個挺有才華的青年，到某公司上班做經理，事沒做兩件，就開口要車要房要地位，馬上就被老闆冷落了，過了沒多久，老闆便找了一個藉口把他開除。

開始他不理解，覺得作為一名被獵人頭公司挖來的優秀人才，要部車子要棟房子，不是自己應得的嗎？為何老闆不滿足自己呢？後來他自己開了公司，也成為了一名高級管理者，才慢慢想通了其間道理。皆因飛箝之術的實質，老闆對於下屬，要的是絕對控制，貪得無厭或者居功自傲的人，無論他才能有多高，都不會得到一絲一毫的重用。

歷史上，張良功成身退，范蠡成功轉型。皆因有遠見，不貪功，知進退行止，才成了通達之人。至今為止，幾千年來，有多少人能悟透、並且願意踐行這個原則呢？大多數人都被利慾所控制，只知趨利，不知避害，所以被高明的管理者所「箝」，成為「用則召來，用完則除」的棋子。

第十一章：出手不狠，江山不穩

決斷是一種能力，優柔寡斷難成大氣候，正所謂「出手不狠，江山不穩」。一件事，利有多大，害有多少？有沒有還沒看到的潛在風險？這些都需要首先考慮。你看到有些人不假思索就做出了果斷的決定，其實背後他已經經過細緻全面的權衡，從而做到出手狠辣，一擊即中！

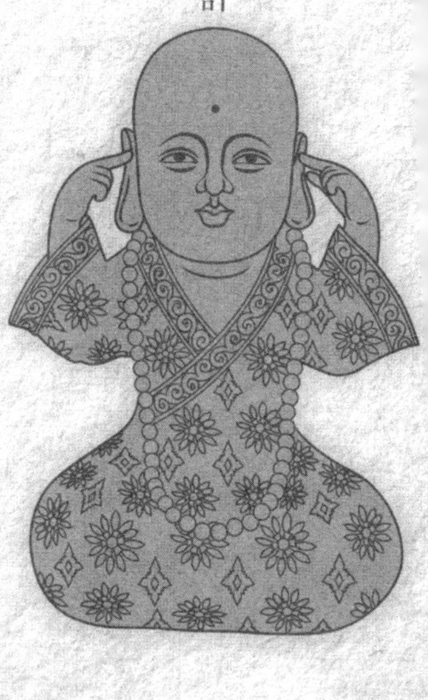

為人決物，必託於疑——前面是火坑，還是一池溫泉水

為人凡決物，必託於疑者。善其用福，惡其有患；善至於誘也，終無惑偏。

凡為他人決斷事情，都是受託於有疑難的人。一般說來，人們都希望遇到有利的事，不希望碰上禍患和被騙誘，希望最終能排除疑惑。

做決斷前需要做哪些工作？

依據一個人的性格和擅長的做事步驟，具體來說不一而足，但有一個原則是必須謹記的：**權衡利弊，反覆考量，並對行動的風險、成果進行評估，然後再做出符合自身需要的決定。**這就是鬼谷子在決篇主要講的東西。

一件事，什麼是福，什麼是患？利有多大，害有多少？有沒有還沒看到的潛在風險？這些都需要首先考慮。

你看到有些人不假思索就做出了果斷的決定，其實背後他已經經過了細緻全面的權

衡！做到了「終無惑偏」。如果他有一絲困惑和謎團，也不會輕易做出選擇。

面對「利」的誘惑，聰明人絕對不會失去一次好機會，但是聰明人也不會輕易地冒風險，凡事一定經過慎重思考，再三權衡。這時表現的是一個人捕捉機會和抵禦風險的綜合能力！

有時前面是一個火坑，但它偽裝成了一池溫泉水。一個夢想洗個溫水澡的人，可能不經思考就會跳進去。有些陷阱，其實我們只要告訴自己再冷靜十秒，它一定會現出原形，但超過八成的人不會等到五秒，腳步就會邁出去。

所以那個著名的「八〇／二〇法則」為什麼如此正確的原因，我們就找到了：全世界八成的錢都歸兩成的人所有，因為面對利害，總有八成的人做出錯誤的選擇。

出現這種局面的原因就是，超過八成的人很少做到全面的思考，他們只考慮事物的一方面，缺少從不同角度得出判斷、並缺少匯總分析的意識和能力。

小麗是一家公司的部門經理，為了尋求更大的發展空間，她隨同信任自己的上司一起跳槽了。到了新公司，上司拍著她的肩膀說：「好好做，我相信你的能力！」小麗聽了，滿心歡喜，她覺得上司的這句話不僅讓自己對未來充滿了信心，同時也激發了她努力工作的熱忱，以報答上司的知遇之恩。

可是，當小麗一心投入在工作上的時候，卻開始遇到諸多問題。首先，因為她是上司帶來的人，新同事對她有排斥、有防備，甚至有極深的敵意，把她當成該上司的嫡系看待，這讓她的工作很難展開。還有，上司因為也是初到這家公司，也需要適應新的工作環境和人事，並不可能真正過多地關照她。這些逐漸表現出來的問題，都如同巨石阻擋了她前進的步伐，打擊了她火熱的激情，讓她感到迷惑和痛苦。

考慮不周，匆匆行動，便嘗到苦果。當小麗決定隨上司跳槽時，她最需要的不是感性地點頭，而是對自己的職業生涯做個規劃，評估一下跳與不跳的利和弊，權衡一下跳槽的成本，然後再做決定。

比如，新公司與舊公司各自的資訊，現有工作的好處、不足，新工作的好處、不足；新環境與舊環境的對比，以及可能出現的問題。當然還有實際條件，職位、薪水、福利，這些可能在更大程度上決定了付出潛在成本到底值不值。

條件列得越清楚，就越容易判斷。列出之後，把目前公司的好處與新公司的好處相比，再把兩個公司的不足之處相比。兩相比較之下，如果天平向一個方向明顯傾斜，跳還是不跳就會結果立現。

然而，小麗並沒有做這些必要的工作，感性戰勝了理智，這正是人性的弱點。所以，小麗在決斷和行動之後，開始感到後悔。因為她思慮不周，預期的局面與現實完全是不一樣的，但她誰也不能怪，只能自己吞下苦水。

經常聽到有人說：「好了，我現在可以做了。」然後他真的開始做，但是兩天後，又聽到他說：「停，我還有一些事情沒想好，這真是太糟糕了，很多新問題，我完全沒有心理準備。」

大部分人都是這樣的，從不權衡，或者說權衡不夠，決斷之前的思考只是做做樣子，給自己一個心理安慰，意思是：我已經想好了，有了一個思考的過程，然後我就做吧，管它做好做壞呢！

失敗者很難回到自身尋找原因，這就是決篇的重要所在，因為每個人都必須走過這一步。有事決於內，決於外，不管決定做何事，利弊得失都是考慮的範圍。誰能把這個過程做得最好，誰就可以省時省力去做事，就像一座大廈，設計過程越專業，將來出問題的可能性就越低。「終無惑偏」，這是權衡的目標，也是我們採取行動的前提條件。

有利於善，隱託於惡——危害到他人利益時，需三思而行

有利焉，去其利，則不受也，奇之所託。若有利於善者，隱託於惡，則不受矣，致疏遠。故其有使失利者，有使離害者，此事之失。

在替人作決斷時，如果只對一方有利，那麼沒有利的一方就不會接受，這是因為依託的基礎不平衡。任何決斷本來都應有利於當事人的，但是如果其中隱含著不利的因素，那麼決斷者就不會接受，彼此之間的關係也會疏遠，這樣對替人決斷的人就不利了，甚至還會遭到災難，這樣決斷是失誤的。

我們決斷的目的就是實現預期目標，按照功利主義的教旨，為了實現目標可以使用任何手段，只要不毀滅自己。鬼谷子支持不擇手段，他的徒弟們也是如此踐行，為君主謀，為實現抱負縱橫捭闔，但是鬼谷子還認為，**合情合理是採取手段的基礎，必須盡可能照顧到每個人的利益，才能使自己的利益最大化，傷害到任何一方，都可能反過來對決斷人不**

利。

從這裡來說，我們在第一篇便講到的「不擇手段」也是有限度和範圍的！分清善惡，考量民心，慎重採取措施，是你我做事之前絕對要考慮到的基本原則。至少，我們不能無惡不作，也最好不要讓人鄙視。

一些企業，為了賺錢和實現盈利目標，就昧著良心賺黑心錢，雖然錢是賺到了，卻害了無數人，最後還是把自己搞垮了。

作為個人，做事手段的合理性尤其需要考慮。利益的調和，對正道的堅持，以及基本的情理，如果能考慮周全，均有顧及，那麼將是目標與過程完美結合的決斷；如果不是，肯定有遺憾夾雜其中，若利益不公，或只是單贏，留下的隱患就會比較多，現在看似平安無事，將來一旦讓人抓住機會，就會對你「以彼之道還諸彼身」，也不會留後路給你！

歷史上，李世民為了達到自己當皇帝的目的，不擇手段製造了「玄武門事件」，在玄武門附近殺死了自己的長兄（當時的皇太子李建成）和四弟（當時的齊王李元吉），逼迫父親立自己為新任太子，並最終繼承皇位。

如果我們唯結果論，李世民的成功是偉大的，成王敗寇，歷史總是由勝利者書寫，但從合理性和合法性而言，李世民殺兄逼父的行為並不值得推崇。並不能因為李建成同樣想殺死他這個弟弟，就肯定他先下手為強的動機。也因此，李世民當了皇帝之後，對這段過去心懷愧疚。有歷史學家稱，這也許正是唐太宗精心治國的動力所在。

現代社會自由經濟下，一切向錢看的價值觀充塞每個角落，一些不擇手段先富裕起來的人，成為了人們紛紛效仿的「楷模」。在這種思潮主導下，各行各業都出現了不同程度上為了牟利而不擇手段的現象。

當商人們看到使用賄賂的手段，能夠迅速獲得財富時，造就了一批昏庸腐敗的貪官；

當官員看到一部分不擇手段的人先富裕起來，權力尋求利益蔚然成風時，就發生了權錢交易案；

當漂亮女孩們看到用身體和有權或有錢的男人交換，能夠迅速獲得物質享受時，眾多和睦的家庭伴隨著「小三」的繁衍迅速瓦解；

當醫生不擇手段地在病人身上打主意時，就發生了「孕婦不孕」事件。

地產大亨潘石屹有句名言：「不要犯法，可不擇手段。」用來闡述鬼谷子在這段要表達的精義，十分準確。在合法的範圍可以做任何事，在基本道德的框架內，我們也可以充分發揮聰明才智，謀略權術，爭個高低，但若超越這兩個標準，危害到他人的基本權益時，就需三思而行了！

以陽德之，以陰賊之——做人要懂放長線釣大魚

聖人所以能成其事者有五：有以陽德之者，有以陰賊之者，有以信誠之者，有以蔽匿之者，有以平素之者。陽勵於一言，陰勵於二言，平素、樞機以用；四者微而施之。

聖人所以能完成大業，主要有五個途徑：有用陽道來感化的；有用陰道來懲治的；有用信義來教化的；有用愛心來庇護的；有用廉潔來淨化的。行陽道則努力守常如一，行陰道則努力掌握事物對立的兩面。要在平時和關鍵時刻巧妙地運用這四方面，小心謹慎行事。

「聖人」為什麼可以做大事，因為他們站得高，看得遠，所以才能完成大業。陽道為事功，幫我們建功立業；陰道為謀略，助我們具體的做事；信義為堅持，給我們毅力；愛心為寬仁，讓我們積聚人脈，處處結朋友；廉潔為品德，可樹立崇高的威望。

五德俱全，一個人就接近完美了，但還不夠，還有必要加上「耐心」二字。有了耐

心，你就會發現，我們做任何一個細小的決定，都要服從整體戰略，不能因為短期利益，去破壞長遠的目標。隨便扔根線也能釣上魚，但只有放長線才能釣大魚。小魚再多，也不過是暫時滿足牙口的小利罷了，只有大魚才是大利。

《韓非子》中說：「顧小利則大利之殘。」許多人都因為貪圖眼前小利，因由短暫的需要，在做決定時，而放棄對長遠大局的考慮，從而為自己帶來了禍端。

晉國想攻打小國虢，而進攻虢必須經過虞國。因此，晉王乃贈給虞國國王很多寶物與駿馬，要求虞王讓晉國軍隊經由虞國，而能順利攻打虢國。虞國有一位大臣極力反對借路給晉國。他說：「我國與虢國關係十分的密切，如果借路給晉國，那麼虢國滅亡的同時也將是我國滅亡之日。請陛下絕對不要接受晉國的禮物。」

但是，受到耀眼的寶石和美麗的駿馬所蒙蔽的國君卻不聽大臣的忠告，自願借道給晉國。結果正如大臣所猜測的那樣，晉軍在滅了虢之後，回程便攻破虞國，寶石和駿馬當然又物歸原主了。

由於虞國國君受到眼前利益的誘惑而不顧後患，終至於亡國。也許有人會取笑虞王的愚蠢，其實像他這樣鼠目寸光的人，我們身邊比比皆是。

喬伊·吉拉德是被金氏世界紀錄譽為「世界上最偉大的推銷員」。他所運用的正是「放長線釣大魚」銷售法。他認為所有已經認識的人都是自己潛在的客戶，對這些潛在的客戶，他每年大約要寄上十二封廣告信函，每次均以不同的色彩和形式投遞，並且在信封上避免使用與他的行業相關的名稱。

一月份，他的信函上是一幅精美的喜慶氣氛圖案，同時配以幾個大字「恭賀新禧」，下面是一個簡單的署名：「雪佛蘭轎車，喬伊·吉拉德上。」此外，再無多餘的話。即使遇上大拍賣期間，也絕口不提買賣。

二月份，信函上寫的是：「請你享受快樂的情人節。」下面仍是簡短的簽名。

三月份，信中寫的是：「祝你聖派翠克節快樂！」聖派翠克節是愛爾蘭人的節日。也許你是波蘭人，或是捷克人，但這無關緊要，關鍵的是他不忘向你表示祝願。

然後是四月、五月、六月……

不要小看這幾張印刷品，它們所發揮的作用並不小。不少客戶一到節日，往往會問夫人：「過節有沒有人來信？」「喬伊·吉拉德又寄來一張卡片！」這樣一來，每年中就有十二次機會，使喬伊·吉拉德的名字在愉悅的氣氛中來到每個家庭。

喬伊·吉拉德沒說一句：「請你們買我的汽車吧！」但這種「不說之語」，不講推銷的推銷，反而讓人們留下了最深刻、最美好的印象，等到他們打算買汽車的時候，往往第一個想到的就是喬伊·吉拉德。

事實正是如此，我們做事看長遠，做人更要如此，必須懂得放長線釣大魚的道理。要想釣到大魚，你要把線儘量放長，在與人打交道時，莫草率對他做出判決，而是保留餘地，勤聯絡，天下朋友多多益善，哪怕這個人目前是多麼落魄。你要知道山不轉水轉的道理，不一定哪一天，他就會鹹魚翻身，到時，他就成了你的貴人，說不定在關鍵時刻幫你一把。

所以，當我們在建立自己的人際關係網時，就要具有放長線釣大魚的眼光。當我們面對一個人時，需要慧眼識英雄，對有價值有潛力的人做出判斷，然後進行長期的感情投資，等時機一到，你一定能連本帶利收回！

危而美名，可則決之——當斷不斷，反受其亂

於是度之往事，驗之來事，參之平素，可則決之。王公大人之事也，危而美名者，可則決之；不用費力而易成者，可則決之；用力犯勤苦，然不得已而為之者，可則決之；去患者，可則決之；從福者，可則決之。

推測以往的事，驗證未來的事，再參考日常的事，如果可以，就作出決斷；王公大臣的事，崇高而享有美名的，如果可以就作出決斷；不用費力輕易可獲成功的事，如果可以就作出決斷；費力氣又辛苦，但不得不做的，如果可以就作出決斷；能消除憂患的，如果可以就作出決斷；能實現幸福的，如果可以就作出決斷。

印度有一個年輕人，氣質非凡，不知迷死多少女人。

某天，一個貌美女子來敲他的門，她說：讓我做你的妻子吧！錯過我，你將再也找不

到比我更愛你的女人了！年輕人雖然也很中意她，但仍回答說：讓我考慮考慮！

年輕人用研究學問的精神，將結婚和不結婚的好、壞所在，分別條列下來，才發現，好壞均等，真不知該如何抉擇！於是，他陷入長期的苦惱之中，無論他又找出了什麼新的理由，都只是徒增選擇的困難，遲遲無法做出決定。

最後，他得出一個結論——人若在面臨抉擇而無法取捨的時候，應該選擇自己尚未經驗過的那一個。不結婚的處境自己是清楚的，但結婚會是個怎樣的情況，我還不知道？對！我該答應那個女人的央求。

然後，年輕人來到女人家中，對那位癡情女人的父親說：「您的女兒呢？請您告訴她，我考慮清楚了，決定娶她為妻！」

女人的父親冷漠地回答：你來晚了十年，我女兒現在已經是三個孩子的母親了！

也許這位年輕人很可笑，但故事本身反映的道理卻一點也不可笑，因為到處都有這種由於自己的優柔寡斷而錯失良機的人。當決定應該馬上做出時，這些人出於不自信或者不確信的考慮，遲遲做不出決斷，等他們想清楚，菜已經涼了。

一位成功的企業家曾說，資歷很好的人實在很多，但大都缺乏一個非常重要的成功因素，那就是果斷性。實際上，管理者的任何決策都是在已知條件有限的情況下做出的，根本不存在各種條件都一清二楚、結果也一目了然的決策，我們只有在行動以後才能判斷當初的決策明智與否。

當斷不斷，反受其亂。許多人不是敗在選擇不對，而是輸在決斷不夠及時。就像百米賽跑一樣，你起跑沒別人快，你就輸了一半，因為大家能力上相差不多，發力跑起來不分彼此，起跑線上的較量就決定了最終的輸贏。

所以當形勢需要你馬上決斷時，不能有絲毫的猶豫。這考驗一個人的決斷能力，也考驗他的勇氣、自信和智慧。什麼叫「度之往事，驗之來事，參與平素」？就是指一個人做出決斷的基礎，他的經驗怎麼樣，綜合過去、現在、未來類似的事情，以及目前的環境，對這件事的判斷能力如何。

優柔寡斷的人沒人喜歡，做事猶豫不決，不但危害自身，也危害盟友以及這個團隊。這樣的領導者絕對沒人願意投靠，這樣的員工也得不到重用，這樣的朋友不值得交往，這樣的家人對你來說就是累贅！如果你與他們保持親密關係，不能在利害攸關的問題上保持距離，一定反受其害！

很多人，他們有許多好的計畫沒能實現，只是因為到了該說「我現在就去做，馬上開始」的時候，卻選擇了說「我將來有一天會開始去做，但是現在要等一等，讓我們再想一想」。

從這段話我們可以體悟到「現在立刻做出決定」的重要，而「明天」、「下個禮拜」、「以後」、「將來某個時候」或「有一天」，往往就是「永遠做不到」的同義詞。

凡是積極主動的人，他們都是率先抓住機會果斷決策的人；而那些在生活工作中處於被動狀態的人，則優柔寡斷，找藉口拖延，直到最後失去機遇，空餘懊悔。

如果我們能仔細研究這兩種人不同的作為，就會從中發現為人處世的成功奧妙，那就是鬼谷子所說的「可則決之」。**在權衡周詳的基礎上，一旦發現情況許可，就請立刻做出最接近正確的決斷。**

決情定疑，萬事之基──冷靜是最簡單的智慧

故夫決情定疑，萬事之基，以正治亂，決成敗，難為者。故先王乃用蓍龜者，以自決也。

解決事情，確定疑難，是萬事的關鍵。澄清動亂，預知成敗，這是一件很難做到的事。所以古代先王就用筮草和龜甲來決定一些大事。

心亂則事亂，事亂則危。因此越是重大關頭，就越需沉著鎮定。

從前有個商人，在外經商十年終於致富。但是有了錢，他卻不知道如何來處理這些錢。他向一位和尚訴苦，這位和尚便開導他說：「你一向貧窮，沒有智慧，現在有了錢，不貧窮了，可是依然沒有智慧。我勸你進城裡去，那裡有大智慧的人不少，你出銀子，別人就會教你智慧之法。」

那人去了城裡，逢人就問哪裡有智慧可買。有位哲人告訴他：「倘若你遇到疑難的事，不要急著處理，可先朝前走七步，然後再後退七步，這樣進退三次，智慧便來了。」

「智慧就這麼簡單嗎？這算哪門子智慧？」商人聽了半信半疑。

當天夜裡回家，他推門進屋，昏暗中發現床上居然睡著兩個人，一個是自己老婆，另一個是個野男人。他頓時怒起，腦袋氣炸了，拔出刀來便要撲上去一陣亂砍。這時，他忽然想起白天買來的智慧，心想：何不試試？於是，他前進七步，後退七步，往復三次，然後，點亮了燈再看，發現那與妻子同眠者原來是自己長大的兒子。他差點失手殺了自己的妻兒。

如果一個人任由自己的頭腦發熱，怒火中燒，或者讓衝動情緒在腦海氾濫，便會失去基本的理智，變得意氣用事，這是我們在做決策時的大忌。因此，遇到這種情況不妨做一下慢處理，比如先讓自己從心裡數到五十或一百，再去試著做出決定。這樣結果可能截然不同。

很多人不具備冷靜決斷的素質，當突發事件來臨，慌了手腳，做出錯誤的決定，以致於事態一發不可收拾，徹底失去挽回局勢的機會。常聽到有些人在事後感慨：「我不是輸給了對手，而是輸給了自己。」心理素質不好，遇事就失態，最糟糕的那個結局就這樣造成了！

某賓館著火了，火勢很大，濃煙滾滾，房間內的四位客人必須得想辦法逃生了，誰也不願被燒死。

第一位客人最慌張，從床上蹦下來，快跑幾步，打開窗就跳了下去，他反應夠快的，但卻忘了這是八樓，下面是堅硬的馬路，掉下去就摔死了。

第二位客人知道這是八樓，跳是肯定不行的，得往下爬。於是他扯了兩條床單，拴在窗戶上，繫在腰上就爬出了窗外，卻忘了僅僅兩條床單是無法把他送到地面的，他就這樣掛在外面，嚇得兩腿直蹬，直到床單支撐不住而斷裂，他從六樓的高度掉下去，幸運地只是摔斷了雙腿。

第三位客人選擇了從樓梯逃生，卻犯了著火時逃生的大忌，樓梯是風口，火勢一定最旺，所以他衝出門去，就沒能再回來，也不知道是被烤死的還是薰死的，總之他死在了七樓的樓梯上。

第四位客人，反應是最慢的，但他最大的優點就是沒有慌張，他先看了看窗戶，然後告訴自己，跳樓是沒活路的，然後看了看門口，又告訴自己，走樓梯也是死路一條，只能留在屋內，還有幾分生還機會。他把幾條毛巾在水盆裡泡了泡，摀在嘴上就趴在了窗口，另一隻手拚命地向窗外揮舞衣服。他堅持了沒有很久，消防人員就搭乘雲梯來到了八樓的窗前，把他毫髮未損地救了出去。

這個人成功獲救的原因就在於，當他做出決定時沒有衝動，也沒有手足無措而胡亂選擇。在災難來臨時，他可以正確地「決情定疑」，這是最重要的素質。**災難中大部分的遇難者，其實都是死在自己錯誤的選擇上。只有冷靜地採取正確的步驟才能保住性命，慌作一團往往只能加速自己的「楣運」。**

康德說：「做決定比認清所有的可能性還重要。」正因如此，冷靜的決斷才比帶著情緒做出的指令更具有價值，也更接近客觀。

由此可得知，冷靜是最簡單的智慧，也是我們在做決斷時最需要的素質。

第十二章：借用天下人的眼睛、耳朵和智慧

如果一個人能用全天下的眼睛去看，就不會有什麼看不見的；如果用全天下的耳朵去聽，就不會有什麼聽不到的；如果用全天下的心去思考，就不會有什麼想不到的。如果你能將人才像車輻條集輳於轂上一樣，齊心協力，就可明察一切，做事無可阻塞。

天下之目，天下之耳——借用天下人的眼睛、耳朵和智慧

目貴明，耳貴聰，心貴智。以天下之目視者，則無不見；以天下之耳聽者，則無不聞；以天下之心思慮者，則無不知；輻輳並進，則明不可塞。右主明。

對眼睛來說，最重要的就是明亮；對耳朵來說，最重要的就是靈敏；對心靈來說，最重要的就是智慧。如果一個人能用全天下的眼睛去看，就不會有什麼看不見的；如果用全天下的耳朵去聽，就不會有什麼聽不到的；如果用全天下的心去思考，就不會有什麼想不到的。如果你能將人才像車輻條集輳於轂上一樣，齊心協力，就可明察一切，做事無可阻塞。以上講述的是察人之明。一個人的精力總是有限的，我們不可僅靠自己的能力去解決問題，處理事情。用天下人的眼睛、耳朵和智慧，就是學會從各種管道收集資訊，從各個角度去考察事物，在各個角落廣布耳目，為自己提供決策的參考。

兼聽則明，偏信則暗，發揮每個成員的智慧，形成合力，這才是好的管理者。

在高明的管理者那裡，任何人都能派上用場，只要他的眼睛能看，耳朵能聽，腦袋能思考。愚蠢的獨裁者只相信自己，他們閉塞資訊，專橫決斷，結果就是獨夫一個，孤家寡人！皇帝因為不會察人，往往被奸臣所誤；企業管理者由於察人不明，用人不當，造成不可挽回的損失；生活中，我們也經常瞭解資訊的管道不全面，對事對人判斷失誤。

唐太宗居帝王之尊，而能自覺抵制那些「巧言令色，以親於上；先承意旨，以親於君」的佞臣和逢迎拍馬之徒，並能努力從每個臣子的口中得到事情的各個細節，經由不同的觀點進行判斷，最終查知真相，尤其他重用魏徵這樣的諍臣，哪怕經常「罵」得自己灰頭土臉，也堅持聽他反映情況，用他的耳朵、眼睛和智慧，對於管理者而言，這就是非常難能可貴的優秀氣度。而李世民清醒地認知到，一個人的看法無論出於多麼公正的目的，也終究會有所偏頗，只有眾多的聲音匯合起來，無數人的眼睛和耳朵看到和聽到的資訊，才能給他最全面的參考。

對我們來講，在獲知外界資訊時，應儘量從不同角度去瞭解，以多維的思維去解讀，這樣便能得出盡可能中立客觀的論斷！一個善於察人的人，也必然擁有優秀的管理能力，將不同人才揑合成一個運轉有序的整體，「輻輳並進，則明不可塞」，這時，做什麼都會是暢通無阻！

高山可極，深淵可測——聽取他人的批評意見

德之術曰：勿堅而拒之，許之則防守，拒之則閉塞。高山仰之可極，深淵度之可測，神明之德術正靜，其莫之極。右主德。

聽取情況的原則是：不要立刻就答應或是拒絕。如果能聽信人言，就使自己多了一層保護，如果拒絕別人進言，則使自己受到了封閉。高山仰望可看到頂，深淵計量可測到底，而神明的心境既正派又深沉，是無法測到底的。以上主講虛心納諫。

齊景公愛喝酒，連喝七天七夜不停止。所以大臣弦章實在看不下去，就跑過去上諫，說：「大王您已經連喝七天七夜了，請您以國事為重，趕快戒酒；否則就請先賜我死好了。」他說的沒錯：與其等大王喝死，不如先把我殺了，現在列國爭雄，個個都枕戈待發的，哪有我家大王這麼荒唐的。

另一個大臣晏子後來覲見齊景公，齊景公向他訴苦說：「弦章那傢伙竟然勸我戒酒，要不然就讓我賜死他。你說這是怎樣啊！我如果聽他的話，以後恐怕就得不到喝酒的樂趣了；不聽的話，他又不想活，這可怎麼辦才好？你給我出個主意吧。」

晏子聽了沒說弦章對不對，而是拐個彎拍馬屁，說：「弦章遇到您這樣寬厚的國君，真是幸運啊！如果遇到夏桀、殷紂王，不是早就沒命了嗎？」

齊景公從這個角度一聽，頓時悟出點東西來，覺得這事真是自己不對，臣子說得正確，我就得聽啊，不然就成夏桀那種貨色的君主了，啥也不說了，戒酒！

吃喝玩樂是每個人都喜愛的，但要懂得適可而止。每個人都有犯此類錯誤的時候，所有人都不喜歡聽讓自己不爽的話，但重要的是必須學會調整。有些話該聽，是為我們著想，就得有點寬容納諫的德行。

為什麼說這是德？這是因為虛心聽從他人相反的意見，對人的本性來說，的確不容易。但你如果能做到，那就可以達到「高山仰之可極，深淵度之可測，神明之德術正靜，其莫之極」的境界了。可謂是沒什麼是你看不到的，上下左右，前前後後，相當於擁有了一面沒有死角的鏡子，這樣還會有什麼危險？

所以說，一個肯聽取他人勸告的人，他會因自己對異見的寬容，而得到更多更有益的資訊。比如唐太宗和魏徵的例子，魏徵說話那麼橫，口沫飛到皇帝臉上，就差撲上去咬人了，李世民硬是能憋口氣忍下去，事後還能心平氣和地採納他的建議，這樣的人不成大事，還有誰能呢！

「許之則防守，拒之則閉塞。」南北朝時的大文學家陶弘景對此有一段精妙的加注，他說：「言許而容之，眾必歸而防守；拒而逆之，眾必違而閉塞。歸而防守，則危可安；違而閉塞，則通更壅。夫崇德者，安可以不弘納哉！」

顯然，許與逆，聽取或違逆，是管理者對待異見的兩種態度。話不好聽，甚至刺耳，但你能虛心聽取，則眾人歸德，即使對你有所不滿的人，可能也會過來搖尾巴，表忠心，全心全意為你謀劃，加強你的防守能力！即使有危險也可轉危為安！不接受建議甚至仇視異見，聽見不順耳的就翻臉，看見不順心的就不爽，自私專制，搞一言堂，則眾心離散，沒人替你謀劃，你的言路就閉塞了，就像把自己關在一所密封的房間內，雖暫時安全，你看不到的危險卻已在外面漸漸堆積！

對別人的批評或相反建議，我們應該有則改之，無則加勉。鬼谷子認為，不管做人做事，都要容許異見，並從中汲取可貴的經驗。**因此，此準則的要旨貴在一個「聽」字。對**

於他人的意見，哪怕不好聽，我們也要有博大的胸懷接受容納。

因此，虛心納諫，是一個人獲得成功的寶貴品德，憑一個人的思維深度，是不可能對事情考慮得面面俱到的，總要聽聽他人怎麼講，甚至是敵人怎麼想。你能拿出這個氣度，就是無所不為、無所不勝的王者！反之，別說王者，替人看守護院，夠不夠格還得別說。

用賞貴信，用刑貴正——管理者要善用賞和罰

用賞貴信，用刑貴正。賞信刑正，必驗耳目之所見聞，其所不見聞者，莫不闇化矣。誠暢於天下神明，而況姦者干君。右主賞。

運用獎賞時，最重要的是守信用。運用刑罰時，貴在堅決。處罰與賞賜的信譽和堅決，應驗證於臣民所見所聞的事情，這樣對於那些沒有親眼看到和親耳聽到的人，也有潛移默化的作用。君主的誠信如果能暢達於天下，神明也會來保護，又何懼怕那些奸邪之徒呢？以上講賞罰必信。

賞罰一是要有信用，二是要公正。賞與罰都是工具，目的是建立自己良好的權威和個人形象。也就是說，管理者不但要善用賞和罰，還必須說話算數，一個蘿蔔一個坑，不能讓人懷疑你的權威。我們都知道烽火戲諸侯的故事，無信之君，只落得個悲慘下場。

除了賞和罰，鬼谷子在這裡告訴我們一個「信」字。答應別人的，一定要兌現。該處

罰時，一定不能手軟。做事不偏，你就能收穫人心。做事偏了，賞罰不公，就沒人拿你的話當回事，因為你連最基本的利益都擺不平。賞和罰，就是下屬最在意的最基本利益，做對了事要賞，做錯了事要罰，要付出代價，不但是天理，也是人情，這都處理不好，怎麼做管理者，如何成大事？

鬼谷子說「誠暢於天下神明」，連神明都會來保佑你，可見誠的價值有多大！凡做生意，不論是奸商還是義商，必都把「誠信經營」時刻放在嘴上，也是出於對「誠」字的敬畏，對「信」字的推崇。**即便自己不講誠信，也是渴望別人對自己誠信的，我們又怎能不懂得「用賞貴信，用刑貴正」的道理呢？**

在孫子兵法中，孫武開篇就說：「主孰有道？將孰有能？天地孰得？法令孰行？兵眾孰強？士卒孰練？賞罰孰明？吾以此知勝負矣。」其中說到賞罰是否分明是一支軍隊是否有戰鬥力的重要因素。有罰必有賞，重罰必有重賞。罰是不可以單獨存在的，只罰不賞很容易激起人的逆反心理，使人抗拒。即使最終達到效果，但氣氛卻是壓抑的，人的心情也不會舒暢。

武侯問曰：兵以何為勝？吳起對曰：以治為勝。又問曰：不在眾乎？對曰：若法令不明，賞罰不信，金之不止，鼓之不進，雖有百萬，何益於用？生命有兩個最基本的範疇：

尊重與公正。這也是作為個體的人最需要的兩樣東西。你賞罰分明了，處理公道了，對方就從你的行為中感覺到尊重和公正，這是他最需要的兩樣東西！

作為管理者，如果賞罰不信，做事不公正，別人還怎麼相信你呢？所以，這一準則的要旨，並非在賞與罰，而是對於信用和公正的強調。學會運用信用和公正這兩大武器，你贏得的將不止是人心，還有更寶貴的個人品牌！

四方上下，熒惑安在——多問幾個「為什麼」很重要

一曰天之，二曰地之，三曰人之；四方上下，左右前後，熒惑之處安在。右主問。

一叫作天時，二叫作地利，三叫作人和。四面八方，上下、左右、前後不清楚的地方在哪？以上講多方諮詢。

即使最不起眼的一件小事，我們也往往會聽到三個不同的版本。哪個是最真實的？這便是「熒惑之處」。所以多聽多問實在重要。我們在處理糾紛，常聽這個怎麼說，再悄悄聽那個怎麼說，最後還要聽聽局外人怎麼評價，就是出於這個目的。多聽多問，你才能體察人心。多方打聽，相互驗證，才能察知事情原委。

那些習慣於被下屬矇騙的領導者，他們得到的資訊總是假的，是因為他們從不啟動自己的嘴巴和耳朵，去主動獲取資訊。

這樣的蠢材端著茶杯坐在辦公室，享受著冷氣，身邊配著祕書，以為自己的人生便是

登泰山而小天下了，其實他已經被「囚禁」在一個不透風的籠子裡！每個人都有機會利用他，因為他總是被動地瞭解房間外面的世界，或者缺乏四方上下、多聽多問的常識。

對於各種資訊、各方情況，都要努力接觸，經由匯總得出判斷，你才能找到最想要的答案。**尤以對管理者而言，想瞭解基層，摸清各個利益陣營的想法，你就需要找不同的人，從不同的角度去思考、去探查。**

一個替人割草的男孩打電話給一位陳太太說：「您需不需要割草？」

陳太太回答說：「不需要了，我已有了割草工。」

男孩又說：「我會幫您拔掉花叢中的雜草。」

陳太太回答：「我的割草工已經做了。」

男孩又說：「我會幫您把草與走道的四周割齊。」陳太太說：「我請的那人也已做了，謝謝你，我不需要新的割草工人。」

男孩便掛了電話。此時，男孩的室友問他：「你不是就在陳太太那兒割草打工嗎？為什麼還要打這電話呢？」

男孩說：「我只是想知道我做得好不好！」

男孩是多麼聰明，他從三個不同的角度提問，然後知道了自己工作得到底好不好！這個故事生動地告訴我們，多問幾個「為什麼」是多麼重要。只有多方打聽，揣摩世風，才能深刻瞭解自己的長處和短處，做出清醒而又客觀的定位。

因之循理，故能長久——用正確的人，做正確的事

心為九竅之治，君為五官之長。為善者，君與之賞；為非者，君與之罰。君因其所以求，因與之，則不勞。聖人用之，故能賞之。因之循理，故能長久。右主因。

心是九竅的統治者，君主是文武百官之長。做好事的臣民，君主會給他們賞賜；做壞事的臣民，君主會給他們懲罰。君主根據臣民的政績來加以任用，斟酌實際情況給予賞賜，這樣在管理上就不會疲憊沒有效率。聖人要重用這些臣民，因此要好好地掌握他們，並且要遵循用人規律，所以才能長久。以上講遵規循理。

用正確的人，做正確的事。說起來簡單，做起來不易，什麼是正確？這是我們要考慮的。天理、人情，都要顧及，不可任著性子來，一意孤行、違背上述原則，也不能只依照簡單的是非觀，單純用利益去生搬硬套。利益是個很複雜的標準，如果不通盤權衡，你很難看清一個人到底在哪方面與你有利益上的交集！

所以在人事安排上，管理者需要體察人心，儘量照顧到每個人的需要，考慮到每個利益派別的需求，並遵循客觀規律，再做出合理的用人安排。

規律是什麼？一是位置正確；二是報酬合理；三是形成最優團隊模式，找到一個可以互相制約且內耗最小的搭配。

加州大學的學者曾做過這樣一個實驗：把六隻猴子分別關在三間空房子裡，每間兩隻。房子裡分別放置一定數量的食物，但放的位置高度不一樣。第一間房子裡的食物放在地上，第二間房子裡的食物分別從易到難懸掛在不同的高度上，第三間房子裡的食物懸掛在屋頂。數日後，他們發現第一間房子裡的猴子一死一傷，第三間房子裡的兩隻猴子死了，只有第二間房子裡的兩隻猴子活得好好的。原來，第一間房子裡的猴子一進房子就看到了地上的食物，為了爭奪唾手可得的食物大動干戈，結果一死一傷。第三間房子的猴子雖做了努力，但因食物太高，搆不著，活活餓死了。只有第二間房子的兩隻猴子先按各自的本事取食，最後隨著懸掛食物高度的增加，一隻猴子托起另一隻猴子跳起取食。這樣，每天依舊取得足夠的食物。

從這個故事，我們就能看到人事關係是否合理的道理。首先讓正確的人出現在正確的位置上，人力資源就能實現最佳的組合，反之，則會內耗甚至殘殺。

作為領導者，是最怕看到手下把內耗擺在頭位的。屬下不爭權奪利，你就不容易用利害關係去控制他們；但如果過於爭權奪利，乃至衝突激化，爭鬥不休，你的利益就會大大受損，甚至還會成為屬下爭利的犧牲品。因為你管理不善，團隊的利益無法保證，你的公司就會因此業績受損，不能長久，這都是沒有「因之循理」的後果！

安徐正靜，善與不爭——位正才能心正，心正才能行正

安徐正靜，其被節先肉。善與而不爭，虛心平意以待傾損。右主位。

如果身居高位的人能做到安祥、從容、正派、沉靜，既合順又能節制，願意給予並與世無爭，這樣就可以心平氣和地面對天下紛爭。以上講善守其位。

身居高位者，須端正位置和心態，對權力正確對待，對內心的慾望做到及時控制。一句話：管人先管己。

位正才能心正，心正才能行正。如果居於高位，擁有的利益已經很多了，卻仍然貪得無厭，壞事做絕，即便精讀鬼谷，亦不過助紂為虐，把自己推向死路罷了。**貪慾可以為你帶來榮華富貴，同時也留下了足夠致你於死地的把柄給你的敵人！**

明朝有一個叫董京的人在京城為官，有一年，山東大旱，董京被朝廷派往山東指揮軍

民抗旱，因抗旱有功，董京回京後被朝廷重賞，官升一級。但就在自己的事蹟被民眾廣為傳誦的時候，董京卻出人意料地向朝廷交代曾截留過朝廷下放的救災銀兩，並把截留的銀兩如數退了出來，要求將功贖罪，不要升官。

他羞愧地說：「山東大旱，顆粒無收，民不聊生，所到之處，屍橫遍野，人去屋空，不是親眼目睹，很難想像災民悲慘的現狀。災民的不幸遭遇，使我坐立不安，深感過去截留救災銀兩之罪過。在抗旱救災中，汗水沖走我身上塵土的同時，也洗去我心靈中的污垢，所以我要在獲得榮譽的時候揭發自己，以減輕內心的愧疚，求得寬恕。」

後來，董京成為明朝不可多得的一個清官。作為高位者，握有權力，董京剛開始沒有抵禦住權慾的誘惑，犯了錯誤。當他到下面走了一圈，親身體驗了民間的疾苦、尤其災民的淒慘之後，才終於意識到高位者權慾不受控制的可怕後果，真正做到了「虛心平意」，「善守其位」。

清朝「著名貪官」和珅，當朝的權臣，一人之下萬人之上，呼風喚雨，衣食無憂，多少人奢望這樣的生活而不得，可是他仍不滿足！幾十年的貪斂，使他「私財堪比國庫」，再加上結黨營私，打擊政敵，又讓他仇人如雲。錢慾、權慾，都在他身上無限制地膨脹。

不過乾隆一死，大靠山沒了，頭頂的天塌了，和珅立刻倒臺，全家被抄。當時有句諺語說：「和珅一倒，嘉慶吃飽。」可見這位千年難遇的大貪官貪了多少錢！居於高位而心術不正，即便獲得了無上的尊榮，也是暫時的！

鬼谷子一方面肯定了人們對於「高位」的追逐，人都有權慾與名利之心，這既是我們可以利用的人性弱點，又是我們建功立業、成就大事的一種動力！另一方面，他又對權力賦予了極高的道德標杆。他要求人們以高超的謀略追求權力，然後嚴格地自我要求，用手中的權力去做正確的事！

人主不周，群臣生亂——心有千千結，腦有萬絲扣

人主不可不周；人主不周，則群臣生亂，寂于其無常也，內外不通，安知所開，開閉不善，不見原也。右主周。

作為君主，必須廣泛瞭解外界事物，如考慮問題不周詳，則君臣生亂。世間鴉雀無聲是不正常的，內外沒有交往，怎麼能知道世界的變化呢？開放和封閉不適當，就無法發現事物的根源。以上講周密行事。成大事者，任何環節都要考慮到，評估具體可行性，不留尾巴，不留漏洞。這就是周密，密不透風的思維，不留死角。一個人若能時刻把「周」字放在心頭，內外通，開閉善，那他就具備了成為領導者的第一要素。

做事不周，你就容易留下漏洞給人，不是後牆露風，就是前窗灌雨。平時你覺察不到，關鍵時刻就發現處處都是破綻，想堵堵不上，想跑跑不掉，所以在強手面前，你便抱頭挨打，沒有活路！

某公司老闆，他是個激情型的管理者，靠猛打猛衝白手起家，在競爭殘酷的商業環境中創下了一番基業。但在做事的嚴密性上有所不足，適於創業，卻缺乏守業。這類人現實中有不少。創業需要激情，沒激情很難闖過層層險阻，創業最先考慮的不是風險而是回報，因為人在一無所有時，是沒什麼風險可以承擔的。但是守業完全不同，守業需要率先考慮風險，保護既得的成果。如果不及時讓自己完成轉型，很多人就會栽在這上面。

有一次，這位老闆在新產品的研發上留了一個小小的隱患，屬下向他提建議，希望他改善研發團隊的管理，提高研發的保密性，他卻不以為然，覺得都是與自己一起打天下的兄弟，有什麼不值得信任的？誰知被對手利用，竊取了商業情報，在某型產品的競爭上，構成了極大的損失。這時他才發現，原來任何一個疏忽，都可能被對手察覺並加以利用，後悔不已，可是已經沒有挽回的機會。

「人主不周，則君臣生亂。」**領導者不周密，下屬就有了生亂的機會，不是有野心家做掉你，就是一些人暗地裡損害你的利益。**領導者可以不強勢，但一定要周密，心有千千結，腦有萬絲扣，然後事事滴水不漏，還有誰會輕易在你頭上動土？沒有！這是決定你能否成為合格領導者的關鍵。

名生於實，實生於理——做人做事要名實相符

循名而為貴，安而完，名實相生，反相為情，故曰名當則生於實，實生於理，理生於名實之德，德生於和，和生於當。右主名。

依照名分去考察實際，根據實際來確定名分。名分與實際互為產生的條件，也互相表現。名分與實際相符，就能得以治理，不相符，則易產生動亂。名分產生於實際，實際產生於意願，意願產生於分析，分析產生於智慧，智慧則產生於適當。以上講名實相符。

鬼谷子認為，謀略與權術的最高境界，是奇正相合。而我們做人做事的最高境界，則是達到名實相符。有奇也得有正，有名還得符實，我們理解鬼谷子的智慧如果到這一步，就算是真正入門了，陰謀詭計在我們手中就能發揮正當的作用，不至於去害人，為禍社會；也不至理解偏差，陷入誤區。

所謂名實相符，是指一個人所獲得的名份與其實際的意願和作為相得益彰，行事手段

必須手段與目標互相配合；奇正相合，乃是以正合，以奇勝。一個人行詭術而必須走正道，出奇計而應當以維護正大光明的預定目標為主。

只有名與實相符，權與責才會一致。一個人只能做工廠主任，做點基層管理工作，你卻讓他去做廠長，制定整體規劃，到外面去喝酒應酬。他能力達不到，這就是名實不相符。有的人隱藏自己的真實內心，把理想扔掉，去做那些自己不喜歡的事，白費了一身的才華，這也是名實不相符。

所以我們看看蘇秦、張儀，為什麼說他們做到了名實相符呢？第一，能力得到了實際表現，他們所從事的行業和自身的才能高度一致。全天下第一流的說客、縱橫家、高超的政治家，內外相符，人如其名。第二，他們實現了自己的意願，不但出人頭地，為帝王謀，且是玩到了極高的境界，將諸侯國們玩弄於股掌之間，縱橫馳騁，無所不為，男子漢大丈夫生於世間，做人做事，還有比這更快意的嗎？因此他們的人生也是名實相符！非常圓滿！

在這裡，鬼谷子強調了主觀意願和主觀作為對我們做事效果的重要性。類似於現代人講到的吸引力法則，即意願決定成果，決定你將採取什麼方式去達到最終目的。所以我們又看到，名實相符的基礎是一個人的意願和他為目標所採取了什麼行動。

「當」是指我們的意願是否適當，如果適當，那麼我們採取捭闔、飛箝或反應等辯術，就是恰當的。這裡固然有鼓勵為達目標不擇手段的用意，並產生了詭辯的邏輯基礎，但我們如果跨越漫長的歷史長河，將這一思辨智慧搬到今天就可發現，要做人做事雙豐收，還真得拋開某些僵化的道德與形式主義，對名與實的關係靈活理解！

在這個過程中，鬼谷子的計謀權略，博弈智慧，對我們的幫助絕對不止是提供幾則行動方案這麼簡單。它完全是一部涉及人生全部領域的指導性讀物，是一本與天鬥、與地鬥、與人鬥的超強心理學經典，值得我們好好體悟和學習。

附錄：《鬼谷子》原文及譯文

上卷

第一章 捭闔

粵若稽古，聖人之在天地間也，為眾生之先。觀陰陽之開闔以名命物，知存亡之門戶，籌策萬類之終始，達人心之理，見變化之朕焉，而守司其門戶。故聖人之在天下也，自古及今，其道一也。變化無窮，各有所歸。或陰或陽，或柔或剛，或開或閉，或弛或張。

是故聖人一守司其門戶，審察其所先後，度權量能，校其伎巧短長。夫賢不肖、智愚、勇怯，仁義有差，乃可捭、乃可闔，乃可進、乃可退，乃可賤、乃可貴，無為以牧之。審定有無與其實虛，隨其嗜欲以見其志意，微排其所言，而捭反之以求其實，貴得其指，闔而捭之以求其利。或開而示之，或闔而閉之。開而示之者，同其情也；闔而閉之者，異其誠也。可與不可，審明其計謀，以原其同異。離合有守，先從其志。

即欲捭之貴周，即欲闔之貴密。周密之貴，微而與道相追。捭之者料其情也，闔之者結其誠也，皆見其權衡輕重，乃為之度數，聖人因而為之慮。其不中權衡度數，聖人因而自為之慮。故捭者，或捭而出之，或捭而納之；闔者，或闔而取之，或闔而去之捭。闔者天地之道。捭闔者，以變動陰陽，四時開閉以化萬物、縱橫、反出反覆反忤必由此矣。

　　捭闔者，道之大化說之變也；必豫審其變化。口者心之門戶也，心者神之主也。志意、喜欲、思慮、智謀，此皆由門戶出入，故關之以捭闔，制之以出入。捭之者開也、言也、陽也；闔之者，閉也、默也、陰也。陰陽其和，終始其義。故言長生、安樂、富貴、尊榮、顯名、愛好、財利、得意、喜欲為陽，曰「始」。故言死亡、憂患、貧賤、苦辱、棄損、亡利、失意、有害、刑戮、誅罰為陰，曰「終」。諸言法陽之類者，皆曰「始」，言善以始其事；諸言法陰之類者，皆曰「終」，言惡以終其謀。

　　捭闔之道，以陰陽試之，故與陽言者依崇高，與陰言者依卑小，以下求小，以高求大。由此言之，無所不出，無所不入，無所不可。可以說人，可以說家，可以說國，可以說天下。為小無內，為大無外。益損、去就、倍反，皆以陰陽御其事。陽動而行，陰止而藏；陽動而出，陰隨而入。陽還終始，陰極反陽。以陽動者，德相生也；以陰靜者，形相成也。以陽求陰，苞以德也；以陰結陽，施以力也陰陽相求，由捭闔也。此天地陰陽之道，而說人之法也，為萬事之先，是謂「圓方之門戶」。

譯文

從歷史上來看，知道聖人在天地之間，乃是平民大眾的先知先覺。觀察陰陽二氣的開合來為萬物命名，進而知道生死存亡之理，謀劃萬物的始終，通達人心的道理，觀察變化的徵兆，以便鎮守門戶救亡圖存。所以聖人是處於天地之間的，從古到今，聖人的行為只有一個，那就是通往救亡圖存之道。陰陽的變化雖然是無窮盡的，所幸世間有一個都服從陰陽的一貫之道。有時是陰氣，有時是陽氣；有時是柔弱，有時是剛強；有時是開放，有時是閉藏；有時是鬆弛，有時是緊張。

所以聖人專心致志鎮守門戶，以便審察誰先誰後的順序。先測度對方的權謀，其次考驗對方的才幹，然後再比較技術方面的優缺點。說到聖賢和不肖、智者和愚者、勇者和懦弱等等，在才質上各有差別，其中可以開啟可以閉藏、可以前進可以後退、可以卑賤可以尊貴，一切都仰仗無為來進行調查。審定對方的有無和虛實，按照對方的嗜好和欲望來觀察對方的志向和意念。略為排斥對方所說的話，開啟之後再加以反對，以便偵察出對方的實情。實際上如果能得到宗旨，閉藏之後再加以開啟，進而檢討對方所說的利害關係。或者開啟而加以表示，或者閉藏而加以封鎖。開啟而表示的，是由於同情對方的緣故；閉藏而加以封鎖的，是由於誠意不同的緣故。所謂「可以」和「不可以」，就是觀察清楚對方的計謀，以便探討其中的同異。計謀有「跟自己相合的」和「不相合的」兩種，但是必須分別加以遵守，而且要先按照對方的志向。

假如想要開啟，最重要的就是作周詳考慮；假如想要閉藏，最重要的就是作萬全保密。可見周、密二事非常重要，無形中與道相通。所以要逼令對方說話，是為了偵察對方的實情；所以要誘導對方說話，是為了爭取對方的合作。都要觀察對方的權衡輕重，也就是要測量對方的度數，聖人為此而有所憂慮。假如不能測中權衡度數，聖人因此就自行考慮。因此所謂開啟，有的開啟之後送出去，有的開啟之後收進來。至於所謂閉藏，有的閉藏之後而加以爭取，有的閉藏之後而加以排除。因此所謂「開啟與閉藏」的現象，乃是天地化育萬物的方法。所謂「開啟與閉藏」的現象都是用來變動陰陽的，按照四季的開閉來化育萬物，不論縱橫，反覆都必須經由開閉。

所謂「開啟與閉藏的現象」，乃是天地之道的化育，以及遊說之士的變化，必須事先詳細觀察對方的變化。口是心的門戶，心是人靈的主宰。意志、情欲、思慮、智謀，所有這些都由口出入。因此用捭闔來封鎖對方，用出入來控制對方。所謂「捭之」，就是開啟、言論、陽氣（君道）；所謂「闔之」，就是閉藏、緘默、陰氣（臣道）。陰氣（臣道）和陽氣（君道）兩者中和，開閉（權力的收發）就會有節度，而陰陽處理（君臣之道）也會適當。所以說長生、安樂、富貴、尊榮、顯名、嗜好、財貨、得意、情欲等，都屬於陽氣（君道），叫作「始」。所以說死亡、憂患、貧賤、羞辱、毀棄、損傷、失意、災害、刑戮、誅罰等，都是屬於陰氣（臣道），叫作「終」。凡是那些說遵循陽氣（君道）之類的人，都叫作「始」，以談論「善」作為事情的開端；凡是那些說遵循陰氣（臣道）的人，都叫作「終」，以談論「惡」作為謀略的結果。

關於開啟閉藏之道，都要用陰陽（君臣）之言試行。因此跟陽氣（君道）談論的要依據崇高，跟陰氣（臣道）談論的要按照卑小。用低下來要求卑小的，用崇高來要求龐大的。由此觀之，沒有地方不能出去，沒有地方不能進來，沒有地方不可以的。能用這種道理遊說人、遊說家、遊說國、遊說天下。所有損益、去就、背叛等等，都是運用陰陽來處理事情。陽氣（君道）活動前進，陰氣（臣道）就停止收藏；陽氣活動出去，陰氣就隨著進入；陽氣如果回來結束開端，陰氣到極點就回反陽氣。以陽氣（君道）而活動的人，道德就會互相增長；以陰氣（臣道）而安靜的人，形勢就會互相助長。以陽氣來追求陰氣，就要用道德來包容；以陰氣來結納陽氣，就要用力量來施行。陰陽（君臣）的互相追求，是根據開啟和閉藏（政權和治權）之理。這就是天地陰陽的道理，也就是向人遊說的基本方法。是萬事萬物的先知先覺，這就叫作「天地之門」。

第二章　反應

古之大化者。乃與無形俱生。反以觀往，覆以驗來；反以知古，覆以知今；反以知彼，覆以知己。動靜虛實之理，不合來今，反古而求之。事有反而得覆者，聖人之意也，不可不察。

人言者動也，己默者靜也。因其言，聽其辭，言有不合者，反而求之，其應必出。言有象，事有比。其有象比，以觀其次。象者象其事，比者比其辭也。以無形求有聲，其釣語合事，得人實也，其猶張罝網而取獸也，多張其會而司之。道合其事，彼自出之，此釣人之網也。常持其網驅之，其言無比，乃為之變，以象動之，以報其心，見其情，隨而牧之。己反往，彼覆來，言有象比，因而定基，重之襲之，反之覆之，萬事不失其辭，聖人所誘愚智，事皆不疑。

古善反聽者，乃變鬼神以得其情。其變當也，而牧之審也。牧之不審，得情不明；得情不明，定基不審。變象比，必有反辭，以還聽之。欲聞其聲反默，欲張反斂，欲高反下，欲取反與。欲開情者，象而比之，以牧其辭，同聲相呼，實理同歸。或因此或因彼，或以事上，或以牧下，此聽真偽、知同異、得其情詐也。動作言默，與此出入，喜怒由此以見其式，皆以先定為之法則。以反求覆，觀其所託。故用此者，己欲平靜，以聽其辭，察其事，論萬物，別雄雌。雖非其事，見微知類，若探人而居其內，量其能射其意也，符應不失，如螣蛇之所指，若羿之引矢。

故知之始己，自知而後知人也。其相知也，若比目之魚；（其伺言也，若聲之與響也），其見形也，若光之與影；其察言也不失，若磁石之取鍼，如舌之取燔骨。其與人也微，其見情也疾。如陰與陽，如陽與陰；如圓與方，如方與圓。未見形，圓以道之，既見形，方以事之。進退左右，以是司之。己不先定，牧人不正，事用不巧，是謂「忘情失道」；己審先定以牧人，策而無形容，莫見其門，是謂「天神」。

譯文

古代教化眾生的聖人，跟無形共同生存。折返以後觀察既往，回來以後驗證未來；折返以後知道古代，回來以後知道現在；折返以後知道他們，回來以後知道自己。動靜虛實的道理，假如跟未來和現在都不合，那就要回到古代去尋求。事情有折返以後又能回來的，這是聖人的意思，不可以不詳細觀察。

人家所說的話是動態的，自己的保持緘默是靜態的，所以要根據他的話來聽他的詞令。假如語言有不合理的，那麼就回來探求，對方的答應必然出現。語言有法象，事情有比例；既然有法象和比例，那就要觀察下一步行動。所謂象就是模仿事情，所謂比就是比較詞令，然後用無形來尋求有聲。引誘對方發言的語詞，能合乎事情的發展，所以才能得到對方的實情。就像拉網捕捉野獸一般，要多拉幾張網來看管才行。假如方法能合乎實情，對方必然自己出來，這就是人的網。常拿著網引誘敵人的話，如果不能進行比較，敵人就會有所改變。用法象來使敵人受感動，進而核對敵人的思想觀察實情，最後更進行調查加以闡明。自己又回去，敵人再度來，所說的話有法象和比較，因而奠定了基礎。對敵人一再進攻，並且加以襲擊，經過反覆的攻勢，一切事情都沒有喪失說詞。聖人誘惑愚者和智者，那麼事情都沒有懷疑的餘地。

古代善於反過來聽敵人言論的人，就改變鬼神來刺探實情。敵人的變化是適當的，要對此加以詳細調查。假如調查不夠詳明，那所得的情報就不夠明確；假如所得的情報不夠明確，那所打的基礎就不夠紮實。假如改變法象和比例，那就一定會有叛逆的言論，這時還要回來詳細探聽。想要聽對方的聲音反倒沉默，想要使對方張開反而收斂，想要使對方升高反而低下，想要奪取對方反而施與。凡是想要打開心扉敘述觀念的人，就要先按形象比對再進行活動，以便誘導對方發言。這時相同的聲音就會彼此呼應，相同的道理就會有相同歸宿。或者因為這種道理，或者因為那種道理；或者用來事奉君主，或者用來教化人民。這就是聽取真假，知道同異，以便刺探敵人的情詐之術。言談舉止都跟這有關係，喜怒哀樂都以此作為模式。都是用事先所決定的作為法則。用相反的來追求回覆的，觀察對方感情的寄託，所以就使用這種權術。自己想要平靜，以便聽取對方的詞令，目的是觀察事情、討論萬物、辨別雄雌。雖然不是對方的事，可是卻能根據輕微的預兆，探索有關聯的重大事物。就像刺探敵情而深居敵境一般，要首先估計敵人的能力，其次再刺探敵人的意向，像合符契一般來回應，也就像螣蛇所指一般的神奇，更像后羿拉弓射箭一般的準確。

所以瞭解敵情要先從瞭解自己開始，只有瞭解自己然後才能瞭解敵人。他們彼此之間的和睦，就像比目魚一般的相親相愛。他們的觀察言論，就像聲跟響的關係一般；當看到敵人的形象時，就像光跟影的關係一般。常觀察敵人言論時，不可有所疏忽，就像磁石的吸鐵針、舌頭的吸焦骨。當他潛伏敵境時形跡隱密，當他發現敵人時行動快速。就像陰氣（臣道）和陽氣（君道），也像陽氣和陰氣；就像圓形（天道）和方形（地道），也像方形和圓形。還沒發現敵人的形勢之前，就用天道（君道）來引導；在發現敵人形勢之後，就用地道（臣道）來事奉。不論進還是貶退，或者是左遷還是右調，一切都要用上面的方法管理。假如自己用人時不先建立完整獎懲升遷的人事制度，那就不能把人才的進退管理得很好。假如對事情運用的技巧不夠，這就叫作忘懷感情喪失正道。自己先審定好一種政治制度用來統治人民，但是策畫之後既無形式也無內容，根本看不見整個制度的重點所在，這就叫作使這個統治者喪失政權的「天意」。

第三章　內揵

君臣上下之事，有遠而親，近而疏，就之不用，去之反求。日進前而不御，遙聞聲而相思。事皆有內揵，素結本始。或結以道德，或結以黨友，或結以財貨，或結以采色。用其意，欲入則入、欲出則出、欲親則親、欲疏則疏、欲就則就、欲去則去、欲求則求、欲思則思，若蚨母之從其子也，出無間，入無朕，獨往獨來，莫之能止。

內者，進說辭也，揵者，揵所謀也。欲說者務隱度，計事者務循順。陰慮可否，明言得失，以御其志。方來應時，以合其謀。詳思來揵，往應時當也。夫內有不合者，不可施行也。乃揣切時宜，從便所為，以求其變。以變求內者，若管取揵。言往者，先順辭也；說來者，以變言也。善變者，審知地勢，乃通於天，以化四時，使鬼神，合於陰陽，而牧人民，見其謀事，知其志意。事有不合者，有所未知也。合而不結者，陽親而陰疏。事有不合者，聖人不為謀也。故遠而親者，有陰德也；近而疏者，志不合也。就而不用者，策不得也；去而反求者，事中來也。日進前而不御者，施不合也；遙聞聲而相思者，合於謀，待決事也。故曰：「不見其類而說之者見逆，不得其情而說之者見非。得其情，乃制其術。此用可出可入，可揵可開。」故聖人立事，以此先知而揵萬物。

由夫道德、仁義、禮樂、計謀，先取《詩》《書》，混說損益，議論去就。欲合者用內，欲去者用外。外內者必明道數，揣策來事，見疑決之，策無失計，立功建德。治名入產業，曰揵「而內合」。上暗不治，下亂不寤，揵而反之。內自得而外不留，說而飛之。若命自來，己迎而御之若欲去之，因危與之。環轉因化，莫知所為，退為大儀。

譯文

君臣上下之間的事情，有的距離很遠卻很親密，有的距離很近卻很疏遠。任命一位臣子卻不重用他，免職一位臣子反而又徵召他。雖然每天都晉見君主卻不受歡迎，雖然遙遠只能聽到聲音卻相思。凡事都有堅持己見的，原來平日早就和原始的相結合。有的要用道德的方式來結合，有的要用朋黨的方式來結合，有的要用財貨的方式來結合，有的要用封地的方式來結合。假如使用對方的意見：想要進入就進入，想要出來就出來，想要疏遠就疏遠。就像土蜘蛛率領子女一般，出去沒有時間，進來沒有徵兆，一向自己出去自己回來，誰也沒辦法制止它。

所謂「內」，就是獻策給君主；所謂「揵」，就是堅持自己謀略。想去遊說君主時，就必須暗中揣度君主的心意。出謀劃策時，也必須順應君主的意願。暗中考慮我們的決策是否符合時宜，公開講清此決策的得失優劣，以迎合君心。否則，若其中有不合君意之處，這決策就難以付諸實踐。若出現這種情況，就要重新揣摩形勢需要，以利於君主改變決策。讓君主接受經過這樣變更後的決策，就要像用鑰匙開鎖那樣一碰即開。談歷史事件時，要用「順辭」，即充分肯定君主所作所為；但討論未來事件時，卻要用「變言」，即講些有變通餘地的話。運用自如地改變決策的人，必須審知地理形勢，明於天道，又有改變固有順序、善於應變的能力，並能含於陰陽變化規律，進而再去考察君主心意，觀察他需要處理的事務，掌握他的意願志向。若我們的決策不合君意，那是因為君主的某種心意，某些情況我們還沒有掌握起來，若表面上同意我們的決策，但實際上並不施行，是因為君主表面上跟我們親近了，但實際上卻疏遠得很。若決策不合君意，聖智之人也難以將決策付諸實踐。所以距離遠而親近的人，是由於積有陰德的的緣故；距離很近而疏遠的人，是由於志不同道不合的緣故。雖然就職卻不重用，這在政策上就不算得體；在革職以後反而又起用，那是由於事情中間有變化的緣故。所以說：「還沒看見對方的情況，就採取行動的人，就會被認為是背道而馳；還沒等得到對方的情報，而就進行遊說的人，就會被認為是胡作非為」。假如能得到敵人的情報，就可以箝制住敵人的戰術。用這些既可封鎖也可開放。所以聖人的立身處世，就用這些來先瞭解和鞏固萬物。

根據道德、仁義、禮樂、計謀，先考證《詩經》和《書經》，然後研究時事，最後才能議論去就。要想合作的人就在內部努力，要想離開的人就往外面發展。當處理內外大事時必須先說明道理，而且又能揣摩策劃未來的事情，發現可疑之處時就下決定。在政策方面並無施計之處，所以應該建立功勳累積德政。治理人民使他們擁有產業，就叫作「安定民生，精誠合作」。君主昏庸不理國家政務，臣民混亂而不知覺悟，所以人民自然就會揭竿而起造反。對內自鳴得意，對外不注意新思想，如此等於拒絕外來學說的進入。假如有朝廷的詔命頒下來給我，那我就親自出去跪地迎接。要想排除一個人的話，就要利用環境給對方以虛偽的錯覺。要依據我們面臨的情況來決定我們的策略，變換我們的手法，讓外人摸不透，難知情，這就是保全自己的祕訣。

第四章　抵巇

物有自然，事有合離；有近而不可見，有遠而可知。近而不可見者，不察其辭也；遠而可知者，反往以驗來也。巇者，罅也。罅者，澗也。澗者，成大隙也。巇始有朕，可抵而塞、可抵而卻、可抵而息、可抵而匿、可抵而得，此謂抵巇之理也。

事之危也，聖人知之，獨保其用，因化說事，通達計謀，以識細微，經起秋毫之末，揮之於太山之本。其施外，兆萌芽櫱之謀，皆由抵巇。抵巇之隙，為道術用。

天下分錯，上無明主，公侯無道德，則小人讒賊，賢人不用，聖人竄匿，貪利詐偽者作，君臣相惑，土崩瓦解而相伐射，父子離散，乖亂反目，是謂「萌芽巇罅」，聖人見萌芽巇罅，則抵之以法。世可以治，則抵而塞之；不可治，則抵而得之。或抵如此，或抵如彼；或抵反之，或抵覆之。五帝之政，抵而塞之。三王之事，抵而得之。諸侯相抵，不可勝數。當此之時，能抵為右。

自天地之合離，終始必有巇隙，不可不察也。察之以捭闔，能用此道，聖人也。聖人者，天地之使也，世無可抵，則深隱而待時。時有可抵，則為之謀。此道可以上合，可以檢下。能因能循，為天地守神。

譯文

萬物都有它們自然生滅的道理存在，事情都有它們自然離合的道理存在。雖然距離很近卻看不見，雖然距離很遠卻能知道。距離近的所以看不見，那是由於不觀察對方詞令的緣故；距離遠的所以能知道，那是因為經常來往進行偵察的緣故。所謂「巇」就是「瑕罅」，而罅就是裂痕，裂痕會變成大瑕罅。假如裂痕一開始就有預兆，就應該設法加以抵抗堵塞，可以抵抗到敵人退卻，可以抵抗到敵人消滅，可以抵抗到敵人隱遁，一直抵抗到勝利為止，這就叫作抵抗外敵的方法。

當事情發生危險時，只有聖人才能知道，而且能單獨維護其功用。利用化育之功說明事情的原委，並且能通達各種計畫謀略，以便觀察敵人的一舉一動。萬物開始時都是從秋毫之末作為起點，但是成功之後卻能在泰山之麓揮動顯威風。當這種聖人的德政推行到外方以後，那麼奸邪小人的一切陰謀詭計，都可由於抵抗敵人的方法而被消滅，可見抵抗敵人就是一種道術。

天下紛亂，朝中沒有明君，公侯缺乏道德，如此小人囂張狂妄；忠良放逐，聖人逃匿，如此小人就會胡作非為。結果君臣互相猜疑，以致國家綱紀土崩瓦解，人民之間互相攻擊殺伐，最後弄得民不聊生流離失所，骨肉乖離夫妻反目，這就叫作「預兆裂痕」。當聖人看見奸邪之徒造反之後，就用國法來鎮壓他們。聖人認為國家可以治理，就對叛徒進行抵抗加以消滅；反之國家不可以治理，就對叛徒進行抵抗而取得國家。或這樣抵抗，或那樣抵抗；或抵抗到使叛徒反正，或抵抗到使叛徒滅亡。五帝時代的政治，可以對叛徒進行抵抗而加以消滅；三王時代的政治，可以對叛徒進行抵抗而取得政權。至於諸侯之間的互相征伐，其次數之多簡直無法統計。當這個天下混亂撓攘時代，以能抵抗叛徒的人最占優勢。

自從天地有離合與終始，就必然有逆亂事件的發生，這是為政者不可不審慎觀察的。要想觀察這些問題，就要用「捭闔之術」，能用此道的就是聖人。原來所謂聖人，乃是天地所派遣的特使。假如世間沒有叛徒應該抵抗的，那麼就深溝高壘等待時機；假如當時有應該抵抗的叛徒，那就挺身而出為國家謀劃。如此往上既可以跟君主合作，對下也可以治理人民。既能有所根據，又能有所遵循，這就是天地的守護神。

中卷

第五章 飛箝

凡度權量能，所以徵遠來近。立勢而制事，必先察同異，別是非之語，見內外之辭，知有無之數，決安危之計，定親疏之事，然後乃權量之。其有隱括，乃可徵、乃可求、乃可用。引鉤箝之辭，飛而箝之。鉤箝之語，其說辭也，乍同乍異。其不可善者，或先徵之而後重累，或先重累而後毀之；或以重累為毀，或以毀為重累。其用，或稱財貨、琦瑋、珠玉、璧帛、采色以事之，或量能立勢以鉤之，或伺候見澗而箝之，其事用抵巇。

將欲用之於天下，必度權量能，見天時之盛衰，制地形之廣狹，阻險之難易，人民財貨之多少，諸侯之交，孰親孰疏、孰愛孰憎，心意之慮懷。審其意，知其所好惡，乃就說其所重，以飛箝之辭鉤其所好，乃以箝求之。

用之於人，則量智能、權材力、料氣勢，為之樞機。以迎之隨之，以箝和之，以意宣之，此飛箝之綴也。

用之於人，則空往而實來，綴而不失，以究其辭。可箝而從，可箝而橫；可引而東，可引而西；可引而南，可引而北；可引而反，可引而覆，雖覆能復，不失其度。

譯文

舉凡揣度人的計謀和測驗人的才幹，就是為了網羅遠近天下人才。建立賞罰制度和考試制度時，首先必須觀察他們之間的異同，以便區別他們言論的是非。要觀察敵人內外辭令，以便瞭解他們內部的虛實。要先決定國家安危的基本大計，並且決定君臣間的親疏關係。作完上面這些事情以後，就可以揣度計謀和測驗才幹，假如其中有需要矯正的地方，就可以徵召、就可以拔擢、就可以重用。引用足可誘使敵人發言的詞令，然後加以褒獎推崇而給對方以某種程度的控制。引誘敵人言論歸順己方的話，在外交詞令上忽同忽異。對於那些即使以鉤箝之術仍無法控制的敵人，或者首先對他們進行威脅利誘，然後再給他們以反覆的考驗。或者首先給敵人以反覆的考驗，然後再對他們發動攻擊加以摧毀。有的人認為，反覆考驗就等於是對敵人進行破壞；有的人認為，對敵人的破壞就等於是反覆考驗。準備要重用某些人時，或者先賞賜財貨、珠寶、玉石、白璧、美物，以便考驗他們。或者考驗對方的才幹，或者給對方以賞罰，以便誘導他們的言論。或者派遣地下工作人員乘機箝制敵人加以逮捕，在進行這項任務時要使用攻擊敵人弱點的戰術。

當把「飛箝之術」推廣到全天下時，必須揣摩權謀考驗才幹，觀察天時的盛衰，測量地形的寬窄和山川險要的難易，以及人民財富的多少。至於諸侯之間的交往，彼此之間的親疏關係，究竟誰跟誰親密？誰跟誰疏遠？誰跟誰要好？誰跟誰有仇？也必須同時調查清楚。要想詳細知道對方的意向和希望等等，就必須要瞭解對方的好惡，然後按照對方所最重視的進行遊說。再運用飛箝之辭，引誘出對方的愛好，最後用特殊控制術控制住對方。

如果把這種外交權術運用到其他國家，就可以揣摩對方的智慧、度量對方的實力、估計對方的士氣，然後以此為樞紐對敵人展開攻勢，以便迎戰敵人和追蹤敵人，進而再用特殊的控制術跟敵人講和，最後便用友好態度跟敵人建立邦交，這就是「飛箝之術」的祕訣。

假如把這種外交權術用在其他諸侯，那麼只要使用言詞讚美歌頌對方，對方自然就會表示心悅誠服來歸順。並且跟對方保持緊密關係不可中斷，以便借機研究對方的軍政實情，進而加以控制使對方服從。如此加以控制之後，既可把對方引向橫、也可引向東、也可引向西、也可引向南、也可引向北、也可引向反、也可引向覆。然說於覆，但是還是要小心，不可喪失其節度。

第六章 忤合

凡趨合倍反，計有適合。化轉環屬，各有形勢。反覆相求，因事為制。是以聖人居天地之間，立身御世，施教揚聲明名也，必因事物之會，觀天時之宜，因之所多所少，以此先知之，與之轉化。世無常貴，事無常師。聖人常為無不為，所聽無不聽。成於事而合於計謀，與之為主。合於彼而離於此，計謀不兩忠，必有反忤。反於是忤於彼，忤於此反於彼。其術也。用之天下，必量天下而與之；用之國，必量國而與之；用之家，必量家而與之；用之身，必量身材能氣勢而與之。大小進退，其用一也。必先謀慮計定，而後行之以飛箝之術。

古之善背向者，乃協四海、包諸侯，忤合之地而化轉之，然後以之求合。故伊尹五就湯、五就桀而不能有所明，然後合於湯。呂尚三就文王、三入殷，而不能有所明，然後合於文王。此知天命之箝，故歸之不疑也。

非至聖人達奧，不能御世；不勞心苦思，不能原事；不悉心見情，不能成名；材質不惠，不能用兵；忠實無真，不能知人。故忤合之道，己必自度材能知睿，量長短遠近，孰不如，乃可以進、乃可以退、乃可以縱、乃可以橫。

譯文

舉凡關於去就的問題，在計策上是適合的。在變化轉移方面，就像鐵環一般連接沒有裂痕，而且各有不同的形勢，彼此反覆相求，對事情一件一件的作適當處理。所以聖人生存在天地之間，他們的立身處世，都是為了教化世人，擴大聲譽，闡揚名分。而且他們必然根據事物的交會，觀察天時的合宜，不論國家多的地方或少的地方，都用這些來進行瞭解，以便移風易俗進行教化。世間沒有永遠高貴的事物，世上沒有永遠成為良師的人物。聖人所常作的事就是「無所不作」，所常聽的事就是「無所不聽」。假如事情必然能成功，而且又合乎計謀的原則，就應該以此作為主體。雖然合乎敵國君主的意思，可惜卻背離自己君主的原則，這就叫作「計謀不兩忠」。其中必有順逆的道理存在：既背叛自己君主，又忤逆敵國君主；既忤逆自己君主，又背叛敵國君主，這就是「反忤之術」。假如把這種「反忤之術」運用到天下，就必然衡量天下跟反忤並存；假如把這種「反忤之術」運用到國家，就必然衡量國家跟反忤並存；假如把這種「反忤之術」運用到家庭，就必然衡量家庭跟反忤並存；假如把這種「反忤之術」運用到身體，就必然衡量自身才幹氣勢而跟反忤並存。總而言之，不論大小進退，其功用是相同的。因此必須先用謀劃來決定一切，然後付諸實行以便運用「飛箝之術」。

古代那些善於反叛的人，就聯合全國各地軍民舉事，其中當然包括各諸侯王國，造成離叛的局面加以轉化，到最後才利用這種勢力開創新王朝。所以賢相伊尹五次臣事商湯王、五次臣事夏桀王，然後才決定一心臣事商湯王奉為真主。姜太公呂尚三次臣事周文王、三次臣事殷紂王，可是他對殷紂王卻無法理解，然後才決定一心臣事周文王奉為真主。這就知道了天命的規定，所以伊尹和呂尚才歸順商湯王和周文王而無所懷疑。

假如沒達到至聖之人那樣窮盡世理，就不能立身處世；假如不肯聚精會神苦思，就不能探討事物的真理；假如不全神貫注觀察實情，就不能功成名就；假如聰明才智不夠精絕，就不能領兵作戰；假如為人不夠忠實，就不能有知人之明。所以「忤合之道」，自己必須估量自己的聰明才智，看一看長短、遠近那一項不如他人。如此既可以前進，又可以後退；既可以使其成縱的，又可以使其成橫的。

第七章　揣篇

古之善用天下者，必量天下之權而揣諸侯之情。量權不審，不知強弱輕重之稱；揣情不審，不知隱匿變化之動靜。何謂量權？曰：「度於大小，謀於眾寡。稱貨財之有無，料人民多少，饒乏、有餘，不足幾何？辨地形之險易，孰利、孰害？謀慮孰長、孰短？揆君臣之親疏，孰賢、孰不肖？與賓客之知睿，孰少、孰多？觀天時之禍福，孰吉、孰凶？諸侯之交，孰用、孰不用？百姓之心，去就變化，孰安、孰危？孰好、孰憎？反側孰便、孰知？能知如此者，是謂量權。」

揣情者，必以其甚喜之時，往而極其欲也，其有欲也，不能隱其情；必以其甚懼之時，往而極其惡也，其有惡也，不能隱其情，情欲必知其變。感動而不知其變者，乃且錯其人，勿與語，而更問所親，知其所安。夫情變於內者，形見於外，故常必以其見者，而知其隱者，此所謂測深揣情。

故計國事者，則當審量權；說人主，則當審揣情；謀慮情欲，必出於此。乃可貴、乃可賤、乃可重、乃可輕、乃可利、乃可害、乃可成、乃可敗，其數一也。故雖有先王之道、聖智之謀，非揣情，隱匿無所索之。此謀之本也，而說之法也。常有事於人，人莫能先。先事而生，此最難為。故曰：「揣情最難守司」，言必時其謀慮。故觀蜎飛蠕動，無不有利害，可以生事。生事者，幾之勢也。此揣情飾言，成文章而後論之也。

譯文

古代善於統治天下的人，必然衡量天下的權勢所在，並且揣摩各諸侯的實情。假如衡量權勢而不夠詳細，就不能知道諸侯的強弱虛實。假如揣摩實情而不夠詳細，就不能知道全天下的時局變化。

什麼叫作「衡量權勢」呢？答案是：「要測量大小，要謀劃眾寡，估量一下財貨的有無，算計一下人民的多少和貧富，以及貧富之間的差距有多大？其次研究地形的險易，哪裡有利、哪裡有害？其次是謀略，哪個謀略好、哪個謀略壞？至於說到君臣的親疏問題，看看哪個臣子賢明、哪個臣子不肖？還有賓客的智慧，究竟哪個智慧低、哪個智慧高？再觀察天時的禍福，看看什麼是吉、什麼是凶？尤其是諸侯之間的親疏關係，看看哪個可用、哪個不可用？還有民心的向背變化也很重要，要觀察那一個地區的人民安穩或危險？人民喜愛什麼或討厭什麼？最後再調查一下叛徒在哪裡方便或對哪裡熟悉？能作到以上這些的統治者，就叫作善於「衡量權勢」的政治家。

所謂揣摩實情，必須在敵人最高興的時候，專程前往滿足他們的最大欲望，當他們剛一產生欲望時，就不能隱瞞實情；又必須在敵人最恐懼的時候，專程前往滿足他們的最大厭惡，當他們剛一產生厭惡時，就不能隱瞞實情；否則情欲必然喪失其中好惡的變化。雖然很受感動卻不知道自己好惡喜懼的人，就要暫時放下這個人不跟他說話，改而旁敲側擊調查他所愛好的東西和他引以為安的事情。至於情緒在內心發生變化的人，就會把行動表現在外，所以必須經常憑自己所觀察的來理解所隱瞞的，這就是所謂「刺探敵情」。

所以謀劃國事的人，就應當詳細衡量權勢：在向人君遊說獻策時，就應當詳細揣摩實情。凡是謀慮情欲，必然都用這種策略。就可尊貴，就可卑賤，就可尊重，就可輕視，就可有利，就可有害，就可成功，就可失敗，其中的揣術是相同的。所以雖然有古聖先賢的德行和智謀，假如不揣摩敵情也無法得到隱匿的情報，這是謀略的基本原則，並且是遊說的通用法則。經常有事求他人幫忙，可是他人卻不肯先幫忙。當事發生之前就到達，這是最難做的事。所以說揣摩敵情這件事最難，必須在適當時機偵察敵人的言論。因此當昆蟲蠕動時，都有它們自己的利害關係存在，如此就可以使事情產生變化。而事情的產生變化，是一種極微妙的自然現象。關於這種揣摩實情的事，要在粉飾言詞寫成文章之後討論。

第八章　摩篇

摩者，揣之術也。內符者，揣之主也。用之有道，其道必隱。微摩之，以其所欲測而探之，內符必應，其應也，必有為之。故微而去之，是謂塞窌、匿端、隱貌、逃情，而人不知。故能成其事而無患。摩之在此，符之在彼。從而應之，事無不可。

古之善摩者，如操鉤而臨深淵，餌而投之，必得魚焉。故曰：「主事日成而人不知，主兵日勝而人不畏也。」聖人謀之於陰，故曰「神」；成之於陽，故曰「明」。所謂「主事日成」者：積德也，而民安之，不知其所以利；積善也，而民道之，不知其所以然；而天下比之神明也。「主兵日勝」者，常戰於不爭、不費，而民不知所以服，不知所以畏，而天下比之神明。

其摩者：有以平，有以正，有以喜，有以怒，有以名，有以行，有以廉，有以信，有以利，有以卑。平者，靜也。正者，直也。喜者，悅也。怒者，動也。名者，發也。行者，成也。廉者，潔也。信者，明也。利者，求也。卑者，諂也。故聖人所獨用者，眾人皆有之，然無成功者，其用之非也。故謀莫難於周密，說莫難於悉聽，事莫難於必成，此三者，然後能之。

故謀必欲周密，必擇其所與通者說也。故曰：「或結而無隙也。」夫事成必合於數，故曰：「道數與時相偶者也。」說聽必合於情，故曰：「情合者聽。」故物歸類，抱薪趨火，燥者先燃；平地注水，濕者先濡。此物類相應，於勢譬猶是也，此言內符之應外摩也如是。故曰：「摩之以其類，焉有不相應者？」乃摩之以其欲，焉有不聽者，故曰「獨行之道」。夫幾者不晚，成而不保，久而化成。

譯文

所謂「摩」，就是揣測的權術；所謂「內符」，就是揣測的主體。在運用這種揣摩之術時要有道，而且這種道必須要隱密起來。當略為揣摩這些時，必須要根據敵人的欲望，假如能進行偵察刺探，那情欲符驗必然呼應。當剛一呼應時，必然有所作為。因此略為揣摩而加以排除，這就叫作「堵塞地窖、隱匿痕跡、化裝躲藏、逃避情報」，可是敵人卻不知道，所以事情成功也不會惹禍。在這裏進行「揣摩之術」，對敵人進行「內符之術」，假如進一步和這些事兩相呼應，那就沒有什麼事不可以成功的了。

古代善於運用「揣摩之術」的人，就像拿著鈎鉤而來到深淵釣魚一般，只要他把帶有魚餌的釣鉤投進深淵，就必然能釣到大魚，所以說：「所進行的事成功了還沒人知道，所指揮的兵勝利了還沒人畏懼。」聖人都是在暗中進行「揣摩之術」，所以才被稱為「神」；而且是在光天化日之下進行謀略，所以才被稱為「明」。所謂進行事能逐漸成功，就是積有陰德的具體表現；而人民對這件事抱有安全感，不過卻不知道其中的好處，這就是積有善行的具體表現，假如人民以此為正道，而不知其所以然的話，那就可以把天下比作神明。所謂指揮軍隊作戰而能獲得勝利的人，是說經常在不爭不費的情況下作戰，以致使人民不知所從、不知所畏，而且把天下比作神明。

在進行「揣摩之術」時，有用和平態度的，有用正義責難的，有用討好方式的，有用憤怒激將的，有用名聲威嚇的，有用行為逼迫的，有用廉潔感化的，有用信義說服的，有用利害誘惑的，有用謙卑套取的。和平就是安靜，正義就是直爽，討好就是取悅，憤怒就是恫嚇，名聲就是全譽，行為就是成功，廉潔就是清高，信義就是明智，利害就是追求，謙卑就是諂媚。因此聖人所單獨使用的「揣摩之術」，人民大眾也都能明瞭聖人的艱苦用心。然而假如沒有成功的，那就是聖人運用的不當。

因此謀略最難的莫過於作到周密，遊說最難的莫過於要對方全聽，作事最難的莫過於必然成功，這三者只有實際採取行動之後才能辦到。

所以謀略必須要作到周密，而且要選擇與你通好的人遊說，所以才叫作「結交沒有嫌隙的人」。作到事情的成功，必然跟揣摩之術相合，所以說「道理、權術、天時三者合一才能成事」。所遊說的內容能被對方接受，必然是這種內容合乎情理，所以才說「合乎情理才有人聽」。所以萬物都各歸其類：例如抱著柴草往火堆跑，乾燥的柴火必然先燃燒；往平地倒水，濕的地方必然先進水。這就是物類互相呼應之理，在物性上必然會出現這種事實，而「內符的呼應外摩」也是如此。

第九章　權篇

說者，說之也；說之者，資之也。飾言者，假之也；假之者，益損也。應對者，利辭也；利辭者，輕論也。成義者，明之也；明之者，符驗也。言或反覆，欲相卻也。難言者，卻論也；卻論者，釣幾也。佞言者，諂而干忠；諛言者，博而干智；平言者，決而干勇；戚言者，權而干信；靜言者，反而干勝。先意承欲者，諂也；繁稱文辭者，博也；策選進謀者，權也。縱舍不疑者，決也；先分不足而窒非者，反也。

故口者，機關也，所以關閉情意也。耳目者，心之佐助也，所以窺間見奸邪。故曰：「參調而應，利道而動。」故繁言而不亂，翱翔而不迷，變易而不危者，覩要得理。故無目者不可示以五色，無耳者不可告以五音。故不可以往者，無所開之也；不可以來者，無所受之也。物有不通者，故不事也。古人有言曰：「口可以食，不可以言。」言者有諱忌也。眾口爍金，言有曲故也。

人之情，出言則欲聽，舉事則欲成。是故智者不用其所短，而用愚人之所長；不用其所拙，而用愚人之所工，故不困也。言其有利者，從其所長也；言其有害者，避其所短也。故介蟲之捍也，必以堅厚；螫蟲之動也，必以毒螫。故禽獸知用其長，而談者知用其用也。

故曰辭言有五：「曰病、曰怨、曰憂、曰怒、曰喜。」故曰：「病者，感衰氣而不神也；怨者，腸絕而無主也；憂者，閉塞而不泄也；怒者，妄動而不治也；喜者，宣散而無要也。」此五者，精則用之，利則行之。故與智者言，依於博；與拙者言，依於辨；與辨者言，依於要；與貴者言，依於勢；與富者言，依於高；與貧者言，依於利；與賤者言，依於謙；與勇者言，依於敢；與過者言，依於銳：此其術也，而人常反之。是故與智者言，將此以明之；與不智者言，將此以教之：而甚難為也。故言多類，事多變。故終日言，不失其類，故事不亂。終日不變，而不失其主，故智貴不妄。聽貴聰，智貴明，辭貴奇。

譯文

所謂「遊說」，就是對人進行遊說；要想說服人，就要幫助人才行。帶有粉飾性的說詞，都是不真實的謊言；所謂不真實的謊言，既有好處也有壞處。所謂進退應對，必須有伶俐的外交詞令；所謂伶俐的外交詞令，乃是一種輕浮的言論。所謂完成信義，就是對敵人肝膽相照；所以要對敵人肝膽相照，是為了驗明真偽。所謂難以啟齒的話，多半都是反對論調；所謂反對論調，就是誘導對方心中機微的話。說奸佞話的人，由於會諂媚而就變成忠；說阿諛話的人，由於會吹噓而就變成智；說平實話的人，由於能果決就變成勇；說憂愁話的人，由於能攬權就變成信；說穩重話的人，由於能反抗而就變成勝。在意念之先就完成欲望的就是諂媚，用很多美麗詞藻來誇張的就是吹噓，精選謀略而獻策的人就是攬權，放縱和捨棄都不懷疑的就是果決，自己不對而責備他人罪過的就是反抗。

所以口等於是政府機關，是用來宣佈或封鎖情報的器官。耳目是心的輔佐，是用來偵察奸邪的器官。所以說：「只要心、眼、耳三者調和呼應，那就會走向有利之路。」所以雖然有煩瑣的語言也不紛亂，雖然有翱翔的怪物也不迷惑，雖然有變化的騙局也不危險，原因就是能夠抓準要點掌握思路。所以沒有眼睛的人，不可以拿五色給他們看；同理，沒有耳朵的人，不可以奏五音給他們聽。因此不可以去的地方，那是沒有什麼情報可爭取；同理，不可以來的地方，那是因為沒有什麼情報可接受。可見事物有不通的，所以才不當作事來辦。古人有句話說：「嘴可以吃東西，不可以發言。」因為說話的人有忌諱，這就是所謂眾口鑠金，因為言語會歪曲事實的緣故。

按照一般人的常態心理，只要自己把話說出去都希望有人聽，只要自己把事情作出來都希望能成功。所以一個聰明人，不用自己的短處，而用愚魯人的長處；不用自己的笨處，而用愚魯人的巧處，因此自己永遠遇不到困難。當說到對方有利於我的事情時，就採用對方的長處；當說到對方有害於我的事情時，就迴避對方的短處。所以甲蟲的防衛，必須用堅硬的甲殼；毒蟲的爬動，必須用有毒的螫針。可見禽獸也知道用它們的長處，而進言的人要知道用他該用的遊說術。

所以說外交詞令有五種：一是病言，二是怨言，三是憂言，四是怒言，五是喜言。所以說：「所謂病言，就是感於衰氣所說沒精神的話；所謂怨言，就是由於傷心所說無主見的話；所謂憂言，就是由於閉塞所說不能宣洩的話；所謂怒言，就是由於妄動所說不能控制的話；所謂喜言，就是由於散漫所說沒重點的話。」以上這五種外交詞令，精練之後就可以使用，便利之後就可以推行。所以跟智者說話時要以淵博為原則，跟拙者說話時要以強辯為原則，跟辯者說話時要以簡單為原則，跟貴者說話時要以勢利為原則，跟富者說話時要以高雅為原則，跟貧者說話時要以利害為原則，跟賤者說話時要以謙恭為原則，跟勇者說話時要以果敢為原則，跟過者說話時要以進取為原則。所有這些都是待人之術：然而很多人卻背其道而馳。因此跟智者說話就要用這些來加以闡明，跟不智者說話就要用這些來進行教誨；然而事實上卻很難做到。因此說話時有很多方法，做事時也有很多變化；可見即使整天在談論，也不要喪失說話的方法。如此事情也就不會混亂。雖然整天在變，可是卻不至於迷失他的做人原則，所以一個聰明人最重視的就是不胡作非為。聽話最重要的是耳朵要好，智慧最重要的是要明理，詞令最重要的是要出奇。

第十章　謀篇

為人凡謀有道，必得其所因，以求其情。審得其情，乃立三儀。三儀者曰上、曰中、曰下。參以立焉，以生奇。奇不知其所擁，始於古之所從。故鄭人之取玉也，載司南之車，為其不惑也。夫度材、量能、揣情者，亦事之「司南」也。故同情而相親者，其俱成者也；同欲而相疏者，其偏成者也；同惡而相親者，其俱害者也；同惡而相疏者，其偏害者也。故相益則親，相損則疏，其數行也，此所以察異同之分其類一也。故牆壞於其隙，木毀於其節，斯蓋其分也。故變生於事，事生謀、謀生計、計生議、議生說、說生進、進生退、退生制，因以制於事。故百事一道，而百度一數也。

夫仁人輕貨，不可誘以利，可使出費；勇士輕難，不可懼以患，可使據危；智者達於數、明於理，不可欺以不誠，可示以道理，可使立功；是三才也。故愚者易蔽也，不肖者易懼也。貪者易誘也，是因事而裁之。故為強者，積於弱也；為直者，積於曲也；有餘者，積於不足也，此其道術行也。

故外親而內疏者說內，內親而外疏者說外。故因其疑以變之，因其見以然之，因其說以要之，因其勢以成之，因其惡以權之，因其患以斥之。摩而恐之，高而動之，微而證之，符而應之，擁而塞之，亂而惑之，是謂計謀。計謀之用，公不如私，私不如結，結而無隙者也。正不如奇，奇流而不止者也。故說人主者，必與之言奇；說人臣者，必與之言私。

其身內、其言外者疏，其身外、其言深者危。無以人之所不欲，而強之於人；無以人之所不知，而教之於人。人之有好也，學而順之；人之有惡也，避而諱之，故陰道而陽取之也。故去之者縱之，縱之者乘之。貌者不美，又不惡，故至情託焉。可知者可用也，不可知者謀者所不用也，故曰：「事貴制人，而不貴見制於人。」制人者握權也，見制於人者制命也。故聖人之道陰，愚人之道陽；智者事易，而不智者事難。以此觀之，亡不可以為存，而危不可以為安，然而無為而貴智矣。智用於眾人之所不能知，而能用於眾人之所不能見。既用見可否，擇事而為之，所以自為也；見不可，擇事而為之，所以為人也。故先王之道陰，言有之曰：「天地之化，在高與深；聖人之制道，在隱與匿。非獨忠、信、仁、義也，中正而已矣。」道理達於此義者，則可與言。能得此，則可與轂遠近之義。

譯文

舉凡替人家謀劃事情都要有一定方法，也就是必然要得到事情的因果關係，進而才能探索出對方的實情。假如能詳細得到敵人的實情，就要建立三儀。所謂「三義」，就是上智、中才、下愚，三者相輔相成才能產生奇蹟。而奇蹟並不知道它所擁有的東西，乃是開始於古代所尊崇的。所以鄭國人入山採玉，都是開著指南車去，目的是為了防範迷路。說到度才、量能、揣情等等，也就等於作事時的指南車，所以凡是觀念相同而又互相親密的人，必然是在各方面都很成功的人；凡是欲望相同而又互相疏遠的人，必然是只在一方面很成功的人。假如二人同時被君主憎恨，可是他們卻精誠合作，他們必然都會受到迫害；假如二人同時被君主憎恨，可是他們卻互相疏遠，只會有一個人受到迫害。所以假如能互相有好處就感情親近，反之，假如互相有壞處感情就疏遠，這都是常常發生的事情，同時這也就是判斷異同分類的方法。所以牆壁都是由於有裂痕才崩毀，而樹木都是由於蟲毀壞了節才折斷，這可說是理所當然的事。因此變故是由於事情而發生，事情是由於謀略而發生，謀略是由於計畫而發生，計畫是由於議論而發生，議論是由於遊說而發生，遊說是由於進取而發生。進取是由於退卻而發生，退卻是由於控制而發生，因此就用退卻來控制事情。可見萬般事物只有一個道理，萬般法則也只有一種權術。

一個有仁德的君子，自然會輕視財貨，所以不能用金錢來誘惑他們，反而可以讓他們捐出費用：一個有勇氣的壯士，自然會輕視災難，所以不能用憂患來恐嚇他們，反而可以讓他們鎮守危地；一個具有智慧的聰明人，他們通達一切事理，所以不能用誠實來欺騙他們，而是應該用道理跟他們相處，同時也可以使他們建立功業：這就是所謂仁人、勇士、智者的「三才」。因此一個愚魯的人容易被蒙蔽，一個不肖之徒容易受到恐嚇，一個貪婪之輩容易受到誘惑，所有這些都要根據事實進行巧妙的裁奪。所以一個強者是由衰弱累積而成，一個直者是由彎曲累積而成，一個富者是由貧窮累積而成，這就是道術的一種具體表現。

所以表面親密而實際疏遠的人就遊說實際，表面疏遠而實際親密的人就遊說表面。因而就要根據對方的疑惑來改變，根據對方的觀察來進行，更根據對方的說詞來歸納，根據對方的勢力來完成，根據對方的缺點來謀劃，根據對方的憂患來排斥。揣摩之後加以恐嚇，抬高之後加以策動；削弱之後加以證實，符瑞之後加以應驗；擁護之後加以堵塞，騷亂之後加以迷惑，這就叫作「計謀」。說到計謀的運用，公開不如保密，保密不如結黨，結黨不如和睦。正規策略不如奇策，而奇策實行起來就很難甘休。所以向人君遊說的人，必須先跟他談論奇策；同理向人臣遊說時，必須先跟他談私交。

他雖然是自己人，但是他卻把家醜外揚，這種人就會被家人疏遠；同理他雖然是外面人，但是他卻能深通內情，這種人就會陷於危險。不用人家所不喜歡的事物，來強迫人家接受；不用人家所不知道的事物，來教導人家接受。人家如果有什麼嗜好，就迎合他的興趣；人家如果有什麼厭惡，就加以避諱以免惹他的反感。因此所進行的是陰謀，而所得到的卻是陽謀。所以想求去的人就放他走，想放他走的人就讓他犯過。不論遇到任何事物，好事也不喜形於色，壞事也不怒目相待，這是屬於冷靜而不偏激的人，因此可以託付他重大機密的事。瞭解了對方心理，就可以重用他；不瞭解對方心理，一個有謀略的人就不重用他。所以說：「為政最重要的是控制人，絕對不可以被人控制。」控制人的人是手握大權的統治者，被人控制的人是唯命是從的被統治者。因此君子立身處世之道是屬於陰（光作不說），小人的立身處世之道是屬於陽（光說不作）。聰明人作事比較容易，愚魯人作事比較困難。由此看來，國家滅亡就很難復興，國家騷亂就很難安寧；然而無為和智慧最為重要。智慧是用在眾人所不知道的地方，才幹是用在眾人所看不見的地方。在使用之後才發現可以時，就要選擇事情來進行，這就是為自己的緣故；反之，假如發現不可以時，就要選擇事情來進行，這就是為人家的緣故。因此古聖先王所推行的大道是屬於陰，古語說：「天地的造化在於高和深，聖人的治道在於隱和匿。並非單純的講求仁慈、義理、忠誠、信守，僅僅是努力維護不偏不倚的正道而已。」假如能徹底認清此種道理的真義，就可以和他交談。假如雙方談得很投機，就可以培養遠近的關係。

第十一章 決篇

為人凡決物，必託於疑者，善其用福，惡其有患，害至於誘也，終無惑。偏有利焉，去其利則不受也，奇之所託。若有利於善者，隱託於惡，則不受矣，致疏遠。故其有使失利者，有使離害者，此事之失。

聖人所以能成其事者有五：有以陽德之者，有以陰賊之者，有以信誠之者，有以蔽匿之者，有以平素之者。陽勵於一言，陰勵於二言，平素樞機以用四者，微而施之。於是度以往事，驗之來事，參之平素，可則決之。公王大人之事也：危而美名者，可則決之；不用費力而易成者，可則決之；用力犯勤苦，然而不得已而為之者，可則決之；去患者，可則決之；從福者，可則決之。故夫決情定疑萬事之機，以正亂治決成敗，難為者。故先王乃用蓍龜者，以自決也。

譯文

與凡替人解決事情時，必然託詞懷疑的人，就是善於運用對方的優點，而排斥對方的缺點，即使災害已經到達受引誘的地步，也不至於陷於迷惑。假如一方面有利益，一旦除去這種利益，對方就不會接受，這就是奇策所出之處。假如有一個對善有利的人，實際上卻在暗中作壞事，那我們就可以不接受他的言行，如此就會使雙方的關係疏遠。所以有使對方喪失權利，和使對方遠離災害的人，這就是在決定事情上的失敗。

聖人所以能夠完成大事業的因素有五：有用道德來感化人民的，有用法律來懲罰人民的，有用信義來教化人民的，有用愛心來袒護人民的，有用廉潔來淨化人民的。君道是為守常而努力，臣道是為進取而努力；君道無為而以平民為主，臣道有為而以機要為主，所以必須運用這四者小心謹慎進行。於是就猜測以前的舊事，以便和未來的新事互相驗證，再參考平素的言行，如果可以就能作出決定。說到王公大臣的事：崇高而享有美名的，如果可以就能作出決定；不用費力氣而輕易成功的，如果可以就能作出決定；用力氣而又辛苦，但是不得已而為的，如果可以就能作出決定；能消除憂患的，如果可以就能作出決定；追求幸福的，如果可以就能作出決定。因此解決事情斷定疑慮，就變成了萬事的關鍵所在，因為此事足可澄清治亂預知成敗，實在是一件很難做到的事。就因為「澄清治亂，預知成敗」的事很難做到，所以古聖先王就用蓍草和龜甲來為自己決定一切大事。

第十二章 符言

安、徐、正、靜，其被節無不肉。善與而不靜，虛心平意，以待傾損。右主位。

目貴明，耳貴聰，心貴智。以天下之目視者，則無不見；以天下之耳聽者，則無不聞；以天下之心慮者，則無不知。輻輳並進，則明不可塞。右主明。

聽之術曰：「勿望而許之，勿堅而拒之。」許之則防守，拒之則閉塞。高山仰之可極，深淵度之可測；神明之位術，正靜其莫之極歟！右主聽。

用賞貴信，用刑貴正。賞信刑正，必驗耳目之所見聞，其所不見聞者，莫不闇化矣。誠暢於天下神明，而況姦者干君？右主賞。

一曰天之，二曰地之，三曰人之。四方、上下、左右、前後，熒惑之處安在？右主問。

心為九竅之治，君為五官之長。為善者君與之賞，為非者君與之罰。君因其所以來，因與之，則不勞。聖人用之，故能賞之。因之循理，故能久長。右主因。

人主不可不周，人主不周，則群臣生亂。寂乎其無常也，內外不通，安知所開？開閉不善，不見原也。右主周。

一曰長目，二曰飛耳，三曰樹明。千里之外，隱微之中，是謂「洞」。天下姦，莫不闇變更。右主參。

循名而為實，按實而定；名實相生，反相為情；故曰：「名當則生於實，實生於理，理生於名實之德，德生於和，和生於當。」右主名。

譯文

假如一個人能安、徐、正、靜（淡泊明志，寧靜致遠）的話，那麼他的人格自然能達到應有的節度是毫無問題的。假如善於合作而不能安靜，就要心平氣和的等待變化恢復安靜，可見君主必須善守其位。

眼睛最重要的就是明亮，耳朵最重要的就是靈敏，心神最重要的就是智慧。為人君的，假如用天下的眼睛來看，那就沒有什麼看不見的，假如用天下的耳朵來聽，那就沒有什麼聽不見的；假如用天下的心神來思慮，那就沒有什麼不知道的。假如像車輪一般並肩前進，那麼君主的眼睛就不會被蒙蔽，可見君主要明察天下瞭解民生疾苦才行。

採納進言的原則是：「不要遠遠看見就答應對方，也不要立刻就拒絕對方！」假如答應對方就要遵守，假如拒絕對方就要封閉。仰望高山可以看到山頂，測量深淵可以測到淵底；然而神明的位術是正靜的，所以是絕對沒辦法測出高深的，可見君主必須廣泛採納臣民的言論。

對臣民進行獎賞時，最重要的是必須守信；對人民處以刑罰時，最重要的是必須公正。刑罰和獎賞既然必須講守信和公正，就要驗證耳目所見聞的事物，即使無所見聞也都能收到潛移默化之功效。既然誠心要發揚天下神明的造化德意，又何懼乎奸邪之徒的冒犯君主呢？所以君主一定要信賞必罰。

一叫作天時，二叫作地利，三叫作人和。四方、上下、左右、前後，火星的位置究竟在哪裡呢？可見君主的發問必須針對天時、地利、人和。

心是九竅的統治者，君主是五官的首長。作好事的臣民，君主會給他們賞賜；作壞事的臣民，君主會給他們懲罰。君主根據臣民來朝見的動機，斟酌實際情形而給予賞賜，如此就不會勞民傷財。聖人重用這些臣民，因此才能好好掌握他們。並且遵循道理，可見君主最重要的是服膺真理，所以才能長久。

為人君的必須廣泛知道世間的一切道理，假如君主不通人情道理，那麼君臣就會發生騷亂。人間寂寞，人生無常，對內對外都沒有來往，又怎能知道天下大事的演變呢？採行開放政策或封鎖政策都不好，因為如此就無法發現善政的根源所在，可見為人君者必須普遍通曉物理。

一叫用天下之眼來觀察，二叫用天下之耳來判斷，三叫用天下之心來思索。在一千里之外的地方，也就是在隱隱約約渺渺茫茫之中，這就叫作「洞」。天下的奸邪，在黑暗中也不變更，可見君主所用來觀察天下的就是千里眼、順風耳、萬靈心。

遵循名分去作事，按照事實來決定。名實相互助長之後，反而互相有感情。所以說：「名分適當就是誕生於實在，實在是誕生於真理。」真理是誕生於名實相符的道德之中，而道德是誕生於和平之中，和平誕生於富庶之中，可見君主必須採取恰如其分的技術。

關於「第十三章　轉丸」、「第十四章　胠亂」兩篇，都早已經失傳。

下卷

第十五章 本經陰符七篇

一、盛神

盛神法五龍；盛神中有五氣，神為之長，心為之舍，德為之人。養神之所，歸諸道。

道者，天地之始，一其紀也。物之所造，天之所生。包容無形化氣，先天地而成，莫見其形，莫知其名，謂之「神靈」。故道者，神明之源，一其化端。是以德養五氣，心能得一，乃有其術。術者，心氣之道所由舍者，神乃為之使。九竅、十二舍者，氣之門戶、心之總攝也。生受之天，謂之真人。真人者，與天為一。而知之者，內修煉而知之，謂之聖人。聖人者，以類知之。故人與生一，出於化物。知類在竅。有所疑惑，通於心術，術必有不通。其通也，五氣得養，務在舍神。此之謂化。化有五氣者，志也、思也、神也、德也，神其一長也。靜和者養氣，養氣得其和，四者不衰，四邊威勢，無不為，存而舍之，是謂神化歸於身，謂之真人。真人者，同天而合道，執一而養產萬類，懷天心、施德養，無為以包志慮思意，而行威勢者也。士者通達之，神盛乃能養志。

譯文

在使神明威靈盛大時，就要效法五龍。在使神明威靈盛大時，總共有心肝脾肺腎等五種臟器；精神是五氣的總帥，心靈是五氣所住的地方，道德是五氣使人成為人的根源。培養精神的地方，就是天地真理萬物根源。所謂道術，乃是天地的開始，而本源是天地的綱紀。創造萬物的地方，就是天所生的地方。包容無形的化氣，在天地形成之前就已經形成，可惜卻看不見它的形狀，誰也不知道它的名稱，不得已只好把它叫作「神靈」。所以道術就是神明的泉源，而綱紀是道術變化的開端。因此品德才能養住五氣，而心最能掌握綱紀，於是這種道術自然產生。所謂道術，乃是心氣之道所居住的地方，而魂魄就派心氣作使者。九種器官和十二種住處，都是所謂髒氣的出入口，也就是心的總帥。這些東西都是與生俱來的，所以叫作「得道成仙之人」。所謂「得道成仙之人」，能與大自然的天道合而為一。至於明白道術的這些人，只要內部進行修煉就會明白道術，這就叫作「有學問的人」。所謂有學問的人，能以此而明白一切道術。所以人類都是誕生於天地的開始形成，而生存在無為自然的天地萬物之間。人之所以能知道事務，完全在於九種器官的接受刺激反應。假如對事物有所疑惑時，就要通於心術，而心術必然有不通的時候。當心術溝通之後，五種髒氣就得到培養，而且務必使精氣住下，這就叫作「從神而化」。所謂「從神而化」必須有五氣，主要是指志、思、神、德、四者而言，其中神是五氣總帥。假如寧靜就能養氣，養氣就能得到寧靜，而志、思、神、德四者又都不衰微，那四邊的威脅就都想請神常住，這就叫作「從神而化」。至於屬於身體的，就叫作「得道成仙的人」。所謂「得道成仙的人」，與自然相同，與道術相合，兼守無為法則來化育萬物。他內懷自然之心，運用品德來培養五氣，本無為法則包容智、慮、思、意，可見他是一位能施展威風的神。假如讀書人能上通得道成仙的人，那神威盛大之後就能培養心志。

二、養志

養志法靈龜；養志者，心氣之思不達也。有所欲，志存而思之。志者，欲之使也。欲多則心散，心散則志衰，志衰則思不達也。故心氣一則欲不偟，欲不偟則志意不衰，志意不衰則思理達矣。理達則和通，和通則亂氣不煩於胸中。故內以養氣，外以知人；養志則心通矣，知人則分職明矣。將欲用之於人，必先知其養氣志。知人氣盛衰，而養其志氣，察其所安，以知其所能。志不養，心氣不固；心氣不固，則思慮不達；思慮不達，則志意不實；志意不實，則應對不猛；應對不猛，則失志而心氣虛，志失而心氣虛，則喪其神矣。神喪則髣髴，髣髴則參會不一。養志之始，務在安己；己安則志意實堅，志意實堅則威勢不分。神明常固守，乃能分之。

譯文

在培養心志時，就要效法靈龜。培養心志的人，是由於心氣之思不能上達的緣故。假如有欲望，就在心中去思想。所謂心志，乃是欲望的使者。欲望多，心神就會散漫；心神散漫，志氣就消沉，思想就不通達。所以心氣能夠統一，那麼欲望就不會多；欲望不多，意志就不會消沉；意志不消沉，那麼思想理路就會通達。因此在內以培養五氣為主體，在外以瞭解他人為主體。培養志氣，心就會通暢：瞭解他人，職分就會明朗。假如想要重用一個人，必定先知道他的養氣工夫，因為只有知道一個人五氣和心志的盛衰之後，才能繼續養他的五氣和心志。其次再觀察他感到安心的事，以便瞭解他的才幹。假如心志得不到培養，那麼心氣就不堅定；假如心氣不穩固，那麼思慮就不通達；假如思慮不通達，那麼志意就不實在；假如志意不實在，那麼應對就不周到；假如應對不周到，那麼就喪失了志意而使心氣空虛；假如志意喪失而使心氣空虛，那就喪失了一個人的神魂。一個人一旦喪失神魂，他的精神就會陷入恍惚狀態：精神一旦陷入恍惚狀態，那麼志、心、神三者的交會就不合一。養志的首要任務，在於安定自己；自己安定，意志就堅定；意志堅定，威勢就不分散；神明經常鎮守，如此才能加以詳細劃分。

三、實意

實意法螣蛇；實意者，氣之慮也。心欲安靜，慮欲深遠；心安靜則神明榮，慮深遠則計謀成；神明榮則志不可亂，計謀成則功不可間。意慮定則心遂，安則其所行不錯，神者得則凝。識氣寄，姦邪得而倚之，詐謀得而惑之，言無由心矣。故信心術，守真一而不化，待人意慮之交會，聽之候之也。計謀者，存亡樞機。慮不會，則聽不審矣，候之不得。計謀失矣，則意無所信，虛而無實。無為而求安靜，五臟，和通六腑，精神魂魄固守不動，乃能內視、反聽、定志，思之太虛，待神往來。以觀天地開闢，知萬物所造化，見陰陽之終始，原人事之政理；不出戶而知天下，不窺牖而見天道；不見而命，不行而至，是謂「道」。知以通神明，應於無方而神宿矣。

譯文

當堅定意志時，就要效法螣蛇。堅定意志，就是五氣的思慮。心都是要求安靜，慮都是要求深遠。心能安靜，那精神就會爽朗；慮能深遠，那計謀就能成功。精神能爽朗，那心志就不會紊亂；計謀如果能成功，那功勞就不可抹殺。意慮如果能安定，那心氣就會安定，所作的事就不會錯。假如五氣只是暫時寄住，那奸邪就會乘虛而入，這時就會有言不由衷的現象發生。所以想使心術開朗堅守純一而無所變化，就要靜待的意慮交會，並聽從他們。計謀是國家存亡的關鍵所在，思慮不交會，那所聽的事就不詳明，即使等候也得不到。計謀一旦喪失，那在觀念上就無所相信，而變成空虛不實的東西。無為要求安靜五臟和通六腑，對精神跟魂魄都嚴加鎮守而不動，如此才不致使心外散，回來之後靜靜的聽，再寧神定志一想原來是太虛幻境，於是就等待神魂的往來。於是就觀察開天闢地的道理，明白大自然生成萬物的造化之功，看見陰陽變化的周而復始循環不已，最後再探討人間治國安邦的政治哲學。因此，不出門就可以明白天下，不開窗就可以看見天道。沒看見人民就發出命令，沒推行政令就天下大治。

這就叫做「道」，可以用來通神明，應各方之請而請神住下。

四、分威

分威法伏熊；分威者，神之覆也。故靜固志意，神歸其舍，則威覆盛矣。威覆盛，則內實堅；內實堅，則莫當。莫當，則能以分人之威而動其勢，如其天。以實取虛，以有取無，若以鎰稱銖。故動者必隨，唱者必和，撓其一指觀其餘次，動變見形，無能間者。審於唱和，以間見間，動變明，而威可分。將欲動變，必先養志，伏意以視間。知其固實者，自養也。讓己者，養人也。故神存兵亡，乃為之形勢。

譯文

當使威勢盛大時，就要效法伏熊。使威勢盛大，是神的外表。所以要想穩固一個人的意志，就必須能使神住下，那神的威勢就更盛大了。假如威勢能盛大，那內部就會堅實；假如內部能堅實，那就有萬夫莫當之勢。有萬夫莫當之勢，就能用壯大人威風的活動有如天一般壯闊。用實來取虛，用有來取無，就等於是用鎰來稱銖。因此假如活動就必須跟隨，假如歌唱就必然附和。屈其中一指，觀察其餘的各指，假如能看見活動的變形，就沒有能掌握時機的人。對於唱和很詳明，假如用時機來觀察時機，那麼變動就很明朗，威勢也可壯大。如果想要有所變動，必須先用養志和假意來觀察時機。凡是能知道固實的人，就是能知道自己養氣的人。凡是自己知道謙讓的人，就是能替人養氣的人。因此神存兵亡，於是就以此為形式。

五、散勢

散勢法鷙鳥；散勢者，神之使也。用之，必循間而動。威肅、內盛，推間而行之，則勢散。夫散勢者，心虛志溢。意失威勢，精神不專，其言外而多變。故觀其志意為度數，乃以揣說圖事，盡圓方、齊短長。無則不散勢，散勢者待間而動，動而勢分矣。故善思間者，必內精五氣，外視虛實，動而不失分散之實，動則隨其志意，知其計謀。勢者，利害之決，權變之威。勢敗者，不以神肅察也。

譯文

在分散勢力時，要效法鷙鳥的作風。分散勢力的人，乃是神的使者。假如使用這種分散勢力的人，必須遵循時機活動。威風嚴肅而內部強盛，假如再推演時機來實行，那麼勢力就會分散。說到分散勢力的人，都能包容一切和決定一切。意念一旦喪失威勢，精神就會陷於渙散，他的言論外露而多變化。因此觀察其意志作為度數，也就是用揣說來謀劃事情，進而儘量求圓方而劃一長短。假如沒有就不分散勢力，凡是分散勢力的人，都是等待適當時機採取行動。一旦採取行動，威勢就會壯大。因此一個善於思考時機的人，必然在內精通五氣，在外觀察虛實，即使活動也不至於喪失分散的事實。一旦活動就追隨對方的意志，並且瞭解對方的計謀。威勢是利害的決定，也就是權變的強化。勢力一旦衰微，就不用神來肅察。

六、轉圓

轉圓法猛獸；轉圓者，無窮之計。無窮者，必有聖人之心，以原不測之智，以不測之智而通心術。而神道混沌為一，以變論萬類，說義無窮。智略計謀，各有形容，或圓或方、或陰或陽、或吉或凶，事類不同。故聖人懷此用，轉圓而求其合。故與造化者為始，動作無不包大道，以觀神明之域。

天地無極，人事無窮，各以成其類。見其計謀，必知其吉凶、成敗之所終也。轉圓者，或轉而吉，或轉而凶。聖人以道先知存亡，乃知轉圓而從方。圓者，所以合語；方者，所以錯事；轉化者所以觀計謀；接物者；所以觀進退之意。皆見其會，乃為要結，以接其說也。

譯文

要想使智慧像轉圓珠一般操縱自如，就必須效法猛獸的作風。所謂轉動圓珠，乃是一種永恆的計畫。而所謂永恆計畫，必然有聖人的胸懷，以便探討不能測量的智慧，再用不能測量的智慧來溝通心術。神道氣沌之後形成一種固體，用來討論萬物生成之理，所說的道理無窮無盡。不論是智略還是計謀，都各有各的形態和內容，有圓略、有方略、有陰謀、有陽謀、有吉智、有凶智，每一種事類都各不相同。所以聖人就抱著這種用途，施轉圓珠以謀求合作。因而就以興起造化的人為開端，他的動作都包括大道在內，藉以觀察神明的領域。天地是廣大無邊的，人事是沒完沒了的，分別各成一類。假如觀察其中的計謀，就必然能明白吉凶成敗的結果。所謂旋轉圓珠，有的旋轉之後變成吉，有的旋轉之後變成凶。聖人先用道來瞭解存亡，然後才知道轉圓是為了就方之禮。所謂圓就是用來使語言自由旋轉，所謂方就是使四角確立之後趨於安定。而轉化就是為了觀察計謀，接物就是為了觀察進退。都看見了他們的會合，於是就作成重要的結論，以便連接他們的學說。

七、損益

損益法靈蓍；損益者幾危之決也。事有適然，物有成敗。幾危之動，不可不察。故聖人以無為待有德，言察辭合於事。益者知之也，損者行之也，損之說之，物有不可者，聖人不為辭也，故智者不以言失人之言。故辭不煩，而心不慮；志不亂，而意不邪。當其難易，而後為之謀，自然之道以為實。圓者不行，方者不止，是謂「大功」。益之損之，皆為之辭。用分威散勢之權，以見其兌威其機危，乃為之決。故善損益者，譬若決水於千仞之堤，轉圓石於萬仞之谿。

譯文

要想知道損益吉凶，就要效法靈蓍。所謂損益，是機微的決定。事情有很合適的，物類有成有敗，即使是很輕微的活動，也不可以不細心觀察。所以聖人用無為來對待有德之人，當對方說話時就觀察他的詞令，並且考核對方所作的事。所謂益就是加深認識，所謂損就是決心執行。有了雜念再進行說服，假如物類有不可以的，聖人就不多加辯論。所以聰明人不以自己的言論而改變他人的言論，詞令避免煩瑣，心中毫無雜念，意志也不會混亂，如此邪念自然不會產生。當事情遇到難或易時，就要為這件事進行謀略，並且用自然之道作為內容。圓的計謀不進行，方的計謀就不停止，這就叫「大功」。不論是增加認知或決心執行，都是用這些話作為託詞。使用壯大聲威分散勢力的權柄，以便觀察權威和機微，並且以此為標準來作決定。所以善於作損益的人，就等於是在千丈的堤防上決堤，又像在萬丈的溪流中旋轉圓石。

第十六章 持樞

持樞謂春生、夏長、秋收、冬藏，天之正也，不可干而逆之。逆之者，雖成必敗。故人君亦有天樞，生養成藏，亦復不可干而逆之，逆之雖盛必衰。此天道，人君之大綱也。

譯文

所謂持樞，就是指春季的耕種、夏季的生長、秋季的收割、冬季的儲藏，乃是天時的正常運作。不可以干涉而反對這種四時運作之理，凡是反對的人，雖然成功也必然失敗。所以君主也有這種天樞，對人民負責生聚、教養、收成、儲藏的重大任務。尤其不可侵犯這種天樞而加以反對，假如反對的話，雖然興盛也必衰亡，這是天道，也是人君治國的基本大綱。

第十七章 中經

中經，謂振窮趨急，施之能言厚德之人。救拘執，窮者不忘恩也。能言者，儔善博惠；施德者，依道；而救拘執者，養使小人。蓋士，當世異時，或當因免闐坑，或當伐害能言，或當破德為雄，或當抑拘成罪，或當戚戚自善，或當敗敗自立。故道貴制人，不貴制於人也；制人者握權，制於人者失命。是以見形為容，象體為貌，聞聲和音，解仇鬥郤，綴去郤語，攝心守義。本經紀事者經道數，其變要在「持樞」「中經」。

見形為容，體象為貌者，謂爻為之主也，可以影響、形容、象貌而得之也。有守之人，目不視非，耳不聽邪，言必「詩」「書」，行不淫僻，以道為形，以德為容，貌莊色溫，不可象貌而得也；如是隱情塞郤而去之。

聞聲和音，謂聲氣不同，則恩愛不接。故商、角不二合，徵、羽不相配。能為四聲主者，其唯宮乎？故音不和則不悲，不是以聲散傷醜害者，言必逆於耳。雖有美行盛譽，不可比目合翼相須也，此乃氣不合、音不調者也。

解仇鬥郤，謂解羸微之仇。鬥郤者，鬥強也。強郤既鬥，稱勝者，高其功，盛其勢。弱者哀其負，傷其卑，汙其名，恥其宗。故勝者聞其功勢，苟進而不知退。弱者聞哀其負，見其傷則強大力倍，死為是也。郤無極大，禦無強大，則皆可脅而并。

綴去者，謂綴己之繫言，使有餘思也。故接貞信者，稱其行、厲其志，言可為可復，會之期喜。以他人之庶，引驗以結往，明疑疑而去之。

郤語者，察伺短也。故言多必有數短之處，識其短驗之。動以忌諱，示以時禁。然後結以安其心，收語蓋藏而郤之，無見己之所不能於多方之人。

攝心者，謂逢好學伎術者，則為之稱遠；方驗之，驚以奇怪，人繫其心於己。效之於人，驗去亂其前，吾歸於誠己。遭淫色酒者，為之術音樂動之，以為必死，生日少之憂。喜以自所不見之事，終可以觀漫瀾之命，使有後會。

守義者，謂守以人義，探心在內以合也。探心深得其主也。從外制內，事有繫曲而隨也。故小人比人則左道，而用之至能敗家奪國。非賢智，不能守家以義，不能守國以道。聖人所貴道微妙者，誠以其可以轉危為安，救亡使存也。

譯文

所謂「中經」，就是解決窮困救濟危難，而且是以能言善辯品德敦厚的人為對象。假如是救濟被捕的人，那麼被救的罪人就不會忘恩。巧於雄辯的人最能解決糾紛，能成為善人好朋友的人就廣施恩惠。能夠對他人廣施恩惠的人，他們的言行都是本乎正道。至於救濟被捕的人，可以收養這些貧民而加以利用。因為士大夫生不逢辰，或者僥倖免於兵亂溝壑，或者戕害能言善辯之士，或者迫害有德之人以逞雄，或者被拘捕而變成罪人，或者悶悶不樂獨善其身，或者遭遇失敗而自立。所以制敵之道最重要的是控制敵人，絕對不可以被敵人控制；控制敵人的人要手握兵馬大權，被控制的敵人就會喪失生機。所以看見外形就作為內容，模仿身體就作為相貌，聽到聲音就隨聲唱和，解除仇恨就好勇鬥狠，補綴過去就排斥語言，攝取內心就恪守正義。本經的記載是紀錄道數，其變化都在「持樞」和「中經」兩篇。

所謂「看見外形就作為內容，模仿身體就作為相貌」，是指卦爻的主體而言。可用影響、形容、相貌來獲得敵人的情報。一個有守有為的人，眼睛不看非禮之物，耳朵不聽邪惡之言，每當說話必然都是口出《詩經》《書經》中的章句，而行為更無乖僻淫亂之處。他們以道為形式，以德為內容，外貌在莊嚴肅穆，表情溫文儒雅。可見不能從相貌來刺探情報，像這種情形就應該隱其情、解其仇，離開敵境。

所謂聽到聲音就唱和，是指聲氣不相同，恩愛就不相接，所以才有商、角二音不調和與徵、羽二音不相配的現象。能成為四聲之主的，恐怕就只有「宮」吧！所以音如果不和，就沒有悲哀的韻調產生，這並不是用聲音來解決醜陋的，所說的話必然很難入耳。雖然有高雅的言行和很好的名譽，也不能像比目魚和比翼鳥那樣恩愛異常，這就叫作「五氣不合，聲音不調」。

所謂解仇，就是當兩個弱小國家不和時，就為他們調解；所謂鬥郤，就是當兩個強大國家不和時，就使他們戰爭。換言之，解仇是消解輕微仇恨的小敵，鬥郤是消滅深仇大恨的強敵。強敵既然已經消滅，那麼以勝利者自居的人，就會使自己的勢力強大。因此一個弱者，就會哀傷他的敗北，痛惜他的微賤，汙損他的名氣，羞辱他的宗族。所以勝利者就誇耀自己的戰功和勢力，只要能前進就不知道後退。從弱者那裏所聽到的，是他哀傷自己的敗北，如果再看到他所負的創傷，就會使他加倍強大，而覺悟視死如歸的道理。敵人雖然有弱點卻不是最大的，雖然有防禦卻不是最強的，如此，則以兵威脅命令他服從自己，而併吞他的國家。

所謂「挽留求去的人」，就是指說出自己挽留的話，以便使對方詳細考慮。所以在跟對方偵探接觸時，就稱讚對方的行為，鼓勵他的志氣，說出應該作的和應該恢復的，以及和對言會面暢談的日期。利用他人的希望，引驗之後結合既往，假如能闡明疑惑，在疑惑之中就可剷除疑惑。

駁斥敵人的言論，目的是在於偵察敵人的缺點。所以敵人的話如果說多了，必然會有失言的地方，因此就討論敵人的失言加以驗證。每當敵人有所行動，就告訴他們一些忌諱，並且告訴他們宵禁的時間。然後結納敵人來安撫他們疑慮之心，其次再收回以前所使用的威脅利誘言詞，對敵人進行籠絡。不要把自己所不會作的事情讓很多人知道。

所謂「攝心」，就是一旦遇到好學技術的人，就要為他宣傳遠近各方加以驗證。假如人們都感到驚奇，那麼這個人的心就被你所籠絡。這種事對人有貢獻，如果跟歷史上的賢人行為對照，這樣你才能掌握賢人的心。一旦遇到沉湎酒色的人，就要用音樂等樂事來感動他，其次再用戕害身體等憂事來提醒他。用對方所不會看的事業使對方高興，最後終於可以觀察無限遙遠的命運，以便使對方有一種後會有期的感覺。

所謂「守義」就是指遵守人的義理而言，進而探求內心以求合作。假如刺探內心，就能深入到他的主體。假如從外面來控制內心，事情就會無往而不利。所以用小人來與君子相比，那麼邪道就會當權，如此可使國破家亡。假如不是聖賢和智者，就不能用義來治家，也不能用道來治國。因為聖人所以特別重視道的微妙，那是因為道是可以救亡圖存轉危為安的緣故。

成功講座 366

我不是教你玩陰的 出來混的人都要讀！

海鴿文化出版圖書有限公司
Seadove Publishing Company Ltd.

作者　章岩
美術構成　騾賴耙工作室
封面設計　斐類設計工作室
發行人　羅清維
企畫執行　林義傑、張緯倫
責任行政　陳淑貞

出版　海鴿文化出版圖書有限公司
出版登記　行政院新聞局局版北市業字第780號
發行部　台北市信義區林口街54-4號1樓
電話　02-27273008
傳真　02-27270603
e - mail　seadove.book@msa.hinet.net

總經銷　創智文化有限公司
住址　新北市土城區忠承路89號6樓
電話　02-22683489
傳真　02-22696560
網址　www.booknews.com.tw

香港總經銷　和平圖書有限公司
住址　香港柴灣嘉業街12號百樂門大廈17樓
電話　（852）2804-6687
傳真　（852）2804-6409

CVS總代理　美璟文化有限公司
電 話　02-2723-9968　e - mail：net@uth.com.tw

出版日期　2020年11月01日　二版一刷
　　　　　2021年10月01日　二版五刷
定價　350元
郵政劃撥　18989626　戶名：海鴿文化出版圖書有限公司

國家圖書館出版品預行編目資料

我不是教你玩陰的／章岩作.
--二版，--臺北市 ： 海鴿文化，2020.11
面 ； 公分. －－（成功講座；366）
ISBN 978-986-392-333-6（平裝）

1. 鬼谷子 2. 研究考訂 3. 謀略

121.887　　109015870